U0564007

全球城市史

THE CITY: A GLOBAL HISTORY

（典藏版）

〔美〕乔尔·科特金 / 著
Joel Kotkin

王 旭 等 / 译

社会科学文献出版社
SOCIAL SCIENCES ACADEMIC PRESS (CHINA)

The City：A Global History

本书根据 Modern Library 出版社 2005 年版本译出

图书在版编目(CIP)数据

全球城市史：典藏版/（美）科特金（Kotkin，J.）著；王旭等译.
—北京：社会科学文献出版社，2014.1（2018.4 重印）
ISBN 978-7-5097-5431-3

Ⅰ.①全… Ⅱ.①科… ②王… Ⅲ.①城市史-世界 Ⅳ.①K915

中国版本图书馆 CIP 数据核字（2013）第 303300 号

全球城市史（典藏版）

著　　者／［美］乔尔·科特金
译　　者／王　旭 等

出 版 人／谢寿光
项目统筹／祝得彬
责任编辑／仇　扬

出　　版／社会科学文献出版社·当代世界出版分社（010）59367004
地址：北京市北三环中路甲 29 号院华龙大厦　邮编：100029
网址：www.ssap.com.cn
发　　行／市场营销中心（010）59367081　59367018
印　　装／三河市东方印刷有限公司

规　　格／开　本：889mm×1194mm　1/32
印　张：11.5　字　数：251 千字
版　　次／2014 年 1 月第 1 版　2018 年 4 月第 4 次印刷
书　　号／ISBN 978-7-5097-5431-3
著作权合同登记号／图字 01-2010-6445 号
定　　价／49.00 元

本书如有印装质量问题，请与读者服务中心（010-59367028）联系

献给我的兄弟，马克

译者序

一部耐人寻味的城市启示录

笔者从事美国城市史研究 20 余年，对乔尔·科特金并不陌生。他是总部设在华盛顿特区的“新美国基金会”欧文高级研究员，全球公认的未来学和城市问题研究权威。曾在纽约城市大学纽曼研究所和南加州建筑学院任教，也是《华盛顿邮报》《华尔街杂志》《美国企业界》和《洛杉矶时报》等名牌媒体炙手可热的专栏作家。他学贯古今，视野开阔，建树甚多。其著作往往甫一出版，即成经典热卖。在其发表的五部著作中，《全球族》（*Tribes*）和《新地理》（*New Geography*）深受学术界推崇，好评如潮。

但是，当 2005 年 5 月出版社把这部带着墨香的《全球城市史》（清样稿）转给我时，仍令我惊诧不已。这部纵论世界城市上下 5000 余年历史的新著竟不到 20 万字（英文），背封上几位名家的评论却十分了得：宾夕法尼亚大学威托尔德·雷布金斯基教授认为此书“观点新颖独到，令人折服，当与刘易斯·芒福德、彼得·霍尔、费尔南多·布罗代尔的论著并列于城市史研究书架”。休斯敦市长鲍勃·拉尼尔索性一言蔽之曰，“对城市生活独到而睿智的阐释……堪称传世之作”。斯言如此，不禁令我诚惶诚恐。于是，我急不可待，几乎是一口气读完了这本书。城市世界的林林总总，在他的笔下，线索清晰可辨，内容繁简有致，思路见微知著。飞扬的文采，连珠式妙语，流水般行文，完全没有一般学术论著的艰深晦涩。阅读的过程，包括我后来翻译的过程，既是审美上的享受，也有思考的快慰。短短一百多页的文字，不啻一次穿越城市时空隧道的奇妙旅行。

科特金以其神来之笔，把我们带入一个似曾相识但又别有意境的城市世界：从美索不达米亚、印度河流域和中国的宗教中心，到古典时期的罗马帝国中心、伊斯兰世界城市、欧洲威尼斯等商业城市，再到后来的伦敦、纽约等工业城市，一直到今天以洛杉矶为代表的后工业化城市。他发现，这个城市世界从发轫伊始，就带有某些共同的特征，尽管它们可能远隔重洋、相距万里。当年“孤独的文明”阿兹特克帝国都城特诺奇蒂特兰城，与公元前数千年兴起的古巴比伦城同为上古城市文明的奇葩，它们之间毫无联系，却具有惊人的相似特征。1519年前后当人们发现这一现象时它曾轰动一时。那么，它们具有什么样的共同特征呢？科特金将之高度概括为六个字：神圣、安全、繁忙。如欲成为世界名城，必须具备精神、政治、经济这三个方面的特质，三者缺一不可。只要有一个薄弱环节，都会损毁其基础，甚至最终导致其衰亡。

所谓神圣（sacred），属宗教层面的概念，广义上也可理解为道德操守的约束或市民属性的认同，是某城市赖以维系的精神支柱。此书开篇的标题就是“神圣的起源”。最早留下城市永久性印记的是在美索不达米亚出现的一度拥有 25 万人口的巴比伦，全称为“巴比 - 伊拉尼”（Babi - ilani），喻为诸神于此处降临大地的“众神之门”。后来繁衍生息在此地的其他民族，从巴比伦人和亚述人到波斯人，都把他们的城市想象成最神圣之地，把他们的城市与神祇密切相连。苏美尔人、罗马人也笃信宗教，基督教在罗马帝国时期甚至成为国教，其城市自然是宗教中心。公元前 2 千纪中国开始的独特的、内生性城市进程，同样具有浓厚的宗教色彩。统治者希望通过抚慰诸神来规范自然万物和尘世，都城不仅仅是世俗权力所在地，也是“中央王国”的中心，“居天下之中，礼也”观念的具体体现。它们履行着类似麦加、麦地那和耶路撒冷等伊斯兰教圣地的功能，但是侧重点有明显的不同。穆斯林的圣地是宗教圣地，从伊斯兰历史的第一个千年之后，就不再是政治权力所在地。伊斯兰文明所孕育的城市文化、宗教关怀体现为人们的日常生活同万能的真主之间的合一。在伊斯兰城市的布局中，清真寺成为城市生活的中心。但在中国，权力和神圣可以相互切换：皇帝居住的地方，也就是神圣的地方。在遥远的美洲，宗教的优先地位更为突出。北美的墨西哥、南美的秘鲁和美洲其他早期文明建成的第一批城市都将宗教建筑置于大都市的心脏地带。用一位美国历史学者的话来说，在世界各地早期城市的兴起过程中，存在着某种“心理一致”的现象。

今天，全世界各色各样的城市仍程度不同地演绎着这些功能。基督教、伊斯兰教、佛教或是某些古代流传下来的民间宗教，依然具有持久的影响力，人们试图保持牢固的家庭联系和体制信仰，对自己所居住的城市有着深深眷恋，有着让这个地方有别于其他地方的独特情感。科特金认为，一个没有道义约束或没有市民属性概念的城市即使富庶，也不可能保持长久。在谈到这一点时，他注意到，当今可能最引人注目的成功的城市建设，是中国在新儒教信仰体系与外来的西方科学理性主义结合之下进行的。所谓安全（safe），界定是很清楚的，就是指一个城市所能提供的最基本的安全保障，包括安全的经济环境、社会环境和政治结构。安全对一座城市的重要性不言而喻。当一个城市不能给居住于此的人民以安全感时，它迟早会消失，这种情况在世界各地历史上屡见不鲜。人类历史上第一个超过百万人口的大城市罗马的兴起就是安全方面的成功例子。罗马帝国通过对外征伐，建立了一个稳固的大帝国，并于公元 2 世纪时达到全盛，帝国范围庞大但联系畅达，“条条大路通罗马”。后来欧洲的主要城市，约克、伦敦、特里尔、巴黎、维也纳和布达佩斯等竞相效仿，在某种意义上，罗马化几乎成为城市化进程的同义词。但成也萧何，败也萧何，因不安全而导致垮台的最典型的例子也是罗马。后来，在外敌数百年的侵扰下，罗马帝国不断收缩，到公元 7 世纪，实质上所有的罗马帝国大城市，从行省中心特里尔到德国边境地区的马赛，或被放弃，或变得无足轻重，罗马人口也流失了十之八九。此后直至 19 世纪，欧洲再没有出现过如此规模和发展水平的城市。

安全与宗教是相互关联的。没有拜占庭帝国广阔的城市基础，基督教的迅速发展就不会出现，反之亦然。作为欧洲的首要城市，君士坦丁堡在公元 6 世纪曾兴盛一时，人口接近 50 万，并且控制着从亚得里亚海到美索不达米亚、从黑海到非洲之角的庞大的拜占庭帝国。但君士坦丁堡的宗教特性远不如古典世界城市那样强烈，结果兴盛的基础不牢。

进入现代后，维持一个强有力的安全制度对城市地区的复兴仍有明显作用。20世纪五六十年代美国社会动荡，圣路易斯及底特律等城市因此人口剧减，几十年未能恢复元气，纽约城也一度因为安全问题而严重影响其现代名城的形象。到20世纪末，一些美国城市社会治安改善，犯罪率明显下降，这就为某些大城市旅游业的发展甚至城市人口适度回流提供了极为重要的先决条件。1992年经历了灾难性的城市骚乱之后，洛杉矶不仅设法遏制了犯罪，而且完成了经济和人口的复兴。不幸的是，对城市未来的新威胁在发展中国家又浮出水面。20世纪末，在里约热内卢和圣保罗等巨型城市，城市犯罪演变成了“城市游击战”。毒品走私、黑帮势力和普遍的无政府状态也同样困扰着墨西哥城、蒂华纳、圣萨尔瓦多和其他城市。在信奉伊斯兰教的中东地区，社会经济和政治动荡更加恶化，对全球城市的安全构成最致命的直接威胁。“9·11”事件是最极端的表现形式。

所谓繁忙（busy），主要是指经济基础坚实，商业市场完善，城市的社会基础中产阶级发育较成熟。比较而言，虽然占据神圣之地和拥有政治权力对于城市的发展至关重要，然而这些城市的未来并不仅仅取决于上帝或国家的政治权力，还要靠对财富孜孜不倦的成功追求。不过，比较而言，宗教因素较为持久，安全和经济因素则变数很大，在世界范围内经济发展的热点地区或经济发展重心呈周期性变化，出现此消彼长、各领风骚的局面。在此方面，近代以来随资本主义兴起而兴盛的威尼斯、里斯本、安特卫普、伦敦和纽约等城市最为典型。

威尼斯是一个城市凭经济实力而强盛的“终极形式”。它的富足不是依靠帝国对外征服或充当神圣中心的角色，而是像上古腓尼基人一样，集中在经商理财上。到公元14世纪，威尼斯不仅成为西方世界的贸易和金融中心，而且还是西方的生产车间，商业和工业得到巧妙的结合。到16世纪早期，威尼斯成了欧洲最富有的城市。此后，伊比利亚半岛上的西班牙和葡萄牙靠海外殖民地掠夺，削弱了意大利的商业霸主地位，里斯本等城市一度兴盛。但很快又被北方的安特卫普、阿姆斯特丹凭借迅猛扩展的世界贸易所超越。再后来，则是伦敦力拔头筹，成为欧洲最大的城市。伦敦不仅拥有壮观的教堂、华丽的宫殿和景致优美的公园，以及深厚的居民道德意识，更重要的是，伦敦开创了充满活力的资本主义经济体制，用以掌控和管理日益扩大的世界经济。到19世纪中期，英国成为以城市居民为主的第一个国家。

但此时在另外一块大陆上，美国得以不受任何干扰地一心一意搞经济建设，成为“繁忙”的城市乐土。有人这样写道，亚当·斯密的声音“在世界的耳朵里响彻了60年，但只有美国听从了这个声音，并推崇和遵循它”，非常形象地道出了美国当时的经济形势。在美国城市群雄并起的19世纪下半期，纽约的表现最为抢眼，它的商业增长和文化生活相互推动，延续着以往的商都大邑雅典、亚历山大里亚、开罗和伦敦的成功道路。到20世纪初它不仅在美国城市中居遥遥领先的位置，也成为世界不可逾越的商业巨擘，新的城市世界的中心。当时一位英国作家不无妒忌地说，“我们英国人的幽默笑料正在被纽约的出版商们用机器进行机械化加工，甚至英国的婴儿也在吃美国食品，死的时候装在美国造的棺材里下葬”。再后来，纽约的发展一发不可收拾。有人这样评论：仅仅是一个下午的时间，在曼哈顿一座摩天大楼里所做出的决议，就将会决定在南非上演什么电影，新墨西哥矿区里的儿童是否应该上学，巴西咖啡种植者的收成应该获取多大回报。科特金把英国和美国城市的相继崛起称为“盎格鲁—美利坚城市革命”。

在这个城市世界里，也有不和谐音，有某种非正常模式或另类城市化现象。科特金认为，此类现象主要发生在日本、俄罗斯和德国。在工业化过程中，欧美等国一般都具有能够适应新的城市环境冲击的民主传统，而这三个国家没有。这几个国家试图在几乎是中世纪政治体制下超常发展工业城市。在日本，工业革命是突发性的，人为色彩很浓，城市也是如此。东京到 1930 年成为自工业化以来亚洲第一个能与纽约或伦敦相媲美的城市，甚至一度想超过它们。德国与日本一样，工业革命起步略晚，但也带有突发性，由此产生很多悬而未决的问题。柏林多年来一直是普鲁士的“兵营城镇”，死气沉沉，毫无生机，但到 19 世纪末，它突然一跃成为人口达 150 万之众的大都市。到希特勒时期，德国人更进一步想把柏林转变成以德国人为主的人口众多的大都市，成为古罗马或巴比伦的今日版本，还设计了一个由密集的工业中心所组成的“群岛”城市。这些大而不当的规划，像日本的那些规划一样，随着“二战”这场浩劫而灰飞烟灭。俄国走上第三条道路。本来，俄罗斯有着可与北美相媲美的发展工业的天然有利条件，但这种自然界的有利优势被每况愈下的社会秩序所抵消。1917 年十月革命后，苏维埃政权效仿彼得大帝，发起雄心勃勃的城镇建设大跃进。在某种意义上，苏维埃的城市政策确实是成功了，到1960年，他们把一个以农村为主的国家转变成一个以城市居民为主的国家，但其工业城市发展比例失调，弊端很多，在道义操守方面也不得章法。

不和谐音的另一种表现形式是在中东地区。中东地区拥有丰富的能源，本来可以有足够的资金解决城市就业和人口膨胀问题，伊斯兰世界早期以城市为依托的宗教方面的成功经验，也可以成为建设城市道德秩序的凝聚力。但可悲的是，即便在20世纪七八十年代石油业发展的鼎盛时期，这些城市也没有及时创办大规模制造业和具有世界水平的服务产业，来解决大批城市居民的就业问题。到如今，伊斯兰教显然没有像其他信仰体系那样，成功地解决因城市化的发展而带来的问题。

在这个城市世界里，人们无时无刻不在追求实现“更好的城市”的理想发展模式。这是城市发展到一定阶段必然产生的城市空间定位问题。欧洲最先进行了相关探讨与实践，其侧重点很值得回味。在法国巴黎，治理城市问题的重心是在城市中心，通常采用的解决办法是重新规划城市中心地带，使之恢复生机。作为世界上城市化程度最高的英国，却采取了截然不同的方法：任其向郊区发展。之所以有这种情况出现，科特金发现，伦敦城市问题的轻重缓急与巴黎的不同。到1910年它已经是世界第一大城市，人口是巴黎的3倍，向郊区发展势在必行。在寻求“更好的城市”的过程中，伦敦官方没有像巴黎那样动用大量资源，重新开发首都的中心区，相反，他们只是容许一直在发生着的事情顺其自然，让城市空间任其逐渐扩展而不做任何干预。最初，只是最富有的城市居民迁移到乡村，到19世纪后期，越来越多成功的中产阶级和工人阶级居民也汇入了向城市外围大迁移的浪潮，迁往郊区成了“普遍的渴望”。如果说，在中心城市拥有一套可心的公寓是向上层社会爬升的巴黎人的梦想的话，那么，在城市边缘的某个地方拥有一套独体或两家分享的小别墅则是伦敦人的追求。英国其他主要城市的演进模式也大体相似。许多英国人把这种城市分散模式看做解决长期以来英国城市病的理所当然的办法，有学者甚至断言，它是现代城市应该效仿复制的原型。有鉴于此，英国城市规划家埃比尼泽·霍华德倡导城市人口分散化，主张在郊区边缘创建“花园城市”。这些功能完备的城镇人口在3万人左右，它们有自己的就业基地，村舍周围环境优美，四周都是农村。这种城镇和乡村的联姻所形成的新复合体将培植新的生活和新的文明，孕育新的希望。这种“花园城市”主张后来影响了美国、德国、奥地利和日本等全世界的城市规划家。在美国，1907年，巴特利特在其名著《更好的城市》中展示了一个有规划的“美丽城市”的蓝图。这种更好的城市，将为城市居民提供便捷的途径，得以享受海滩、绿地和青山，制造业工厂可以迁移到地势开阔的城市边缘，工人阶级的住房也可以向外扩展。

这些理论探讨最终在遥远的洛杉矶找到了完全的表达方式。1923年，洛杉矶城市规划部主任自豪地宣称，洛杉矶已经成功地避免了“美国东部大都市区发展中所犯的错误”。他声称洛杉矶这个崭新的西海岸大都市将向人们示范“城市究竟应当如何发展”。这就是一个新的城市发展模式——分散、多中心和大规模郊区化。这种分散化发展的结果是，“英国南部的所有地区最终将成为伦敦的领地，而美国介于奥尔巴尼与华盛顿特区之间的广阔区域将为纽约和费城提供地理基础”。

这种分散化发展模式在亚洲也有广阔的市场。亚洲中心城市的崛起主要是城市分散时代的产物，这是一个“汽车、电子通信和工业技术圈定了城市地理轮廓的时代”，向郊区的发展更是题中应有之义。随着高楼大厦在上海、香港和首尔拔地而起，城市向外扩展的压力越来越大。许多城市新住宅、工厂和购物商城搬迁到了城市郊区。这一现象在亚洲的其他城市如雅加达、吉隆坡、曼谷和马尼拉都能看到。人们把这些社区看成是人口密度比洛杉矶或圣何塞更为密集的郊区的翻版。这些亚洲城市居民像西方城市居民一样，发现他们的“更好的城市”在郊区。日本的城市规划人员效仿英国“花园城市”理念，跳出东京，向外扩展，其边缘地带的次中心逐渐成为繁华都市的一部分。

在这种情况下，应当重新认识郊区的地位和作用。在工业化时代早期，人们并不清楚城市的边缘是城市的未来，现在其观念发生了转变。随着电信联系方式的改善，文化生活的多样化发展，人们没有必要再生活和工作在大城市里。近 20 年来距城市中心 30 ~ 50 英里区域的房地产价格持续上涨，就是最有力的佐证。曾经以农场和城市为主的美国，正在向以郊区为主的国家转变，洛杉矶模式的出现不是偶然的。一位德国学者指出，在郊区拥有住房并不是抛弃大都市，只是人们“向幸福生活”迈出了一步。在这种情况下，也应当重新认识中心城市。在城市世界的早期，这原本没有疑义，也是毋庸置疑的问题。但到了 20 世纪后半期，都市大邑不仅要与其他大的城市区域进行竞争，甚至还要与郊区为数众多的新兴中小城市以及城镇竞争。在全球城市历史上，巨型城市第一次失去了优势，甚至出现了危机。“新经济没有消失，而是换了地点。”斗转星移，工业城市走向没落已成为世界范围的普遍现象。在日本，大阪、名古屋和其他以制造业为主的城市流失了最有天分的都市居民，丧失了许多有别于东京的城市特征。过去，城市的规模有助于使城市成为内陆腹地的经济主导，而今天，大多数人口密集的巨型城市，如墨西哥城、开罗、拉各斯、孟买、加尔各答、圣保罗、雅加达、马尼拉等，其规模与其说是城市的优势，毋宁说是城市的负担。中心城市向何处去，自然成为学术界和普通民众关心的问题。随着大公司迁往郊区，巨型城市开始寻求其他增长源泉和资金来源，其中有部分城市把主要注意力放在旅游和娱乐业上面。旧金山、纽约、伦敦、巴黎、罗马都在考虑把旅游业和娱乐业以及其他文化活动作为最有希望的产业。商界和政界领导人都为此付出很大努力，文化娱乐业所吸引的是新潮的艺术家、玩世不恭者、爵士乐迷，城市大兴土木，修建饭店、夜总会、画廊、博物馆以适应这类人的居住空间。科特金对此颇不以为然。认为它不利于长期的经济健康，属于“昙花一现”（ephemeral）的城市。如纽约的硅巷和旧金山的多媒体峡谷在20世纪90年代初IT产业滑坡时相继消失。他也藐视城市爵士乐迷和流浪族的生活方式。在巴黎，这些城市流浪族占总人口的比例几乎高达10%。科特金认为，为了避免繁荣期持续短暂的缺陷，城市必须要注重那些长久以来对形成商业中心至关重要的基本因素，包括专门化产业部门、小企业和学校等。繁华的城市不应该仅仅为漂泊族提供各类消遣，城市还应当有尽职尽责的市民，他们的经济和家庭利益与城市命运密不可分。

当然，从总的趋势看，科特金对中心城市的发展前景持乐观态度。他注意到，大多数国际化的“世界城市”，如伦敦、纽约、东京和旧金山等城市，事实上已经度过了困难期。史学大师彼得·霍尔也曾认为，西方文明和西方城市都没有“表露出任何衰退的迹象”。显然，这些城市比技术日益落伍、遭受发展中国家巨大竞争压力的曼彻斯特、利物浦、莱比锡、大阪、都灵或底特律等巨型工业城市的前景光明得多。

这次在科特金引导下穿越时空隧道的城市之旅，虽告一段落，但余兴未尽，回味绵长。科特金实在是赐给了我们太多的思考，同时，他也为我们构建了一个新的研究框架与研究工具，借此可更好地把握城市的历史、现实乃至未来走向，解读城市发展的真谛。除此之外，书中不落俗套的大事年表，经反复筛选的参考书目，都有其不可替代的价值。有这样一部著作在案头，笔者今后的城市史研究，定能少走很多弯路。相信很多读者也会有与我相似的感受。如是观之，能为此书中文版的出版尽一点儿力量，笔者幸甚。

有幸参与本书翻译的人员如下：王旭（前言、序言等）；曲天夫（第1~9章）；郭九林（第10~16章）；韩宇、李素英（大事记、参考书目）；王洋、董立功（注释）。全书由王旭和韩宇校阅。

王　旭

目录

第二部分　欧洲的古典城市

第三部分　东方的新纪元

第四部分　西方城市再拔头筹

第五部分　工业城市

第六部分　现代大都市

结论　城市的未来

中文版序言

21世纪初，中国城市人口首次超过总人口的半数，再次迈进城市史的前沿。经历了近500年相对滞后的历史，中国又重新成为全球建筑、社区规划和经济基础设施开发方面万众瞩目的焦点。

但是，如果说上海、广州、北京和其他数十座城市鳞次栉比的摩天大楼和新的房地产开发能够代表晚近现代化的话，中国的城市传统的深厚根基也不可小觑。她有别于欧洲和美洲城市建设的历史传统，可以追溯到4000年前，其延续性在这个地球上任何一个文明都无法与之媲美。

从传说中的商周时期开始，中国的城市主义就自觉不自觉地与国家的演进联系在一起，其原因难以洞察。在中国历史上的大部分时间，其城市的建设服务于国家的管理。和世界其他文明一样，中国最早的城市也履行着神圣、安全、繁忙的基本功能——有环绕的城墙拱卫其安全、有商业市场维系其经济繁盛的宗教中心。

当然，中国与其他早期城市文明既有共同特征，又具有自身特点。创建伊始，中国的大城市就严格遵从“宇宙模式”建造。中国的城市建设者们严格而广泛地遵循这种独特的模式建造城市，甚至都城远距离搬迁，也是如此。

随着时间的推移，中国以国家为中心的城市主义模式最终构织成一个更为广阔的城市网络，较小的行政管理中心也随之在全国兴起。在发达的农业和长期稳定局面的维系下，这些城市在发展规模和气势上都取得了不俗的业绩。大运河连接了相距遥远的各大都市，向广袤的地域运送管理人员、货物和文人墨客。

这种局面发生在西方世界城市式微之时。从罗马帝国垮台到文艺复兴这段时期，在西方历史学者眼中是城市衰退阶段，而在中国，则是一个城市建设兴盛的时期。洛阳、长安和开封等都城在这段时间相继跻身于世界最大城市的行列。这是本书所关注的一段重要时期，欧洲以外的其他地区如近东地区、北非和美洲，城市主义也在此时期兴起。

中国“模式”的重要性，还体现在她辐射范围之广泛。她影响到亚洲其他国家的城市建造者如朝鲜、越南，尤其是日本。造访首尔和京都以及顺化的游客都可看到这种影响。

到公元第一个千禧年的后半期，中国也出现了新型城市的征兆——商业中心。虽然商人和工匠们几乎接近社会金字塔的最底层，但中华帝国日益增殖的财富产生了萌生资本主义经济的大量机会。

第一次商业城市的兴盛发生在唐宋时期，中国商人的活动范围开始遍及世界大部分地区。当时中国的航海者是世界上首屈一指的，在使用指南针方面居领先地位，所绘制的海图远至好望角。宋代游客周去非写道："浮南海而南，舟如巨室，帆若垂天之云。"① 这种现象直至20世纪后期才再次出现。

远洋经济交往的增长刺激了以商业为导向的世界性城市，如广州和漳州的发展，这些城市不久就跻身于世界最大的港口之列。这些城市不同于那些中华帝国的传统城市，把它们与亚历山大里亚、开罗、安条克大型商业中心归为一类可能更恰当。

这些沿海城市与全国内部贸易网也有密切联系，最著名的是宋代的开封。在帝王宫殿之外的街道上人流如过江之鲫，兴盛的店铺、酒肆和妓院比肩而立。对传统商业活动，如严格宵禁管制的放松，刺激了城市文化名副其实的发展，两到三层高的商业建筑出现了，大众文学和各种群众娱乐活动非常活跃。②

① 马润潮（Laurence J. C. Ma）：《中国宋代的商业发展与城市变革》（*Commercial Development and Urban Change in Sung China*），Michigan Geographical Society，1971，第30～31页；L. 卡林顿·古德里奇（L. Carrington Goodrich）：《华人简史》（*A Short History of the Chinese People*），New York：Harper Torchbooks，1943，第151页；王才强（Heng Chye Kiang）：《贵族与官僚城市：中世纪中国城市景观的发展》（*Cities of Aristocrats and Bureaucrats：The Development of Medieval Chinese Cityscapes*），Honolulu：University of Hawaii Press，1999，第151页。

② 马润潮：《中国宋代的商业发展与城市变革》，Michigan Geographical Society，1971，第5～6、160页；王才强：《贵族与官僚城市：中世纪中国城市景观的发展》，Honolulu：University of Hawaii Press，1999，第135、150、170、192页。

13 世纪初蒙古人的入侵尽管使许多宋朝人痛惜不已，然而，却加快了上述这些趋势。对此，威尼斯商人马可·波罗曾在其著作里有详细描述。这些城市如果得到充分发展，将使中国在城市发展方面遥遥领先。

可惜事实并非如此。到 16 世纪，中国向全球经济的冲刺力减弱。随着贸易的萎缩，尚在上升阶段的商业中心开始落在更有活力的正在崛起的西欧城市后面，其结局对中国来说是凄惨的。

这种衰落有很多原因，有些与中国朝廷的腐败有关，有些与上流社会中盛行的中国比世界其他地区优越的认识有关。此外，新儒家理念的复兴也排斥处在萌芽状态的资本主义精神。而就在这段时期里，西方具有商业冒险精神的城市如威尼斯、后来的阿姆斯特丹以及伦敦不久就获得了在全球包括对中国沿海的支配地位。

这样一来，中国的重要性开始下降。不过，即使在那些欧洲列强超越中国的暗淡时期，中国城市主义精神也并未完全泯灭。欧洲列强出于在东亚建立桥头堡的需要，促成了新城市的发展，最著名者如上海和香港。这些城市有助于培植中国城市主义的现代化，也促成了新的、更近代化的商业城市的发展。

虽然经常充斥着不平等和滋生腐败，但是这些西方殖民主义的产物也在中国传统城市主义与崛起的全球世界体系相联系的过程中架起了桥梁。它们在很大程度上受控于外国人，但中国居民的创业精神产生了很多新企业和商业文化，这些如我在较早的论著《全球族：新全球经济中的种族、宗教和文化认同》中所写，将会动摇资本主义世界。

近20年来，在中国现代化政策的带动下，新的中国的城市主义在其母体上再次出现，其中包括北京这座历史悠久的都城和正在崛起的世界城市上海。随着工业和科技实力的扩展，中国在从事着世界历史上最雄心勃勃的城市建设活动。

结果，尽管尚未居领先地位，但5个世纪以来中国再次成为现代世界城市规划和建设的中心。中国城市居民层次在提高，收入在增长，将可能塑造很多新的城市生活模式，这是对21世纪城市生活非常关键的交通和社会形式的伟大实验。

这种变化的速度是突破性的。随着农民迅速地离开农村，农业经济转变为工业甚至是后工业经济，中国试图在二三十年的时间内完成西方世界用150年时间才完成的事情。

这种激烈的转变伴随着社会不稳定的潜在问题，正如19世纪初英国工业革命后的那段时期所发生的一样。同时，环境问题，从潜在的气候变化到人类健康和演进问题，都可能危及中国城市化的质量和走向。

在这样的环境下建设城市文明是一种巨大的挑战。中国如何面对这些问题将在很大程度上不仅决定未来几十年内国家繁荣的问题，也将在全球范围内决定未来的城市生活。

乔尔·科特金

2005年11月

于加利福尼亚州洛杉矶市

鸣　谢

此书的撰写犹如一场旷日持久且艰苦卓绝的智力堑壕战。所涉及范围如此之广博，所需信息如此之庞杂，常使我因工作艰巨而身心疲惫，亦为进展迟缓而汗颜。

工作虽不无乐趣，然则艰苦异常，如若没有大家的鼎力相助和迁就宽容，这一过程将变得无法忍受。这里我首先要感谢我的经纪人梅拉尼·杰克逊和公关人员杰基·格林，感谢他们一如既往的支持。我还要感谢兰登书屋的司各特·莫耶斯和威尔·墨菲的出色编辑和指导。

众多报纸和杂志社编辑的斧正使我受益匪浅。尤其感谢我的老朋友：《洛杉矶时报》的加里·斯皮克以及《华盛顿邮报》的史蒂夫·勒克森伯格和佐菲亚·斯马兹，还要感谢《纽约时报》的帕德里克·J. 莱昂斯，以及《华尔街日报》的芭芭拉·菲利普斯和马克斯·布特，还有 *Inc.* 杂志的埃德·萨斯曼。在这里我要特别致谢《美国企业》的卡尔·金斯马斯特，感谢他提供的绝佳机会和不断的鼓励，与他的交谈也常使我茅塞顿开。

我还要对这本书做出更直接贡献的研究助理们深表谢忱。他们是佩博丁大学公共政策学院（一直到2004年夏天我都在那里任高级研究员）的希瑟·巴伯约瑟夫·乔·赫默、明洁·卡罗·李、辛赛亚·格雷罗和萨拉·普利斯特茂。他们的贡献对本书至关重要。

这里尤其要向两位毕业以后仍然帮助我的助手致谢。埃里克·欧祖那对本书的整体，尤其是对关于他的母国墨西哥部分的研究助益良多，他现在已回到位于得克萨斯州麦克艾伦的家乡。还有令人尊敬的卡伦·斯佩彻牧师，他也做了大量的研究工作，他的观点，尤其是关于宗教的中心作用的观点，甚至影响了本书的内容。我还要向佩博丁大学主要的工作人员表示感谢，尤其是前校长戴维·达文波特，还有阿尔尤·克罗、布拉德·查韦斯、布里特·戴诺、玛丽安· 塞勒、詹姆斯·威尔伯恩以及我的同事迈克尔·夏尔斯。

有关城市的研究还受益于米尔肯研究所的大力支持，尤其是罗斯·迪沃和苏珊娜·特林巴斯。这里要专门提到的是黄华跃，他对中国历史部分的写作贡献颇多。我还要感谢伊斯兰城市专家加州大学洛杉矶校区的阿里·莫达雷斯教授。戴维·弗里德曼是我的良师益友，他帮助我构思了关于日本的内容。另外我还要感谢我在新美洲基金会的同事格雷戈里·罗德里格斯，他的友谊和对洛杉矶及移民的理解助我甚多。我还要表达对罗伯特·卡尔的谢意，如果没有他一直愉快地为我维护和设计电脑网络，书亦不能成。

在罗伯特·斯科特、戴维·弗莱明和布鲁斯·阿克曼的帮助下，我为圣费尔南多谷经济联盟所做的工作也进一步加深了我对洛杉矶的了解。另外，我很荣幸能够为洛杉矶经济开发公司做项目，并与马特·托利多、李·哈林顿和杰克·凯泽共事。在《洛杉矶时报》（“内陆帝国版”①），我还有幸和拉胡拉研究所及内陆帝国经济伙伴关系机构合作，尤其是史蒂夫·庞特尔和特里·乌姆斯。此外，从现就职于南加州大学的凯文·斯塔尔那里，我得到了很多关于加利福尼亚以及有关城市的全面知识。

我对其他当代美国城市的了解，很大程度上源于我在不同地点工作的经历。在很多时候，我都得到了在布鲁金斯研究院和密歇根大学工作的好友——人口统计学家威廉·弗雷的帮助。草稿写成以后，北卡罗来纳大学克南研究所的约翰·卡萨达也提出了及时批评和鼓励。

担任顾问的工作经历给了我很多有关城市运作的第一手资料。我很幸运地同圣路易斯的区域理事会及商业协会取得联系，了解了美国中部的一些城市，其间曾得到迪克·弗莱明、罗伯特·科伊和德比·弗雷德里克的大力帮助。安德鲁·西格尔、戴维·沃尔夫和休斯敦的鲍勃·拉尼尔市长帮助我了解并重视墨西哥蓬勃发展的大都市。与 CEO Praxis 的负责人德洛尔·齐默曼共事使我更清晰地认识到大平原地区小城市的活力；与莱斯利·帕克斯一起工作对我了解圣何塞和俄勒冈州的波特兰等城市至关重要。

在纽约，我很幸运地成为纽约城市大学巴鲁克学院纽曼研究所的一员，并有幸与研究所资深研究员及主任亨利·沃尔曼

---

① “内陆帝国”指加州东南部内陆地区，主要包括圣贝纳迪诺县和里沃塞德县。——译者注

进行了多次交谈。我还要感谢纽约城市未来中心的尼尔·克莱曼、乔纳森·鲍尔斯、金·诺尔、诺埃米·阿特曼以及中心“2004 美国主要大都市未来研讨会”的同事们。

我也曾获得来自欧洲的帮助。应特别提及的是，我获得埃德伍德·博默夫和鹿特丹市的资助，得以造访了解那个伟大的港口城市。阿姆斯特丹的吉尔特·马克和保罗·布林克引导我认识了这个现代商业城市的重要先驱。我还要感谢帮助我了解蒙特利尔的里昂·格拉伯叔叔以及诸位巴黎亲友。

在亚洲，我对已故的日本老师德山次郎亏欠很多。虽然他已离我而去，但他的思想与我同在。我的朋友文森特·迪阿乌一直是我了解中国最新发展的信息来源。

本书的成书过程中，我的朋友弗雷德·西格尔对我的帮助无疑是最大的。他是纽约库伯联盟①的城市史教授，我们曾共同出书。在整理筛选资料的过程中，弗雷德关于城市史尤其是欧洲和美国城市史的知识时常为我解开谜团，并适时地对不确定的观点提出质疑。

最应感谢的是我的家人，他们不得不忍受我没完没了的抱怨，有时甚至是拍案之怒，其中包括我的兄弟马克，谨以此书献给他，还有我的嫂子帕米拉·帕特南以及我杰出的母亲洛雷塔·科特金。最后要特别感谢给予我无限灵感、永远耐心的爱妻蔓迪和我可爱的女儿、对一切都好奇的阿里尔·谢利，以及我们在加利福尼亚的家里新添的小女汉娜·伊丽莎白。希望将来这两个年轻的都市人能多多给我们写信。

---

① 全称为“库伯推进科学艺术联盟”，也称学院。——译者注

前　言

城市的演进展现了人类从草莽未辟的蒙昧状态到繁衍扩展到全世界的历程。正如法国神学家雅克·埃吕尔（Jacques Ellul）曾经注意到的，城市也代表着人类不再依赖自然界的恩赐，而是另起炉灶，试图构建一个新的、可操控的秩序。

埃吕尔写道："该隐创造了一个世界，他用自己的这座城市来代替上帝的伊甸园。"① 为了产生一种新型的人造环境，城市建造者们忙碌不已，从中美洲到中国，到北非，到印度，再到美索不达米亚，都是如此。在此过程中，他们构建了社会和道德的秩序，超越了此前制约人类关系的老式部族间和亲族间的联系。

有两个中心性命题纵贯整个城市历史。第一个命题是，尽管有种族、气候和地点等方面的差异，但城市的发展是普遍性的，甚至在迅捷的通信、全球性网络、便利的交通使得城市间

① 雅克·埃吕尔：《城市的意义》（*The Meaning of the City*），丹尼斯·帕迪译，Grand Rapids，Mich.：William B. Eerdmans，1970，第5页。

更加相似之时也是如此。正如法国历史学家费尔南多·布罗代尔曾经评论的那样："城市永远是城市，不论它位于何处，产生于何时，空间形式如何。"①

本书开头提到的16世纪贝尔纳尔·迪亚斯的日记以惊人的方式宣告了这一命题。作为追随科尔特斯②征服墨西哥的士兵，迪亚斯邂逅了一个不折不扣的异族城市：浩大的特诺奇蒂特兰城，即今天的墨西哥城。该城居然展示出只有在欧洲城市如塞维利亚、安特卫普或君士坦丁堡才能看到的种种特征。

像欧洲城市一样，特诺奇蒂特兰城也是作为一个巨大的宗教中心、一个神圣的地方而立足的。它位于一个具有天然屏障、安全的地方，可以培植复杂的城市生活。这座巨大的阿兹特克帝国都城也曾自诩有巨大的市场，该市场尽管提供了很多稀奇古怪的异域物品，但像大西洋彼岸城市的市场一样，它们发挥作用的方式是一样的。

这种共性在今天全世界的城市中都可看到。东亚、英格兰东部或洛杉矶巨大郊区的治安警力、商务中心、宗教设施都按同样方式运作，在大都市发挥着同样关键的作用，甚至拥有共同的建筑模式。在这里，对城市的"感觉"几乎无处不在——繁忙的街道上，非正式的市场上，高速公路交汇处，都有同样快节奏的速度；同时，也能够感觉到希望把城市做大做

---

① 威托尔德·雷布金斯基（Witold Rybczynski）：《城市生活：新世界的城市展望》（*City Life*：*Urban Expectations in the New World*），New York：Scribner's，1995，第49页。

② 墨西哥城前身特诺奇蒂特兰城的征服者，西班牙海军大将。——译者注

出名、享有独特市政属性的需要。

很多城市史学者都把这种现象认定为一种特殊的城市——主要表现为中心城区的密集而居，纽约、芝加哥、伦敦、巴黎、东京都是其缩影。但我的定义要宽泛得多，我试图把很多新的、横向扩展的大都市区，诸如我现在所居住的洛杉矶和世界上迅速发展着的实际上高度分散化、多极化的大都市区都包括进来。虽然在形式上与“传统的”城市中心不同，但这些新的城市区域就其本质性特征而言，依然可看成是城市。

这就使我们推导出对城市的第二个命题：成功的城市靠的是什么。早在发轫之初，城市区域就已扮演三种不同的重要功能：构建神圣的空间；提供基本的安全保障；拥有一个商业市场。城市或多或少地都拥有这些功能。一般而言，城市在这三个方面只要有一个薄弱环节，都会损毁其生活，甚至最终导致其衰亡。

今天，全世界各色各样的城市均程度不同地演绎着这些功能。在这个发展中的世界蔓延的城市，缺少一个行之有效的经济体系和稳定的政治秩序是最紧迫的问题。在很多情况下，人们还保持着牢固的家庭联系和体制信仰——或是古代的民间宗教、基督教、伊斯兰教，或是佛教——但是其物质城市的基础已经被侵蚀了。这就促成新的历史现象的产生，即出现了没有传统的所谓繁荣但仍能保持增长的大城市。

现在西方国家所面对的基本问题，也是东亚和南亚较发达地区将面临的问题是：城市性质的多样化。在这些区域内，城市通常是相对安全的，而且，即使按历史标准，把其郊区也包括进来，它们仍然可以称得上是非常繁荣的。但是，这些城市日益缺少一个对神圣地点、市政属性和道德秩序的共同认知。

对于这一问题的最有力的解释是，在世界大多数重要的城市核心区，中产阶级家庭的地位在迅速下滑。今天，这些高档城市常常吸引游客，以及在其高端商业服务业做事的上层人士、那些为此提供服务的人，还包括流动的年轻人，这些年轻人后来可能又流向其他地点。这些短暂繁荣的城市似乎把其最高希望寄托在时新、超然、精当等转瞬即逝的价值上。

但是，这些方面无论其表面如何有吸引力，都不能取代家庭、信念、市民文化、邻里等持久的重要纽带。一个基础狭窄且游移不定或享乐型的经济远远不能发挥足够的作用，以孕育一个向上流动的家庭和以广泛多样性工业为基础的经济。久而久之，这些中产阶级家庭索性到城市外围或城市领地之外的小城镇寻求“避难所”，远离城市中心。

这些现象并没有像世界发展中城市里常见的赤贫或不稳定状况那样构成尖锐的挑战。但是，对城市史的研究也提示我们，一个没有道义约束或没有市民属性概念的城市即使富庶，也注定会萧条和衰退。我希望当今的城市，无论位于何处，都能够找到履行其历史作用的方式。唯其如此，21 世纪，也就是全世界多数人居住在城市的第一个世纪，才会成为一个城市世纪，这不仅仅体现了人口统计学意义，也体现在更超常的价值上。

读者可能并不完全同意上述分析或者我的很多论断，在某种意义上，这无关宏旨。本书主要不是做深层次分析，而是作为一个指南，以引导读者进一步考察城市经历的本质问题。我希望，一旦读者被带入这个铺陈开来的历史之中，就会更充分理解与认识城市经历的多样性和复杂性，恰恰是这种复杂性和多样性，也丰富了我和我家人的生活。

序言

神圣、安全、繁忙之地

1519 年 11 月 8 日，贝尔纳尔・迪亚斯（Bernal Diaz del Castillo）[①] 看到了一种将定格在他的记忆中达几十年之久的景象。当时，这个 27 岁的西班牙士兵在与和他同行的不到 400 人的战友从潮湿的墨西哥低地向火山高地进发，在途中发现了相当发达的城市文明的痕迹。这引起了他们的注意，他又发现了大量的人类头盖骨，成排地整齐排列在当地一些庙宇顶部。

紧接着，一个城市赫然呈现在他们面前，其规模之大几乎不可思议。这座城市高高地建在山间，环绕着由火山口形成的湖泊。迪亚斯看到，那里有宽阔的堤道，遍布独木舟，在其市内街道上，几乎每一种物品——从家禽到家用器皿都有出售。

---

① 贝尔纳尔・迪亚斯・德尔・卡斯蒂略：《墨西哥的发现与征服（1517～1521 年）》（*The Discovery and Conquest of Mexico*, 1517－1521），A. P. 莫兹利译，New York：Farrar，Straus，and Cudahy，1959，第 7 页。在美国译本的序言中，欧文・伦纳德把贝尔纳尔・迪亚斯“大概”的出生日期定为 1492 年，即哥伦布航海到美洲的同一年。

他也看到鲜花簇拥的住房，巨大的宫殿，在墨西哥阳光下熠熠发光的庙宇：

> 面对如此美轮美奂的景致，我们不知应该做什么，说什么，或是说简直不敢相信，在我们眼前的这块陆地上竟然有着如此巨大的城市；在湖泊之间，还有更多，湖泊本身布满了独木舟，在堤道上，间隔不远就有很多桥梁。在我们面前矗立着气势恢弘的墨西哥城……

对“这些景致”的回忆是40年后当迪亚斯成为一个居住在危地马拉的老人时落笔的，这些回忆的意义不亚于那些自建造巨大城市伊始就给人类以巨大鼓舞的那些人的回忆录。迪亚斯的经历在当时是有先例可循的，如5000年前的一位游历的犹太人看到苏美尔的城池和金字塔，一个中国地方官员进入公元前7世纪的洛阳，穆斯林朝拜者乘大篷车到公元9世纪的巴格达，或者20世纪一个意大利农民乘轮船窥探曼哈顿岛上高耸的塔楼，均有如此感悟。

城市经历的普遍性

人类最伟大的成就始终是她所缔造的城市。城市代表了我们作为一个物种具有想象力的恢弘巨作，证实我们具有能够以最深远而持久的方式重塑自然的能力。确实，在今天，我们的城市在外层空间都能看到。

城市表达和释放着人类的创造性欲望。从早期开始，当仅有少量人类居住在城市之时，城市就是积聚人类艺术、宗教、文化、商业、技术的地点。这种演进先是发生在少量先行一步的城市里，这些城市的影响通过征服、商业、宗教，近年来还通过电信交通，向其他中心扩散。

在人类发明城市以后的5000～7000年的时间里，所建造的城市不计其数。有些在最初不过是一些小村落而已，随着时间的推移，逐渐联合起来发展成都城大邑。另一些，则是上层牧师、统治者或商界精英们有意识策划的结果，多半有一个总体规划，以实现更大的神权、政治或经济目的。

从秘鲁的高地到南非的海岬，再到澳大利亚的海岸线，实际上在世界每一个角落都已建造了城市。最早留下的城市永久性印记被认为是在底格里斯河与幼发拉底河之间称为美索不达米亚的土地上。由此起源，衍生出了代表西方城市遗产的典型城市：乌尔、阿卡德、巴比伦、尼尼微、孟菲斯、克诺索斯以及推罗。

在其他地区兴起的很多城市在很大程度上与早期的美索不达米亚和地中海地区无关。其中有些如印度的摩亨佐·达罗和哈拉帕以及中国的长安，都达到了可以与欧洲同类城市相媲美的规模和发达程度。① 毫无疑问，在罗马帝国衰退后的数百年内，这些东方的都市大邑是这个星球上最发达并且是最复杂的。尽管也反映出很多城市发展中共有的人类动因，

---

① 特蒂斯·钱德勒、杰拉尔德·福克斯（Tertius Chandler and Gerald Fox）：《城市发展三千年》（*Three Thousand Years of Urban Growth*），New York：Academic Press，1974，第365页。

但它们在很大程度上不是西方的现象，它们有自身独立的起源。因此，城市主义有很多不同的表现形式，需要不同的探讨方法。

世界性大城市形成的地点在世界各区域不断变动。在公元前5世纪，希腊历史学家希罗多德（Herodotus）① 就注意到较大地点的大起大落。这位早期的睿智的观察家在游历大大小小很多城市时这样评论：

> 那些曾经不可一世的庞然大物今天成了微不足道的；那些曾经微不足道的，在我们这个时代却成了荦荦大者。所以，认识到人类的繁盛绝不仅系于同一地点，我将对两类地点都给予关注。

在希罗多德的那个时代，一度最大和人口最多的城市如乌尔、尼尼微都已经无足轻重，成为历史遗迹，只留下一些曾经是兴盛城市见证的风干的骸骨而已。巴比伦、雅典和叙拉古那时正处于极盛时代，不过，几百年后，它们也被更大的城市如亚历山大里亚和罗马所取代。

希罗多德时代的关键问题依然存在：究竟是什么使得城市如此伟大？又是什么导致它们逐渐衰退？正如本书将论证的，有三个关键因素决定了这些城市全面健康的发展，即地点的神圣；提供安全和规划的能力；商业的激励作用。在这些因素共

① 希罗多德：《历史》（*The Histories*），奥布里·德·塞林科特译，London：Penguin，1954，第5页。

同存在的地方，城市文化就兴盛；反之，在这些因素式微的地方，城市就会淡出，最后被历史所抛弃。

神圣之地

宗教设施，如庙宇、教堂、清真寺和金字塔，长期以来支配着大型城市的景观轮廓和形象。它们向人们宣示，这些城市也是神圣之地，直接与掌控这个世界命运的神祇之力相连。

在当今这个世俗化导向日见增长的时代，城市寻求通过高高耸立的商业建筑和有灵感的文化设施来重新产生神圣地点的感觉。此类做法激发了市民爱国主义或者敬畏的感觉，尽管没有神祇指引的令人宽慰的提示。历史学家凯文·林奇（Kevin Lynch）①提示说，“一个突出的城市景观不过是一个轮廓而已”，在这个轮廓之中，城市居民营造着他们“全社会的重要神话”。

安全的需求

防御体系在城市演进的过程中也发挥了关键的作用。城市首先而且必须是安全的。历史学家亨利·皮朗（Henri Pirenne）②注意到，很多城市最初或是作为逃避游牧民族的掠

① 凯文·林奇：《城市的形象》（*The Image of the City*），Cambridge，Mass：Technology Press，1960，第4页。

② 亨利·皮朗：《中世纪城市：起源与贸易复兴》（*Medieval Cities：Their Origins and the Revival of Trade*），Princeton，N.J.：Princeton University Press，1925，第55~57页。

夺，或是逃离在整个历史上全球很多地方普遍存在的不守法纪现象的避难之地而形成的。当一个城市保证安全的能力下降时，诸如在西罗马帝国行将结束时或20世纪末犯罪侵扰时，城市人口就会退避到内陆地区或移居到另一个更安全的城市“堡垒”。

商业的作用

但是仅有神圣和安全还不足以产生伟大的城市。牧师、士兵和官吏可以为城市的成功提供先决条件，但是他们自身不能生产足够的财富来维系大规模人口长时期的生存。这就需要有活力的经济。这一经济是由技工、商人、劳工支撑的，在历史上乃至晚近时期在很多地方还要靠奴隶，这是令人悲哀的。这些人，作为城市居民的绝大多数，自资本主义出现伊始，就已经成为城市自身的主要缔造者。

第一部分

全球背景下城市的兴起

第一章
神圣的起源

早在墨西哥、中国或欧洲兴起第一批城市之前，城市生活的基本模式就已经在中东地区缓慢成型。现代人类的基本体质的进化形式据说在2.5万~4万年前已经基本完成，进而在公元前8000年左右，人类实质上扩展到地球这个星球的所有可居住地区，包括美洲和澳洲。①

随着最后一次冰期的结束，家畜驯养和农耕方式传播开来，相应地产生了定居的生活方式。小村落发展成为手工业活动和产品交换中心，而其中最先进的所谓“首发城市”在叙利亚草原的广阔地区，在耶利哥、伊朗、埃及和土耳其等地快速发展起来。②

---

① A. E. J. 莫里斯（A. E. J. Morris）：《城市结构史：工业革命之前》（*History of Urban Form：Before the Industrial Revolution*），London：Longman，1994，第1页。

② A. E. J. 莫里斯：《城市结构史：工业革命之前》，London：Longman，1994，第2~5页；威廉·H. 麦克尼尔（William H. McNeill）：《瘟疫与人》（*Plagues and Peoples*），Garden City，N. Y.：Anchor Press，1974，第27页。

美索不达米亚

从巴勒斯坦的西海岸延伸至埃及的尼罗河谷地，再到底格里斯河及幼发拉底河流域的这一地区，构成了所谓的“新月沃地”。德国历史学家和考古学家沃纳·凯勒（Werner Keller）注意到：在有文字记载的历史的最初阶段，距离这个“新月沃地”越远，“夜色越浓，文明和文化衰减的程度越深。这似乎就像另外一个大陆的人们如孩子般地在等待被唤醒”。[1]

现今伊拉克境内的底格里斯河和幼发拉底河之间的冲积平原，是向城市化骤变的理想环境。在这个后来被希腊人称为美索不达米亚的区域里，有着大片干枯的沙漠地带，其间交错分布着芦苇丛生的沼泽，其水域有大量鱼类，河岸边野生动物随处可见。这里生长着最早的原生谷类、大麦和小麦，能够培育成可食用的农作物，这就使新石器时代的农夫们的劳动产品有了剩余，这是非常关键的，城市文明起源正是建基于此。[2]

即便有这种丰饶的环境，早期城市的建造者也面临着许多严峻的挑战[3]：矿产资源短缺，建筑用的石料和木材匮乏，雨量稀少，河水不能像埃及那样顺遂天意地灌溉周围大面积干涸

① 沃纳·凯勒：《圣经的历史解读》（*The Bible as History*），New York：William Morrow，1981，第3页。

② 戈登·蔡尔德（Gordon Childe）：《历史中所发生的故事》（*What Happened in History*），London：Penguin，1957，第89页。

③ 汉斯·J. 尼森（Hans J. Nissen）：《古代近东早期史：公元前9000～2000年》（*The Early History of the Ancient Near East*，9000－2000B. C.），Chicago：University of Chicago Press，1988，第56页。

的土地。结果，在这个地区生活的人们不得不修建复杂的水利系统灌溉土地。①

这种耗时巨大的努力需要一种道德和社会秩序以及人对自然的支配关系，以应对社会的复杂管理和对自然界更有支配力的关系，这是从已经维系了传统的乡村生活千年之久的家族血缘关系中脱离出来的重要一步。最早的城市正是作为这些社会变化的载体而兴起的。这些早期的城市聚落最早可以上溯到公元前5000年，但按照现代甚至是古典的标准来衡量，其规模都比较小。甚至到公元前3千纪，巨大的乌尔“都市”也不过150英亩，居住人口24000人左右而已。②

祭司阶层成为新的城市秩序的主要组织者。他们负责阐释人高于自然的神圣法则，完善礼拜体系，在复杂的大型公共活动中规范很多往往看似无关的人们的活动。

置身当今的世俗时代，我们很难想象在城市发展史的大部分时间里宗教在多大程度上扮演核心角色。③ 像后来的天主教

① 格雷厄姆·克拉克：《世界史前史概要》（*World Prehistory: An Outline*），Cambridge, Eng.: Cambridge University Press, 1961，第85～90页。

② 戈登·蔡尔德：《历史中所发生的故事》，London: Penguin, 1957，第92～96页。

③ 例如，彼得·霍尔爵士在其权威而又全面的著作《文明世界的城市》（*Cities in Civilization*）（New York: Pantheon Books, 1998）中，没有贯穿始终论及一般意义的宗教，伊斯兰教、基督教或者是大教堂在城市史形成中的作用。同样，在托尼·希斯（Tony Hiss）的杰作《地点的经历》（*The Experience of Place*）（New York: Knopf, 1990）中，对公园、公寓、办公楼和火车站等场所多有论及，但几乎没有谈到崇拜的场所。

会、佛教、穆斯林、阿兹特克人或印度教祭司一样，苏美尔的神职人员赋予古代的城市以秩序和恒久的含义。祭司们拟定日程，为全体民众决定何时工作、敬神和举行大型的庆祝活动。①

了解了祭司阶层的重要地位，供奉诸神的神庙主宰了早期的“城市轮廓”就不足为奇了。乌尔的南那月神神庙是最早的塔庙之一，此塔 70 英尺高，俯视美索不达米亚的地平线。②米尔赛·伊利亚德（Mircea Eliade）认为高耸的塔庙构成了直接同宇宙相接的“宇宙山”。③

神庙在早期苏美尔城市文明的所谓“内城”中居支配地位。在这片内城的城墙之中，神庙与王室的宫殿和显贵的宅邸比邻而立。这种布局让整个城区充满着一种神祇庇护下的安全感。④

神庙建筑群也促进了早期城市的商业发展。除了奴隶之外，普通手工业者和熟练工匠也参与到这些宏大的建筑群的建设中，很多人在工程结束后留在这里以服务于祭司阶层。也就

① 戈登·蔡尔德：《历史中所发生的故事》，London：Penguin，1957，第 137 页。

② 梅森·哈蒙德（Mason Hammond）：《古代世界的城市》（*The City in the Ancient World*），Cambridge，Mass.：Harvard University Press，1972，第 35 页；沃纳·凯勒：《圣经的历史解读》，New York：William Morrow，1981，第 8 页。

③ 米尔赛·伊利亚德：《永恒回归的神话》（*The Myth of the Eternal Return*），威拉德·R. 特拉斯克译，Princeton，N. J.：Princeton University Press，1971，第 13 页。

④ 梅森·哈蒙德：《古代世界的城市》，Cambridge，Mass.：Harvard University Press，1972，第 37～38 页。

是在这里，约公元前3500年，由于宗教和商业两方面的原因产生了可以识别的最早的文字体系。①

祭司阶层也牢固地掌握了物质世界的统治权。他们以神的名义控制公共土地。这个“神圣家族”控制了河渠、所有重要剩余农产品的仓储和分配。《吉尔伽美什史诗》（*The Epic of Gilgamesh*）最早形成于苏美尔时代，其中提及的“神圣仓库”一词的含义就是“女神伊丝塔尔的宝座”。

在早期城市中，神庙也起到“购物中心”的作用，它为各种各样的货物提供了一个开放的交易场所，从植物油、动物油脂、芦苇到沥青、席子和石料等。神庙还拥有自己的工场加工衣物和器皿。②

日月轮回，朝代更迭，但宗教体制总能幸免于难。例如，乌尔城的历代征服者都不断修缮乌尔塔庙。神祇的等级和祭祀的方式可能因时间而变化，但神庙功能的核心性保持了千年之久。③

这种模式在苏美尔人全盛时期过后，依然持续存在。实际上，后来出现在这一地区的其他民族——从巴比伦人和亚述人到波斯人——都把他们的城市想象为最神圣之地，把他们的城

① 梅森·哈蒙德：《古代世界的城市》，Cambridge，Mass.：Harvard University Press，1972，第28页。

② 《吉尔伽美什史诗》，安德鲁·乔治译，London：Penguin，1999，第1页；沃纳·凯勒，《圣经的历史解读》，New York：William Morrow，1981，第17页。

③ 戈登·蔡尔德：《历史中所发生的故事》，London：Penguin，1957，第102页；梅森·哈蒙德：《古代世界的城市》，Cambridge，Mass.：Harvard University Press，1972，第44页。

市与神密切相连。巴比伦——美索不达米亚最大的城市，被称作“巴比-伊拉尼”（Babi-ilani），即“众神之门”，意思是诸神于此处降临大地。[①]

埃　及

现在还不清楚美索不达米亚是否直接影响了早期的埃及文明，但是很有可能如历史学家格雷厄姆·克拉克（Grahame Clark）所言：“苏美尔的种子滋育了”古埃及。[②] 像美索不达米亚的早期城市一样，早期埃及城市地带的形成在经济上也是建基于农业剩余产品之上。粗略估计，普通埃及农民可以生产出相当于他们自身生活所需三倍的产品。[③]

然而，在这两个早期的文明之间仍有很多差异。在埃及，法老掌握着绝对的控制权，并自称为神。同时，官吏们也以此为荣，加以效仿，而不去为神和王国的经济利益从事水利灌溉和剩余产品的管理工作。[④] 美索不达米亚的城市演变中的重要因素——公众地位和祭司之间的密切联系，在埃及几乎不存在。

---

① 米尔赛·伊利亚德：《永恒回归的神话》，Princeton, N. J.: Princeton University Press，1971，第 14 页。

② 格雷厄姆·克拉克：《世界史前史概要》，Cambridge, Eng.: Cambridge University Press，1961，第 107～109 页。

③ 罗伯特·W. 朱利（Robert W. July）：《非洲人民史》（*A History of the African People*），New York：Scribner's，1970，第 14 页。

④ 戈登·蔡尔德：《历史中所发生的故事》，London：Penguin，1957，第 114～118 页。

由于上述原因（并不局限于此），早期埃及并不足以作为向我们清晰地展示城市化起源的范例。美索不达米亚社会总是围绕城市生活和一套恒久的宗教体制运作，而埃及人的生活以王室为中心。[①] 官吏、工匠、手工业者和奴隶不是把自己与城区联系起来，而是与法老的尊贵相联系，来认定自己的身份。如果王朝更替，祭司阶层和行政组织也随之变化。[②]

当然，埃及这样历史悠久而伟大的古老文明依然产生了一些有影响的城市。例如，底比斯，在公元前 15 世纪的一首赞美诗中写道："她被称作城市；她笼罩了万物，万物经由她得到传扬。"[③] 在巴比伦之类城市兴起之前的世界里，埃及城市的人口规模与同期的美索不达米亚城市的相比，有过之而无不及。[④]

尽管如此，甚至埃及底比斯或孟菲斯这样的大城市也没有像苏美尔各个中心城市那样，寻求成为独立的政治实体，寻求经济活力和宗教上的神圣地位。首先，埃及持久而井然有序的

---

① A. 伯纳德·纳普（A. Bernard Knapp）：《古代西亚和埃及的历史与文化》（*The History and Culture of Ancient Western Asia and Egypt*），Belmont，Calif.：Wadworth Press，1990，第 109 ~ 110 页。

② 格雷厄姆·克拉克：《世界史前史概要》，Cambridge，Eng.：Cambridge University Press，1961，第 109 ~ 110 页；A. E. J. 莫里斯：《城市结构史：工业革命之前》，London：Longman，1994，第 11 ~ 14 页。

③ 梅森·哈蒙德：《古代世界的城市》，Cambridge，Mass.：Harvard University，1972，第 73 页。

④ 特蒂斯·钱德勒、杰拉尔德·福克斯：《城市发展三千年》，New York：Academic Press，1974，第 300 ~ 301 页。

发展，与无法约束、支离破碎的美索不达米亚人的世界观形成了鲜明的对照。埃及人的世界观并未促成自我封闭性城墙环绕的城市的发展。其次，竞争性贸易的缺乏也减缓了市场经济的发展速度。埃及是这样一种文明：她的伟大成就——金字塔是为了死去的人建造的房子，而不是为活着的人提供的环境。城市史学家刘易斯·芒福德（Lewis Mumford）注意到，“在埃及，其他任何东西都能找到永恒的形式，除了城市之外”。①

印度和中国

埃及与美索不达米亚城市地区的共同特征是文明以宗教为中心。与美索不达米亚相似的是，约建于公元前2500年的哈拉帕和摩亨佐·达罗也是把标志性的宗教建筑安置在城市中心，这两个城市位于现在巴基斯坦的信德和旁遮普省境内。它们与其保持贸易联系的苏美尔相类似②，神权统治在城市运作中扮演支配角色。主要的信仰似乎集中于“生育女神”，这是与中东的丰产崇拜相同的重要特征。③

同“新月沃地”联系很少或者没有直接联系的城市也具有这种宗教取向。在中国，约公元前1700年，商代的统治者

---

① 刘易斯·芒福德：《历史上的城市：起源、演变和前景》（*The City in History: Its Origins, Its Transformations, and Its Prospects*），New York：Harcourt Brace，1961，第80页。

② 戈登·蔡尔德：《历史中所发生的故事》，London：Penguin，1957，第129页。

③ 格雷厄姆·克拉克：《世界史前史概要》，Cambridge，Eng.：Cambridge University Press，1961，第182～185页。

将神庙置于城市空间的中心。祭司或者巫师不仅在宗教事务中，还在行政管理方面也扮演关键角色。

也是从商代开始，我们看到了祖先崇拜模式的出现。祖先崇拜在中国连续而持久的城市文明模式的演进过程中[①]扮演了重要的角色。[②] 虔诚的信仰和宗教习俗对于征召大量的农业劳力来建造城墙和城市基础设施至关重要。正如一首中国古诗所描述的：

其绳则直
缩版以载
作庙翼翼[③]

在中国古代历史的主要发展过程中，大城市的规划要遵循“奉行天道”的原则。神庙、宗庙以及统治者的宫殿耸立在城市中心。统治者希望通过抚慰诸神来规范自然万物和众生。[④]

---

① A. E. J. 莫里斯：《城市结构史：工业革命之前》，London：Longman，1994，第 2 页。

② 约瑟夫·利文森、弗朗兹·舒尔曼（Joseph Levenson and Franz Schurmann）：《中国：从起源到汉的衰落的历史阐释》（*China：An Interpretive History，from the Beginnings to the Fall of Han*），Berkeley：University of California Press，1969，第 19～22 页。

③ 保罗·惠特利（Paul Wheatley）：《四方之极：中国古代城市起源及特点初探》（*The Pivot of the Four Quarters：A Preliminary Enquiry into the Origins and Character of the Ancient Chinese City*），Chicago：Aldine Publishing Company，1971，第 71 页。

④ 保罗·惠特利：《四方之极：中国古代城市起源及特点初探》，Chicago：Aldine Publishing Company，1971，第 175、179 页。

美 洲

如果说有什么区别的话，那就是在遥远美洲的最早期的城市中，宗教的优先地位更为显著——这一区域不可能同美索不达米亚或中国的城市中心有某种联系。像在美索不达米亚和中国的城市一样，墨西哥、秘鲁和美洲其他早期文明建成的第一批城市也是将宗教建筑置于大都市中心的心脏地带。[①] 在特诺奇蒂特兰兴起前1000年左右，离现在墨西哥城不远的特奥蒂

① G. C. 瓦里安特（G. C. Valliant）：《墨西哥的阿兹特克人》（*Aztecs of Mexico*），Garden City，N. Y.：Doubleday，1944，第35、44～45页；杰里米·A. 沙布洛夫（Jeremy A. Sabloff）：《古代墨西哥的城市：重建一个失落的世界》（*The Cities of Ancient Mexico：Reconstructing a Lost World*），London：Thames and Hudson，1989，第28、41页；乔根·E. 哈道伊（Jorge E. Hardoy）：《拉丁美洲文明两千年》（"Two Thousand Years of Latin American Civilization"），选自乔根·E. 哈道伊主编《拉丁美洲城市化道路与问题》（*Urbanizaiton in Latin American Approaches and Issues*），Garden City，N. Y.：Anchor Books，1975，第4页；雷内·米隆（Rene Million）：《特奥蒂华坎主宰的最后岁月》（"The Last Years of Teotihuacán Dominance"），选自诺曼·约菲和乔治·L. 考吉尔（Norman Yoffee and Ceorge L. Cowgill）主编《古代国家与文明的崩溃》（*The Collapse of Ancient States and Civilizations*），Tucson：University of Arizona Press，1991，第108～112页；格雷厄姆·克拉克：《世界史前史概要》，Cambridge，Eng.：Cambridge University Press，1961，第225～230页；加尔西拉索·德·拉·威加（Garcilasco de la Vega）：《印加人》（*The Incas*），玛丽亚·姚拉译，New York：Orion Press，1961，第57、119页。

华坎的主要街道“死亡大街”两旁有百余座神庙。

南部地区也是如此，玛雅和秘鲁的早期城市以神庙、宗教仪式和习俗为中心。在秘鲁北部的高地，公元前一千纪的查文文化的建设者修建了规模宏大的宗教建筑群。这些建筑展现了查文文化的发达，也代表了南美洲西海岸城市文明未来的根基。① 约2000年之后，印加人也在他们城市的中心建造神庙。印加社会笃信他们的统治者是神，而他们的都城库斯科是“世界的肚脐”。②

一些历史学家和史学爱好者认为，文化可跨越遥远的距离进行传播（当然这种传播并不明显），他们试图以此来解释古代城市宗教起源的相似之处。或许也可以参考一个更有说服力的观点，如美国的历史学家费林倍科指出的那样，在世界各地早期城市的建造者中，存在着某种“心理一致”的现象。③

---

① J. 奥尔登·梅森（J. Alden Mason）：《秘鲁古代文明》（*The Ancient Civilizations of Peru*），London：Penguin Books，1957，第40～48页。

② 杰里米·A. 沙布洛夫：《古代墨西哥的城市：重建一个失落的世界》，London：Thames and Hudson，1989，第28页；雷内·米隆：《特奥蒂华坎主宰的最后岁月》，选自《古代国家与文明的崩溃》，Tucson：University of Arizona Press，1991，第108～112页；格雷厄姆·克拉克：《世界史前史概要》，Cambridge，Eng.：Cambridge University Press，1961，第225～230页；加尔西拉索·德·拉·威加：《印加人》，New York：Orion Press，1961，第57、119页。

③ 杰里米·A. 沙布洛夫：《古代墨西哥的城市：重建一个失落的世界》，London：Thames and Hudson，1989，第134～135、144～145页。

第二章
权力的映射
——帝国城市的兴起

如果没有神圣空间的观念，实难想象城市在世界上任何地方都能发展起来。然而，城市居民需要到城墙之外发展，需要能够在地方领主、神或者他们的仆人所控制的范围之外拓居、旅行和贸易。

在美索不达米亚这个曾经是众多小城邦占主导地位的地区，一个领袖的军事征服致使所有的权力转移到了一个城市，奠定了城市演化过程中下一个关键性阶段的基础。萨尔贡在公元前3400年左右征服了美索不达米亚的诸城邦，建成了最早的都城。

萨尔贡：帝国城市的创造者

在早期神圣之地的基础和传统之上，萨尔贡和其他早期帝国城市的建造者们精心营造自己的正统性。虽然新的统治者是闪米特人，不是苏美尔人，但他们仍出于宗教目的和维持诗歌及神话故事连续性的考虑而保持了原有的语言。在美索不达米亚，新征服者尊重旧秩序的传统贯穿了波斯、亚历山大和罗马帝国的各个时期。①

在遵循神圣传统的同时，萨尔贡发起了将会永久改变城市体制的变革。他允许土地归私人所有，改变了土地只能归地方神的仆人所有的局面，以此从祭司的手中夺取经济控制权。国王成为掌控所有主要灌溉沟渠、建筑物以及商业的“首要商人”。②

关键的是，萨尔贡打破了传统，拒绝采用任何一个已有的苏美尔城市作为他的新都。他在阿卡德建造了一个新的帝国中心，后来的巴比伦在此附近。与受到大自然束缚的最初的城邦有所不同，萨尔贡的新都能够吸纳来自帝国全境（至少已经扩张到了地中海沿岸）的各种原料、制成品和大批奴隶。③

然而，第一个帝国都城没有持续很长时间。萨尔贡的帝国延续不到四代即沦为来自北方游牧民族入侵的牺牲品。最终，一个新王朝复兴了圣城乌尔，使之成为这一地区的主要城市。虽然新的统治者没有回复到以神庙为中心的旧体制上，但在很

① 梅森·哈蒙德：《古代世界的城市》，Cambridge, Mass.：Harvard University Press，1972，第56~57页；A. 伯纳德·纳普：《古代西亚和埃及的历史与文化》，Belmont, Calif.：Wadworth Press，1990，第156页。

② A. 伯纳德·纳普：《古代西亚和埃及的历史与文化》，Belmont, Calif.：Wadworth Press，1990，第85~92页；H. W. F. 赛格斯（H. W. F. Saggs）：《伟大属于巴比伦：古代两河流域文明概述》（*The Greatness That Was Babylon: A Sketch of the Ancient Civilization of the Tigris-Euphrates Valley*），New York：Hawthorn Publishers，1962，第61页。

③ H. W. F. 赛格斯：《伟大属于巴比伦：古代两河流域文明概述》，New York：Hawthorn Publishers，1962，第50~53页。

多方面保留了萨尔贡及其继任者发展起来的个人土地所有制和中央集权统治的模式。

巴比伦：第一个都市大邑

公元前1900年，美索不达米亚的权力中心转移到了新的都城巴比伦。[①] 在未来的1500年中，它一直跻身于世界最伟大的城市之列，其城市文化的发育达到前所未有的程度。[②]

在巴比伦人的统治下，宗教对商业的抑制被进一步削弱，在许多城市鼓励贸易的发展。[③]

由此产生了对能够广泛适用于不同部落和种族的法律体系的需求。

最著名的法典是由巴比伦国王汉穆拉比颁布的，内容涵盖广泛的刑事和民事领域。根据法典前言的记述，马尔都克神授权汉穆拉比："伸张正义于世，消灭邪恶不法之徒，使强不凌弱，使我犹如太阳神，昭临黔首，光耀大地……"[④]

---

① A. 伯纳德·纳普：《古代西亚和埃及的历史与文化》，Belmont，Calif.：Wadworth Press，1990，第97～100页。

② 特蒂斯·钱德勒、杰拉尔德·福克斯：《城市发展三千年》，New York：Academic Press，1974，第300页。

③ 梅森·哈蒙德：《古代世界的城市》，Cambridge，Mass.：Harvard University Press，1972，第52页。

④ H. W. F. 赛格斯：《伟大属于巴比伦：古代两河流域文明概述》，New York：Hawthorn Publishers，1962，第72页；A. 伯纳德·纳普：《古代西亚和埃及的历史与文化》，Belmont，Calif.：Wadworth Press，1990，第301页。

至希罗多德时代，巴比伦城失去了其帝国权力中心的地位，但仍然保持着宗教圣地和文化中心的角色；它仍然是一个城市巨人，拥有约 25 万的人口，是世界上最大的城市地区。甚至在异族的统治之下，其不朽遗产仍然让人油然而生敬畏之心。据希腊的历史学家记载，庞大的规模和宏伟建筑使“世界上的任何辉煌”在其面前都黯然失色。①

安全保障与城市衰落

从萨尔贡时代开始，帝国的建立为规模更大的城市的发展创造了条件。广阔地区的安全保障（即使在亚述人的残酷统治下也是如此）刺激了城市生活和商业的扩展。不仅在亚述首都尼尼微（公元前 650 年世界上最大的城市）②，而且在帝国境内许多较小的城市聚居区，情况大致相仿。③

古代世界的其他地方也再现了同样的情形。印度的哈拉帕城市文明在其有能力抵御入侵者的情况下保持稳定。一旦游牧

---

① 希罗多德：《历史》，London：Penguin，1954，第 70 ~ 71 页；特蒂斯·钱德勒、杰拉尔德·福克斯：《城市发展三千年》，New York：Academic Press，1974，第 301 页。

② 特蒂斯·钱德勒、杰拉尔德·福克斯：《城市发展三千年》，New York：Academic Press，1974，第 300 页。

③ 梅森·哈蒙德：《古代世界的城市》，Cambridge，Mass.：Harvard University Press，1972，第 51 ~ 55 页；A. 伯纳德·纳普：《古代西亚和埃及的历史与文化》，Belmont，Calif.：Wadworth Press，1990，第 224 ~ 225 页；刘易斯·芒福德：《历史上的城市：起源、演变和前景》，New York：Harcourt Brace，1961，第 111 页。

民族侵入城市，早期的城市文明就会衰落。数百年之后，大都市中心才在印度次大陆再度兴起。①

同样，美洲最初的大城市——从中美洲的奥尔梅克、玛雅到安第斯地区的前印加文明——也是作为帝国的中心繁荣起来的，帝国中心为大规模的城市发展提供了重要的安全保障。②在政权的庇护下，公元4世纪到6世纪，中墨西哥的特奥蒂华坎城的人口达到了5万~8.5万。然而，公元750年，北方落后民族的入侵最终使其几乎被完全废弃。③

中国：永恒的城市秩序

可以这样认为，中国为帝国在城市建设中的作用提供了一个恒久范例。公元前2千纪，中国开始了其独特的、内生的城市进程，但是大多数早期城市都是小型的宗教仪式中心，周围环绕着为宫廷服务的手工业作坊。公元前1110年，统一的周王朝的建立促进了带城墙的大型城镇的第一次发展；实际上，

---

① 罗米拉拉·塔帕（Romila Thapar）：《印度史》（*A History of India*）第1卷，London：Penguin，1990，第55~61页；格雷厄姆·克拉克：《世界史前史概要》，Cambridge，Eng.：Cambridge University Press，1961，第190~191页。

② 格雷厄姆·克拉克：《世界史前史概要》，Cambridge，Eng.：Cambridge University Press，1961，第226~228页。

③ 乔根·E. 哈道伊：《拉丁美洲文明两千年》，选自乔根·E. 哈道伊主编《拉丁美洲城市化道路与问题》，Garden City，N. Y.：Anchor Books，1975，第6~10页；格雷厄姆·克拉克：《世界史前史概要》，Cambridge，Eng.：Cambridge University Press，1961，第224页。

城墙和城市的特征是一致的。[1]

周朝及后来的汉和唐创造出一套中央集权的统治模式，其持久性和彻底性举世无双。[2] 洛阳、长安、开封等历代都城皆跻身于世界上最大城市的行列，逾千年之久。都城的重要变动很大程度上取决于统治王朝的位置。[3] 根据儒家经典《周礼》的记述，“惟王建国”。其他不管是规模较大的行政中心还是地方政府单位，抑或是县，城市都以帝国地方行政中心的角色彰显其重要性。[4]

在随后的数百年中，其他亚洲邻国都采用了中国的城市发展模式。日本最早的主要城市——大阪、藤原京和奈良是从中国皇城长安有意借鉴而来的。[5] 公元前794年，日本人在平安

① 保罗·惠特利：《四方之极：中国古代城市起源及特点初探》，Chicago：Aldine Publishing Company，1971，第7、182页。

② 章生道：《中国城市化的历史趋势》（“Historical Trends of Chinese Urbanization”），载于《美国地理学家协会年刊》（*Annals of the Association of American Geographers*）1963年6月第53卷第2期，第109~117页；A. E. J. 莫里斯：《城市结构史：工业革命之前》，London：Longman，1994，第2页。

③ 马润潮：《中国宋代的商业发展与城市变革》，Michigan Geographical Society，1971。

④ 艾尔弗雷德·欣兹（Alfred Schinz）：《中国城市》（*Cities in China*），Berlin：Gebruder Borntraeger，1989，第10~15页；特蒂斯·钱德勒、杰拉尔德·福克斯：《城市发展三千年》，New York：Academic Press，1974，第302页。

⑤ 保罗·惠特利、托马斯·西伊（Paul Wheatley and Thomas See）：《从庭院到首都：试析日本城市传统》（*From Court to Capital：A Tentative Interpretation of the Origins of the Japanese Urban Tradition*），Chicago：University of Chicago，1978，第70~75、110~115页。

（京都）建造了永久性的新都城，其人口超过10万。这个城市以皇室为中心，在一千多年的时间里是日本正式首都。①

与其相类似，汉城这个1394年李朝设立的首都，在500多年的时间里，用两位朝鲜历史学家的话来说，是“田园式的中国首都”。汉城模仿古代中国的模式，以行政中心的方式布局：由王室官僚统治，四周有城墙围绕。

① 保罗·惠特利、托马斯·西伊：《从庭院到首都：试析日本城市传统》，Chicago：University of Chicago，1978，第131～133页；尼古拉斯·菲夫、保罗·韦利（Nicolas Fieve and Pual Waley）：《京都和江户东京：城市历史纵横》（“Kyoto and Edo-Tokyo：Urban Histories in Parallels and Tangents”），选自尼古拉斯·菲夫、保罗·韦利主编《历史视角中的日本首都：京都，江户和东京的场所，权力和记忆》（*Japanese Capitals in Historical Perspective*：*Place*，*Power and Memory in Kyoto*，*Edo and Tokyo*），London：Routledge Curzun，2002，第6～7页。

第三章
最初的商业都市

从中国到埃及、美索不达米亚最终到美洲，早期帝国城市控制着广阔的疆域，其发展为贸易快速增长创造了条件。尽管如此，在城市社会，手工业者和商人的作用从整体上讲仍受到严格限制。

今天，商人阶层往往被视为生机勃勃的城市区域的主要塑造者（如果不是决定力量）。然而，在古代世界，甚至当商人和手工业者已经积累了可观的财富时，权力仍然集中在祭司、军队和官僚手中。商人往往只是简单地作为中间人，为国家或者祭司阶层的贸易牵线搭桥。一位历史学家记载，埃及法老是“唯一的批发商”。①

---

① T. R. 费尔巴克（T. R. Fehrenbach）：《火与血：墨西哥史》（*Fire and Blood*：*A History of Mexico*），New York：Macmillan，1979，第 42 页；杰里米·A. 沙布洛夫：《古代墨西哥的城市：重建一个失落的世界》，London：Thames and Hudson，1989，第 41 页；埃尔曼·R. 塞维茨（Elman R. Service）：《国家与文明的起源：文化演变的过程》（*Origins of the State and Civilization*：*The Process of Cultural Evolution*），New York：W. W.（转下页注）

中国的城市商人利用财富来攀越森严的等级限制，为他们自己或者子女进入贵族或官宦阶层寻找途径。中国城市的布局也体现了这种社会特权：统治者的宫殿位于都市中央，市场被置于缺少便利的偏远之处。①

腓尼基的兴起

如果想探寻商业城市的起源——这对于以后城市的发展意义重大，我们的视角反倒是应该从强大的城市帝国转移到地中海和海岸山脉之间的狭长地带。

这个后来被称作腓尼基的地区气候宜人。正如一个阿拉伯诗人所描绘的："冬天在它的头上，春天在它的肩上，夏天睡在它的脚间。"② 这里早期的港口城市，如叙利亚北部海岸的

（接上页注①）Norton，1975，第221～231页；保罗·惠特利：《四方之极：中国古代城市起源及特点初探》，Chicago：Aldine Publishing Company，1971，第371页；罗伯特·W. 朱利：《非洲人民史》，New York：Scribner's，1970，第28～29页。

① 薛凤旋（Victor F. S. Sit）：《中国首都北京的自然与规划》（*Beijing：The Nature and Planning of a Chinese Capital City*），New York：John Wiley，1995，第6～28页；保罗·惠特利：《四方之极：中国古代城市起源及特点初探》，Chicago：Aldine Publishing Company，1971，第126～127、133、176、188～189页；约瑟夫·利文森、弗朗兹·舒尔曼：《中国：从起源到汉的衰落的历史阐释》，Berkeley：University of California Press，1969，第99～100页。

② 迈克尔·格兰特（Michael Grant）：《古代地中海》（*The Ancient Mediterranean*），New York：Scribner's，1969，第62～63页。

乌伽里特，早在公元前2千纪中期已发展为赫梯帝国和埃及帝国的贸易中心。[①]

在几乎所有其他城市的居民对开阔的海洋深感恐惧的时代，腓尼基商人却在探寻广阔的已知世界。他们黑色的帆船探索了从遥远的非洲西海岸到塞浦路斯、西班牙甚至不列颠群岛的每一个地方。[②] 腓尼基的主要城市（如西顿或推罗）的人口从没有超过4万人——仅仅是巴比伦人口数量的一小部分[③]，然而，他们所影响的范围无可辩驳地比此前任何一个文明都要广泛。

与强大的帝国有所不同，腓尼基人从没向内陆地区深入扩展。与此相反，他们依托海岸，主要凭借与强大的邻邦进行货物贸易（有时是服务业），来丰富他们的城市生活。[④] 腓尼基人的天赋在于使他们自己不可或缺，与此同时获得丰厚利润。

“它的商人是王子”

到了公元前9世纪至前8世纪，腓尼基诸城市，像毕布勒

---

① 迈克尔·格兰特：《古代地中海》，New York：Scribner's，1969，第74~76页。

② 萨巴蒂诺·摩斯卡梯（Sabatino Moscati）：《腓尼基人的世界》（*The World of the Phoenicians*），阿拉斯泰尔·汉密尔顿译，New York：Praeger，1968，第99、101页。

③ 特蒂斯·钱德勒、杰拉尔德·福克斯：《城市发展三千年》，New York：Academic Press，1974，第300页。

④ 戈登·蔡尔德：《历史中所发生的故事》，London：Penguin，1957，第140页。

斯（黎巴嫩雪松贸易的关键港口）、推罗和西顿，依靠自身实力富强起来。这里首次出现了一个有影响力的甚至起统治作用的商人阶层。《圣经・以赛亚书》中记述，推罗“无人能与之争锋，它的商人是王子，他的买卖人是世上的尊贵人”。①

腓尼基人的贡献远远超出了他们作为货商的角色。从某种角度而言，后来在诸如威尼斯、阿姆斯特丹、大阪等城市所见的腓尼基人，也具备工匠或者手工业者的技能。腓尼基人加工的玻璃、珠宝、服装和其他装饰品远销至西班牙旷野一直到苏美尔古城的广大地区。荷马在《伊利亚特》中提到，帕里斯给海伦穿上“由西顿妇女织的闪亮睡袍”。② 腓尼基人在他们的海滩上发现了一种海生蜗牛，并掌握从这种蜗牛的体腺中提取紫色颜料的复杂工艺，一项特别重要的手工业由此而生。这一地区的名称“phonikes”（希腊语“紫色”或“红色”）即来源于这一颜料。③

腓尼基城市也输出他们的专门技术。腓尼基人是周围古代世界精美城市建筑、宫殿和神庙的设计者，其中包括耶路撒冷的所罗门圣殿。④

---

① 梅森・哈蒙德：《古代世界的城市》，Cambridge，Mass.：Harvard University Press，1972，第89～91页。

② 希罗多德：《历史》，London：Penguin，1954，第126页。

③ 格布哈特・赫马（Gebhard Herm）：《腓尼基人：古代世界的紫色帝国》（*The Phoenicians：The Purple Empire of the Ancient World*），New York：William Morrow，1975，第79～81、88～89页。

④ 梅森・哈蒙德：《古代世界的城市》，Cambridge，Mass.：Harvard University Press，1972，第75～86页。

腓尼基人的最伟大的文化贡献——字母也是商业需要的结果。腓尼基的商人和工匠从美索不达米亚人和埃及人那里学来了书写符号，并把它作为记账和立法的工具。从公元前 1100 年左右开始，这些务实的城市居民发明了一种比古代象形符号更加简单和易于掌握的书写系统。这一书写系统成为以后希腊和拉丁字母的基础。①

作为当之无愧的天才商人，腓尼基人尊重自我价值。他们及时地提醒主顾，按他们的吩咐办事是为了利益，而不是出于被迫。法老派出特使来索要木材为阿蒙神制作圣器时，毕布勒斯王国严辞告诫埃及使者："我不是派你来的那个人的奴仆。"②

腓尼基人衰落的根源

像承袭了他们商业帝国的希腊城邦，或者是 2000 年之后文艺复兴时代意大利诸城市一样，每一个腓尼基城市都渴望获得独立。城市的运作绝大部分控制在商业行会手中，他们最为关心的是扩展贸易。

---

① A. 伯纳德·纳普：《古代西亚和埃及的历史与文化》，Belmont, Calif.：Wadworth Press，1990，第 190～191 页；迈克尔·格兰特：《古代地中海》，New York：Scribner's，1969，第 77～78 页；格雷厄姆·克拉克：《世界史前史概要》，Cambridge, Eng.：Cambridge University Press，1961，第 161 页；希罗多德：《历史》，London：Penguin，1954，第 299 页。

② 萨巴蒂诺·摩斯卡梯：《腓尼基人的世界》，New York：Praeger，1968，第 10 页。

商人阶层狭隘的本土观念没能使腓尼基人成为帝国的缔造者。当这些商人远离本土建立永久基地时，他们也只是倾向于建设一个新的独立城市。

北非的迦太基是这些殖民地中最大的一个。一般认为，迦太基由推罗人在公元前 814 年建立。它被称作“新城”（Quat-Hadasht），是腓尼基人向西地中海边缘地区扩展贸易的基地。这个新生贸易中心的影响渐渐渗透到西班牙向北通往康沃尔的大西洋沿岸，有些记录甚至显示到了几内亚沿岸。①

到了公元前 5 世纪，迦太基的人口规模超过了西顿和推罗的总和。它这时已跻身地中海地区强国之列，拥有庞大的舰队，并同包括意大利的伊达拉里亚在内的其他地区的势力建立了一系列联盟。西部地区的其他腓尼基殖民点都把迦太基视为领袖和保护人以对抗敌对城邦——这些城邦多数由希腊人建成。②

这些远离母邦的联盟的产生削弱了腓尼基自身的力量。没有其后裔的援助，老城邦无法摆脱亚述、巴比伦和波斯等帝国日益扩张带来的打击。结果，这些城市丧失了独立，也失去了古代地中海重要贸易枢纽的地位。腓尼基的“黄金时代”走到了尽头。③

---

① 萨巴蒂诺·摩斯卡梯：《腓尼基人的世界》，New York：Praeger，1968，第 123～126 页。

② 萨巴蒂诺·摩斯卡梯：《腓尼基人的世界》，New York：Praeger，1968，第 116～121 页；格布哈特·赫马：《腓尼基人：古代世界的紫色帝国》，New York：William Morrow，第 129 页。

③ 格布哈特·赫马：《腓尼基人：古代世界的紫色帝国》，New York：William Morrow，第 144～160 页。

最终，迦太基也没能摆脱作为一个古代单纯商业城市所固有的局限。作为腓尼基文化和政治理想的承载者，迦太基人——其人口数量在顶峰时可达到15万~40万人[①]——以城邦体制来组建行政机构：选举产生执政官（suffetes）、元老院和民众大会。具体的组织形式通常由商业贵族所控制。奴隶和仆役从事卑贱的工作，士兵和水手战斗，祭司祷告，而由富人来统治。[②]

像他们的腓尼基先祖一样，正是迦太基人固执的商人本性导致了其衰落。除了追逐利益外，他们缺乏扩张所需的更明确的使命感和原则性。甚至同其他殖民地结系在一起时，迦太基人也没有试图去建成一个统一的帝国。维持一个由商业利润所驱动的国家是他们首要和优先的选择。[③]

在古代世界，为商业而设计的都市远逊于为了征服而建造的城市。建基于利润和狭隘的自我利益上的意识形态远不能抵抗帝国的理念，而正是这种理念统治了近代来临之前的城市史。

---

① 格布哈特·赫马：《腓尼基人：古代世界的紫色帝国》，New York：William Morrow，第214页；特蒂斯·钱德勒、杰拉尔德·福克斯：《城市发展三千年》，New York：Academic Press，1974，第302页。

② 萨巴蒂诺·摩斯卡梯：《腓尼基人的世界》，New York：Praeger，1968，第131~135页；迈克尔·格兰特：《古代地中海》，New York：Scribner's，1969，第125、129~130页。

③ 萨巴蒂诺·摩斯卡梯：《腓尼基人的世界》，New York：Praeger，1968，第135页。

第二部分

欧洲的古典城市

第四章

希腊的成就

在城市历史的初期，欧洲如一潭死水，野蛮纷争的原始居民生活其间。靠近欧洲所出现的城市的最早迹象是在克里特——希腊大陆之外的一个岛屿。在这里长桨船用于运送重要的贸易物品，特别是橄榄油和锡（后者被用来制造青铜工具和武器）。在来自埃及和美索不达米亚的商业和思想的滋育之下，一种独特的城市文化在这里萌芽了。①

克里特

与近东文明相似，克里特人将“地母”奉为主要的神祇，但是他们的城市表现出一种新的精神，这种精神后来成就了欧

① A. 伯纳德·纳普：《古代西亚和埃及的历史与文化》，Belmont, Calif.：Wadworth Press，1990，第 198 页；戈登·蔡尔德：《欧洲文明的衰落》（*The Dawn of European Civilization*），New York：Knopf，1925，第 24～28 页；迈克尔·格兰特：《古代地中海》，New York：Scribner's，1969，第 63、88 页。

洲的古典城市文化。这个海岛的主要城市克诺索斯充满了生机蓬勃的商业文化和高度自然主义的艺术。这个城市依靠海岛防御工事安全度日，其明亮通风的房屋与近东地区随处可见的黑暗阴森的住宅形成了鲜明的对照。①

克里特激活了希腊大陆走向城市文明的潜能。古代希腊落后的探险者们现在感受到了一个成功的商业城市的舒适与富足。② 到了公元前 16 世纪，克里特的势力衰落，这可能是自然灾害和来自希腊大陆的更加凶猛好战的民族入侵的结果。③

迈锡尼：希腊的先驱

在克里特的成就的基础上，欧洲主要城市最早的建设者迈锡尼人展现了将代表下一个千年里希腊城市文明特征的诸多基本模式。迈锡尼人骁勇好战，不但彼此征伐，还对东地中海的外邦民族发动战争；特洛伊之战成为这个时代最广为传颂的战争，像荷马在《伊利亚特》中所描述的那样。

他们的好斗精神也是国家自然环境的一个反映。希腊地势多山，群山绵亘，山谷密布，助长了政治上的分裂，而不利于向周边蔓延的城市帝国的建立。通常只有海洋能提供对外扩展

① A. 伯纳德·纳普：《古代西亚和埃及的历史与文化》，Belmont, Calif.：Wadworth Press，1990，第 202～204 页。

② 戈登·蔡尔德：《欧洲文明的衰落》，New York：Knopf，1925，第 42～43 页。

③ 刘易斯·芒福德：《历史上的城市：起源、演变和前景》，New York：Harcourt Brace，1961，第 120～123 页。

的便利通道。早期的城市，像雅典和底比斯，开始在周围包括塞浦路斯、米诺斯、罗得斯在内的岛屿上殖民。贸易将他们带到更远的地方，如伊阿宋和阿尔戈英雄[①]的传说中所描述的，到了欧洲的凶险之地，最终来到日德兰半岛（现在的丹麦），这里可以获得珍贵的琥珀。[②]

古典城邦

公元前12世纪，野蛮好战的游牧入侵者毁灭了大部分希腊居住点，包括迈锡尼自身。贸易衰落，城市废弃，随之而来的是黑暗时代。经历了4个世纪，希腊的城市文明才再度兴起。与过去的模式相同，希腊仍是一个众多小城邦组成的群岛之邦，这些小国以城市中心和周边的腹地为核心。各个城市（或城邦）之间竞争激烈，不仅表现在常规的战争上，也体现在对国外市场、熟练劳动力、艺术的争夺上，甚至体现在运动竞技的较量上。正如柏拉图后来所说："无需使者正式来宣战，每一个城市都同另外的城市处在一种自然的战争状态，而且永无休止。"[③]

---

① 希腊神话中，伊阿宋率领阿尔戈英雄赴海外寻觅金羊毛，历尽艰险。——译者注

② 迈克尔·格兰特：《古代地中海》，New York：Scribner's，1969，第108～110页；格雷厄姆·克拉克：《世界史前史概要》，Cambridge，Eng.：Cambridge University Press，1961，第150～151页。

③ 迈克尔·格兰特：《古代地中海》，New York：Scribner's，1969，第136～137页。

在这种竞争精神的驱动下，希腊人创造了包含艺术、雕刻和戏剧在内的高度个性化的思想文化，显示了当今西方城市的典型特征。希腊人孕育出一种积极主动的城市意识，这种意识同数百年后的城市居民产生共鸣。苏格拉底表达了这种全新的感受："乡村的旷野和树木不能教会我任何东西，但是城市的居民做到了。"①

不像其他地方的哲学家关注神学和自然界，希腊的思想家思考的是公民个人应发挥什么样的作用来捍卫公民集体（koinonia）的健全。② 亚里士多德（Aristotle）评述说，公民就像船甲板上的水手，他们的职责是确保"航行中船只保存完好"。③ 在雅典产生了一个更加激进的理念，如立法者梭伦所言，公民理应是"国家的主人"。④

由于希腊城市规模较小，这一理念得以付诸实践。公元前5世纪，除雅典外，没有哪个希腊城市的人口超过15万。而在每个城市中只有一小部分居民是公民。甚至在雅典，公民人

---

① 迈克尔·格兰特：《古代地中海》，New York：Scribner's，1969，第192页。

② G. E. R. 劳埃德（G. E. R. Lloyd）：《发展与演变的理论》（"Theories of Progress and Evolution"），选自迈克尔·格兰特、雷切尔·凯辛格（Michael Grant and Rachel Kitzinger）主编《古代地中海文明》（*Civilization of the Ancient Mediterranean*），New York：Scribner's，1988，第27页。

③ 亚里士多德：《政治》（*The Politics*），卡恩斯·洛德译，Chicago：University of Chicago Press，1984，第90页。

④ 奥斯温·穆雷（Oswyn Murray）：《希腊政府结构》（"Greek Forms of Government"），选自《古代地中海文明》，第439～453页。

数最多的时候也没有超过总人口27.5万[1]中的4.5万。[2]

与腓尼基不同，希腊传统上缺乏对商业的尊重。赫耳墨斯是盗贼的保护神，同时也是商人的保护神。虽然希腊工匠的作品至今仍被我们称颂，他们的境遇也好不了多少。柏拉图抱怨道，他们的思想“受机械生活的束缚和挤压，正如他们的身体受到手工劳动的压迫一样”。[3] 妇女的地位没有得到特别的提升。希腊的浪漫理想主义不是歌颂男女之间的爱，而是推崇（如果推崇什么东西的话）友谊以及男人之间的同性恋关系。[4]

对大多数公民而言，雅典等城市的日常生活，一定是简陋肮脏、痛苦难熬的。在万神殿等宏大建筑的阴影下，房屋矮

---

① 彼得·霍尔：《文明世界的城市》，New York：Pantheon Books，1998，第35页；特蒂斯·钱德勒、杰拉尔德·福克斯：《城市发展三千年》，New York：Academic Press，1974，第300～301页。

② 彼得·霍尔：《文明世界的城市》，New York：Pantheon Books，1998，第35页。

③ 菲利普·D. 柯廷（Philip D. Curtin）：《世界历史中跨文化贸易》（*Cross-Cultural Trade in World History*），Cambridge，Eng.：Cambridge University Press，1984，第75～78页；艾莉森·伯福德（Alison Burford）：《工艺和工匠》（“Crafts and Craftsmen”），选自《古代地中海文明》，第367页。

④ 彼得·沃尔科特（Peter Walcott）：《个人肖像》（*Images of the Individual*），第1284～1287页；斯坦利·M. 伯斯坦（Stanley M. Burstein）：《希腊阶级结构与联系》（“Greek Class Structures and Relations”），选自《古代地中海文明》，第529～531页；彼得·霍尔：《文明世界的城市》，New York：Pantheon Books，1998，第61页；奥布里·德·塞林科特：《希罗多德的世界》（*The World of Herodotus*），Boston：Little，Brown，1963，第193～197页。

小，街巷狭窄，害虫肆虐。一个访问者惊讶之余这样写，“城市干旱，缺乏供水，街道只是破旧的小巷，像样的房屋屈指可数”。在这种情况下，瘟疫是永远的恐惧就不足为奇。瘟疫不时肆虐全城，死亡人数远远超过战争冲突中的死亡人数；据修昔底德记载，公元前430～前428年爆发的一次传染病夺去了雅典军队1/4士兵的生命。①

希腊人向外拓展

在本土严峻的生活环境中，希腊人自然而然地到另外的地方寻求更好的生活。同巴比伦甚至腓尼基城邦的周边环境截然不同的是，希腊城邦周围的土地通常物产贫瘠；过度放养和资源耗尽的希腊农村缺乏能力来供养不断增长的人口。为了寻找食物和原材料的新来源，希腊城市在从小亚细亚西海岸（现在土耳其）到西西里和南意大利的广泛地区进行殖民。到公元前600年，希腊的影响已经到达马塞利亚（现在马赛）的高卢海岸，最远可达加泰罗尼亚沿岸。②

希腊人曾经非常蔑视商业意识深厚的腓尼基人，但是现实促使他们作为商人比腓尼基人更胜一筹，在希腊城市中心可以

① 彼得·霍尔：《文明世界的城市》，New York：Pantheon Books，1998，第61页；刘易斯·芒福德：《历史上的城市：起源、演变和前景》，New York：Harcourt Brace，1961，第163页；威廉·H. 麦克尼尔：《瘟疫与人》，Garden City，N. Y.：Anchor Books，1974，第105页。

② 格雷厄姆·克拉克：《世界史前史概要》，Cambridge，Eng.：Cambridge University Press，1961，第162页。

觉察到这种变化。市中心广场曾经仅仅是一个简单的集会场所，到了公元前5世纪，这里变成了一个巨大、喧闹并且日益复杂的市场——一些哲学家和贵族为此懊恼不已。[①] 据希罗多德记载，伟大的波斯国王居鲁士将典型的希腊中心广场描绘为“在城市中心集会的地方，他们聚集到一起发誓诅咒，相互欺骗”。[②]

希腊对外扩张主要不是凭借市场竞争，而是依靠暴力，尤其是海军的力量。[③] 伯里克利时代的雅典一度依仗军事力量掠夺国外财富，用于建设大型公共项目和补贴多数城市公民的收入。伯里克利深感自豪：“因为我们城市的伟大，世界各地的劳动果实都奉献给我们。”[④]

在此过程中，希腊人兴起一次城市地带的迅猛扩张：从现在西西里的墨西拿直到马赛、尼斯、摩纳哥以及博斯普鲁斯海峡的拜占庭（后来发展成著名的都城君士坦丁堡）。希腊的城邦为这些新建的城镇提供了范例，每个新城都有自己的中心广场、剧院和神庙。

---

① 托马斯·D. 博伊德：《城市规划》（“Urban Planning”），选自《古代地中海文明》，第1693~1694页；刘易斯·芒福德：《历史上的城市：起源、演变和前景》，New York：Harcourt Brace，1961，第149~151页。

② M. M. 奥斯汀（M. M. Austin）：《希腊贸易，工业和劳力》（“Greek Trade，Industry，and Labor”），选自《古代地中海文明》，第727页。

③ M. M. 奥斯汀：《希腊贸易，工业和劳力》，选自《古代地中海文明》，第725~734页。

④ 伊迪丝·汉密尔顿（Edith Hamilton）：《希腊之路》（The Greek Way），New York：W. W. Norton，1930，第137页。

一些殖民地自身发展成了大城市。叙拉古最初是科林斯的殖民地，而最终在规模和实力上却比创建它的城邦大了数倍。在戴奥尼索斯一世统治时期，叙拉古成为欧洲最大的城市，控制了西西里大部分和南部意大利部分地区。还有一些新建的重要城市，如建于公元前408年的罗得斯，以宽阔的街道、排水设施和位置优越的港口成为古典城市规划的典范。①

希腊城邦的末日

如此的成就最终也没能保护希腊诸城邦免受庞大而且组织严密的帝国的威胁。像腓尼基人一样，希腊人从来没有产生一个统一的意识形态或者政府架构，无法在他们中间形成稳定的联盟。由于存在着认为其他种族天生劣等的蔑视感，他们的经历证明了不同文化的人群联结在一起有不可克服的困难。

无论战争多么恐怖，这些眼界狭隘的城市都无法抵挡业已形成了更加宽容而庞大的统治体制的帝国。波斯帝国的建立者居鲁士大帝具有放眼世界的远见卓识。居鲁士不再消灭或奴役他的敌人，而是要建立一个多民族的帝国。在这个帝国之中，尽管是波斯人占统治地位，但异国的文化受到尊重和保留。

① 迈克尔·格兰特：《古代地中海》，New York：Scribner's，1969，第168～180、208～210页；J. B. 沃德－珀金斯（J. B. Ward-Perkins）：《古代希腊与意大利的城市：古迹的规划》（*Cities of Ancient Greece and Italy：Planning in Classical Antiiquity*），New York：George Braziller，1974，第16页。

甚至是在被波斯人征服的希腊城邦中，这一政策也异常奏效。很多人（尤其是爱奥尼亚海岸的商人）欣然接受同一个更辽阔的帝国建立同盟所带来的安全保障和更广泛的市场。[①]波斯的扩张只是在入侵到希腊本土时才遭到失败。面临丧失传统的独立地位的威胁时，公元前480年，雅典领导下的希腊城邦在萨拉米斯湾击败了多个民族组成的亚洲敌军，这是欧洲历史上里程碑式的战役之一。

然而，即使这样英勇的胜利也没能统一纷争的诸城邦。击败波斯人不久，他们重新回到了互相争斗的状态，而波斯人的黄金和狡猾的外交手段也不时地挑拨离间。公元前5世纪后半期爆发伯罗奔尼撒战争，最终雅典被斯巴达领导的联盟击败。成千上万的奴隶和外邦人（外邦侨民对一些贸易来说举足轻重）逃离城市。灾难带来了震颤，雅典变得日益压抑，最伟大的思想家被杀死或放逐，经济上发挥重要作用的外邦人受到迫害。虽然民主体制在该世纪末有所恢复，但是古代世界中一个由希腊城邦起主导作用的时代结束了。[②]

---

① R. 吉尔斯芒（R. Ghirshman）：《伊朗》（*Iran*），New York：Penguin，1954，第86页，第130～133、203～205页；A. 伯纳德·纳普：《古代西亚和埃及的历史与文化》，Belmont，Calif.：Wadworth Press，1990，第256～259页。

② 彼得·霍尔：《文明世界的城市》，New York：Pantheon Books，1998，第66～67页；伊迪丝·汉密尔顿：《希腊之路》，New York：W. W. Norton，1930，第142～146页；R. 吉尔斯芒：《伊朗》，London：Penguin，1954，第196～199页；M. M. 奥斯汀：《希腊贸易，工业和劳力》，选自《古代地中海文明》，第747页。

亚历山大和希腊化城市

最终摧毁希腊城邦的力量不是来自东方的亚洲，而是野蛮的北方。公元前338年，偏远北方的马其顿王国的军队在腓利王统治时期镇压了希腊城邦的最后反抗。

希腊人或许可以得到些安慰，因为腓利的儿子和继承人亚历山大，是亚里士多德的学生和古希腊文化的热切崇拜者。但是，亚历山大不是一个希腊习俗的盲目追随者。看到了希腊城市的失败，亚历山大形成了与波斯居鲁士相近的帝国视野。他试图建立的不是一个被征服民族所组成的帝国，而是一个所有种族的共同体，此举令马其顿人和希腊人恼怒。在亚历山大决定性地击败了波斯帝国之后，他便迅速地吸纳波斯官员，收编大量波斯军队进入他的远征军。

亚历山大的世界性帝国的理念对城邦的独立性是致命的一击。古代城市底比斯对马其顿人的反抗，自然导致了征服者将城市夷为平地，居民掳卖为奴。① 包括雅典在内的残余的希腊城邦，再也没有作为强有力的独立实体出现过。②

亚历山大里亚：第一个国际化大都市

亚历山大对希腊城市和商业文化的传播使其超越了以前的

① R. 吉尔斯芒：《伊朗》，London：Penguin，1954，第208～209页。

② 彼得·霍尔：《文明世界的城市》，New York：Pantheon Books，1998，第38页。

影响范围，甚至远达印度本土。经济的影响引人注目。亚历山大及其后继者铸造的货币广泛流通，促进了国际贸易的飞跃发展①，而主要的获利者是前希腊的殖民地，如罗得斯和叙拉古。②

然而，亚历山大最伟大的城市遗产蕴藏在他和他的继承人新建的城市中。安条克、塞琉西亚，特别是亚历山大里亚，都以合理的原则进行规划，其规模在原有的希腊城市中是少见的。规划伊始，每一个城市都设计了严格意义上的中心广场、神庙和市政建筑。在这里，我们看到了大型公共工程有计划的系统化建设。③

埃及的亚历山大里亚是这些新城中规模最大的一个。亚历山大里亚选址在小渔村拉考提斯周围，被设计为非洲、近东和地中海地区的贸易中心。它的兴建反映出一个明显的目的：欲以此取代被亚历山大长期围困后毁灭的腓尼基城市推罗，来作为东地中海的贸易中心。

这个雄心勃勃的设想首先需要建设一个新的大型海港。后来，托勒密（一个马其顿的希腊家族，于公元前323年亚历山大死后开始统治埃及）在法罗斯岛上建造了巨大的灯塔，用

① 菲利普·D. 柯廷：《世界历史中跨文明贸易》，Cambridge，Eng.：Cambridge University Press，1984，第80页。

② 迈克尔·格兰特：《从亚历山大大帝到克利奥帕特拉女王：希腊化世界》（*From Alexander to Cleopatra*：*The Hellenistic World*），New York：Scribner's，1982，第107～110页；R. 吉尔斯芒：《伊朗》，London：Penguin，1954，第211页。

③ 托马斯·D. 博伊德：《城市规划》，选自《古代地中海文明》，第1696页。

来指引船只安全地进入港口。亚历山大里亚因其优美的公园和完善的公共设施——特别是博物馆和图书馆——而独具魅力，成为了地中海世界的文化中心。城市规划中更为实用的方面也没有被忽视：城市的道路宽阔，街道更整洁，卫生设施更完善。为了防患火灾，城市的主要建筑材料是石头，这在当时并不多见。①

亚历山大里亚很快实现了其创建者的初衷。以这个城市为基地的船队，同远在印度和非洲海角的顾客进行交易。托勒密王朝的官员们监管着一个复杂的计划经济体制：他们普查人口，登记货物，限制进口以保护本地产业。这个政权也将埃及以富饶闻名的农业生产——如大麦、小麦和纸草——推进至前所未有之水平。②

这些城市在性别问题上也出现了重要的突破。妇女拥有新权利——财产权。她们中的一些人甚至获取了政治权力，这可以从7位王后的经历中得到证实。这其中包括著名的克利奥帕特拉七世，她也是埃及的最后一个希腊统治者。在希腊化的城市里，尤其是在亚历山大里亚和希腊统治下的南部意大利，女诗人、女建筑师甚至学习哲学的女学生都声名显赫。

在新的城市环境中，犹太人、希腊人、埃及人和巴比伦人等大批侨民共同生活，虽然有时也有摩擦。在这个意义上，亚历山大里亚尤其引人注目。用历史学家迈克尔·格兰特

---

① 刘易斯·芒福德：《历史上的城市：起源、演变和前景》，New York：Harcourt Brace，1961，第190~197页。

② 迈克尔·格兰特：《古代地中海》，New York：Scribner's，1969，第140~144页。

(Michael Grant) 的话来说："亚历山大里亚是第一个也是最大的一个国际化城市，是希腊文化的超级熔炉。"①

国际化大都市的氛围促进了文化和科学的快速发展。埃及文化、犹太文化、波斯文化、巴比伦文化以及其他文化都受益于希腊文化的影响。同时，希腊人获取了巴比伦的行星知识、法老时代的埃及文学和《七十子希腊文圣经》——这是受到了古代摩西文本影响的希伯来《圣经》的希腊文译本。

亚历山大梦想的破灭

仅仅在亚历山大死后一个世纪，这个伟大的国际化尝试就开始走向失败。在新的希腊化王国中，占不足总人口数10%的希腊人日渐拒绝同其他种族的居民分享权利和声望。

在亚历山大死后的第二个世纪，很多埃及人和波斯人对他们渐渐被边缘化深感不满，他们有时发动起义反抗希腊统治。② 在犹太地区，地方教派武装举行起义，以反抗塞琉古希腊人试图把异教信仰强加到这小部分独立意识坚定的民众身上。公元前168年，犹太人成功地摆脱了希腊人的统治，再度建立了他们自己的独立国家。③

---

① 迈克尔·格兰特：《古代地中海》，New York：Scribner's，1969，第37~40、194~196、198~203页。

② 斯坦利·M. 伯斯坦：《希腊阶级结构与联系》，选自《古代地中海文明》，第545~546页。

③ 塞缪尔·森德迈（Samuel Sandmel）：《犹太教与基督教的开端》（*Judaism and Christian Beginnings*），New York：Oxford University Press，1978，第30~31页。

甚至在亚历山大里亚，希腊人、犹太人和本土的埃及人之间的冲突加剧。腐败和宫廷阴谋越来越严重地破坏了经济的发展，削弱了统治者的权威。在被亚历山大征服不到两个世纪的时间内，他对美索不达米亚的所有权落入帕提亚人手中。在希腊化世界的范围之外，希腊在印度殖民地的衰落甚至更快。[①]

① 迈克尔·格兰特：《古代地中海》，New York：Scribner's，1969，第80～88页。

第五章

罗　马

——第一个大都市

泰特斯·彼特罗努斯（Petronius）是尼禄皇帝的朝臣、一个罗马的富家子弟，他终日热衷于在城市的街头巷尾寻欢作乐，与妓女和放荡的贵妇厮混，后来因涉嫌参与宫廷政变而被迫自杀。但彼特罗努斯把他对这个城市以及这个城市所创建的帝国的深刻感悟和精彩描绘留给了后世。[①] 在彼特罗努斯生活的时代，罗马已经发展到了直到现代社会才会再次出现的规模——一个庞大、不断蔓延的都市：闹市、酒肆、神庙、拥挤的房屋以及贵族的府邸充斥其间。彼特罗努斯笔下的罗马让我们仿若穿越了时空隧道，接近了现在的纽约、东京、伦敦、洛杉矶、上海或是墨西哥城。罗马的人口超过了100万，比早期像巴比伦这样的大城市

---

① 泰特斯·彼特罗努斯：《萨蒂里孔》（*The Satyricon*），J. P. 沙利文译，New York：Penguin，1986，第11～13页。

人口多2~3倍。① 路易斯·穆弗德提到，罗马的人口比例完全失衡，就像一个城市巨兽忍受着“大都市象皮病”的煎熬。②

然而，罗马人创建的法律、经济和工程方面的成就使这个庞然大物成为世界的神经中枢近500年之久，这是他们永远的荣耀。在其鼎盛时期，这个最伟大的城市帝国统治着从不列颠到美索不达米亚的广大地区，所包括的人口近5000万。③

“胜利的罗马人”

罗马人如何向城市的未来迈出了勇敢的一步？在很多情况下，他们是通过整合古代城市的两大构建模块——宗教信仰和有组织的军事力量来实现的。罗马人坚信追求帝国是他们伟大和持久的责任。彼特罗努斯提到：

① A. E. J. 莫里斯：《城市结构史：工业革命之前》，London：Longman，1994，第37~38页；杰罗姆·卡哥皮诺（Jérôme Carcopino）：《古代罗马的日常生活》（*Daily Life in Ancient Rome*），E. O. 洛里默译，New Haven：Yale University Press，1940，第16~20页；彼得·霍尔：《文明世界的城市》，New York：Pantheon Books，1998，第621页；特蒂斯·钱德勒、杰拉尔德·福克斯：《城市发展三千年》，New York：Academic Press，1974，第302~303页。

② 刘易斯·芒福德：《历史上的城市：起源、演变和前景》，New York：Harcourt Brace，1961，第190~197页。

③ 威廉·H. 麦克尼尔：《瘟疫与人》，Garden City，N. Y.：Anchor Books，1974，第104页。

整个世界都在胜利的罗马人手中。海陆日星都归他掌握。但是他还不知足。①

罗马人的伟大力量并非来源于其地理或者自然环境的优越。贯穿整个城市的台伯河不能与底格里斯河、幼发拉底河或者尼罗河等伟大的河流相提并论。诚然，城市的中心受到了七个山丘的保护，而且它的内陆位置保护其免于来自海洋的入侵。但是，这些天然屏障对于雄心壮志的征服者而言并不重要。

当然罗马也具备一些基本的经济资源，然而并不比其他大多数城镇优越。温和的气候和适宜的土壤有利于农民和牧人的活动。城市的位置靠近最容易渡过台伯河的地点，这使得早期的罗马成为周边民族天然的商贸通道，特别是对当时拥有较发达文化的伊达拉里亚人而言。盐矿为罗马人提供了一个重要的贸易项目。②

罗马人力量的源泉在于他们特有的民族神话和神圣的使命感。传说罗马城由罗慕路斯和莱慕斯兄弟建于公元前753年，他们曾被丢弃于台伯河畔，由母狼哺育长大。他们从小就心性残忍，互相残杀。在粗犷的乡村居民中，战争和农业之神马尔斯很早就拥有忠实信仰者。③

---

① 杰罗姆·卡哥皮诺：《古代罗马的日常生活》，New Haven：Yale University Press，1940，第174页。

② 约翰·E. 斯坦博（John E. Stambaugh）：《古代罗马城市》（*The Ancient Roman City*），Baltimore：John Hopkins University Press，1988，第7~8页。

③ 约翰·E. 斯坦博：《古代罗马城市》，Baltimore：John Hopkins University Press，1988，第11~12页。

最初，罗马人只凭坚忍的品质还不足以对抗伊达拉里亚人。公元前7～前6世纪，他们控制了罗马城的部分地区，并且在这里建立王权。然而，罗马人在很多方面受益于这次失败，这让他们受到了更成熟的文化的熏染，并且同希腊和腓尼基世界联系到了一起。[①]

一旦摆脱外国势力的控制，罗马人很快就改革了他们羽翼初丰的城邦，这个城邦在公元前5世纪有近4万居民。公元前450年，他们将政府的法规汇编成了12铜表法。这一法典涵盖了集市开放的日期、保护人和食客之间的关系、贵族的权利和平民的保护等方方面面的内容。

制定罗马法律的目的是规范公民行为（最好是自律方式），使之与根深蒂固的个人和公共道德准则相一致。历史学家F. E. 阿德科克（F. E. Adcock）认为，拉丁词“religio”本身就有“把公民义务转化为对家族、城邦和神的责任”的意思。[②]

罗马人深深地依恋他们的土地，并表现出对过去的强烈传承感。家族事务是所有事情的中心；每一个家族都设有祭台供奉他们的祖先和神。[③] 李维评述说：“罗马历史的核心充满宗

---

① 马西莫·帕罗蒂诺（Massimo Pallottino）：《伊特鲁里亚人》（*The Etruscans*），J. 克莱莫纳译，Bloomington：Indiana University Press，1975，第95～97页。

② F. E. 阿德科克：《罗马的政治理论与实践》（*Roman Political Ideas and Practice*），Ann Arbor：University of Michigan Press，1964，第16页。

③ 努马－丹尼斯·富斯特尔·德·库朗日（Numa Denis Fustel de Coulanges）：《古代城市：对于宗教，法律和希腊罗马体制的研究》（*The Ancient City：A Study on the Religion，Laws，and Institutions of Greece and Rome*），Baltimore：Johns Hopkins University Press，1980，第17～52页。

教信仰……神居住其中。"①

严格地同传统保持一致贯穿于罗马人漫长历史的大部分时间。法律可以修订，但是同过去的联系给予了他们无法估量的确定性。在罗马人眼中，伟大意味着古老。生活在彼特罗努斯之前一个世纪的罗马政治家西塞罗写道②："这有我的宗教，这有我的家族，这有我祖先的遗迹。我简直无法表达我在这里感受到的魅力，它们渗透到了我的思想和意识中。"③

罗马人对他们的"共和"（或"共和体"）的献身精神在历经磨难之后仍然存在。罗马军队可以被击败——公元前390年，罗马城几乎被高卢的入侵者所占领，罗马城经历过数不清的大火——但是罗马城总会在原址重新建立起来。在希腊文化统治其他意大利城市的时代，这些情结帮助罗马人保持了自身的独立性。④

西塞罗在他的"思想"和"意识"中所感觉到的东

① 努马－丹尼斯·富斯特尔·德·库朗日：《古代城市：对于宗教，法律和希腊罗马体制的研究》，Baltimore：Johns Hopkins University Press，1980，第132～134页。

② 努马－丹尼斯·富斯特尔·德·库朗日：《古代城市：对于宗教，法律和希腊罗马体制的研究》，Baltimore：Johns Hopkins University Press，1980，第182页。

③ 努马－丹尼斯·富斯特尔·德·库朗日：《古代城市：对于宗教，法律和希腊罗马体制的研究》，Baltimore：Johns Hopkins University Press，1980，第91页。

④ 约翰·E. 斯坦博：《古代罗马城市》，Baltimore：Johns Hopkins University Press，1988，第12、18～19页；格雷厄姆·克拉克：《世界史前史概要》，Cambridge，Eng.：Cambridge University Press，1961，第164～166页。

西——罗马城环境和思想所独有的特性，也促使罗马城不懈地对外扩张。公元前3世纪到公元前2世纪，罗马人不懈战斗并最终击败了伊达拉里亚人和希腊人。可以认为，罗马的关键性胜利发生在公元前146年，以迦太基的灭亡为标志，它曾是地中海世界最有可能威胁罗马霸权的城邦。

帝国城市的形成

公元前2世纪，罗马已有城市帝国之相。与港口设施、引桥渠和不断延伸的市政广场共同兴建的还有很多新的拱门和神庙。宏伟的公共建筑周围布满了成千上万的拥挤的住宅、集市和店铺，来满足不断增长的人口的需要。①

在随后的百年中，帝国的成就破坏了古代的共和体制。包括奴隶在内的新移民占总人口的1/3。富裕的贵族和窘困的平民之间长期存在的冲突日益激化。民众领袖提比略·格拉古指出，战争中得胜回到意大利的老兵发现他们失去了土地，被迫“与妻儿过着没有土地、没有房子的生活……没有家族的祭台或墓地，他们的战斗和死亡是为了别人享受财富和奢华”。②

---

① 约翰·E. 斯坦博：《古代罗马城市》，Baltimore：Johns Hopkins University Press，1988，第33~35页。

② 基思·霍普金斯（Keith Hopkins）：《罗马贸易，工业和劳力》（“Roman Trade，Industry and Labor”），选自《古代地中海文明》，第774页；约翰·E. 斯坦博：《古代罗马城市》，Baltimore：Johns Hopkins University Press，1988，第36~37页；A. E. J. 莫里斯：《城市结构史：工业革命之前》，London：Longman，1994，第44页。

一个多世纪的政局动荡和变乱（其中包括斯巴达克斯领导的著名的奴隶起义）为帝制做好了准备。公元前49年，裘利斯·恺撒被宣布为独裁者，他对桀骜不驯的共和体制施以强硬政策。恺撒也是一位城市革新者，他决心使罗马更适合做一个领土广袤的帝国的首都。他颁布法律对城中泛滥成灾的破旧房屋的高度进行限制，强迫使用瓦片以及拉开建筑物间的距离来防止火灾，并且开始市政广场的大型扩建。

公元前44年，恺撒遇刺，他所进行的宏大规划被中止，只好留给了他的后继者奥古斯都。① 在奥古斯都统治期间，罗马形成了一个拥有雄伟宫殿、神庙和其他公共建筑的城市。正如奥古斯都自己说的那样："我接手了一个泥砖建造的城市，却留下了大理石建造的城市。"②

罗马：大城市的原型

公元前31年，奥古斯都在阿克兴海角击败了托勒密王朝的最后君主克里奥帕特拉七世和她的盟友马克·安东尼，这标志着希腊化时代的终结。罗马人事实上已经征服了所有的希腊

---

① A. E. J. 莫里斯：《城市结构史：工业革命之前》，London：Longman，1994，第45页；约翰·E. 斯坦博：《古代罗马城市》，Baltimore：Johns Hopkins University Press，1988，第44～45页。

② 约翰·E. 斯坦博：《古代罗马城市》，Baltimore：Johns Hopkins University Press，1988，第51页。

城邦、原塞琉古帝国大部和其他更远的地区。在此后的4个世纪中，西方城市化的历史主要是由罗马人和他们的臣属书写的。

有些观点认为罗马人缺乏希腊人的创造才能，如哲学家、城市设计师或者建筑师，这是不公平的。罗马人确实吸收了他们在希腊世界发现的东西，并在此基础之上发扬光大，不过他们也改造或者重建城市，如迦太基，或帮助修复一些城市，如神圣的雅典。①

罗马把城市建设推进到一个新的水平，首先是罗马城自身。罗马修建了前所未有的公共工程——道路、引水渠、排水系统，以使城市有能力承受不断增长的人口。一个罗马的作家发问，希腊人所能自诩的是其“无用”的艺术，埃及所谓的遗产是躺在“闲置的金字塔”里的，这些怎能与罗马的14条引水渠相媲美？②

然而，在这些成就之下却隐藏着可悲的事实。精美的大理石材料覆盖了新奥古斯都广场上的宏伟建筑和马尔斯神庙，但是大多数的罗马人生活在贫民窟一样的住宅中。罗马城内有26个住宅屋区（insulae）为个人提供住处（domus）。虽然恺撒已经立法，但是大多数住宅屋建筑还是破烂不堪，有时会倒

---

① E. J. 欧文斯（E. L. Owens）：《希腊罗马世界中的城市》（*The City in the Greek and Roman World*），London：Routledge，1991，第121～140、150～152、159页。

② 赫伯特·穆勒（Herbert Muller）：《过去的价值：历代社会的侧影》（*The Uses of the Past：Profiles of Former Societies*），London：Oxford University Press，1952，第219～220页。

塌，并且经常失火。①

日常生活经常混杂无序。街道多半是弯弯曲曲的，很少有笔直的，挤满了人和垃圾。在白天，到处是蜂拥的人群（裘利斯·恺撒的法令将车流限定在晚上）。夜幕来临，噪音和喧闹更严重。讽刺作家尤维那质问：

> 在屋里怎能睡觉？马车穿行在狭窄而弯曲的街道之间，车夫停车咒骂，这一切可能夺去了斑海豹的睡眠，甚至克劳狄乌斯皇帝他自己也可能无法入眠。②

虽然有这些缺陷，罗马仍然在城市发展史中表现出许多创新之处。大城市居民吃、穿和用水的需要使经济活动的组织产生了很多创新之举。洞察世事的彼特罗努斯主张，帝国的任务是不管付出多大的生命代价，都要保护财富的来源以供给数量不断增长的城市家庭。这位朝臣评述说："命运取决于战争和继续寻找财富。"③

吸纳这些物资的工作是一个巨大的挑战。有三个港口为这个城市运送供养人口的谷物、富人所需要的奢侈品和服务于富人的奴隶。这里有巨型货栈和高度专门化的市场用以流通从蔬菜、猪到酒、牛和鱼在内的各种各样的货物。罗马的商业如此

① 杰罗姆·卡哥皮诺：《古代罗马的日常生活》，New Haven：Yale University Press，1940，第20~27、65页。

② 杰罗姆·卡哥皮诺：《古代罗马的日常生活》，New Haven：Yale University Press，1940，第45~51页。

③ 彼特罗努斯：《萨蒂里孔》，New York：Penguin，1986，第129页。

富有活力，以至于任何有野心的自由人（如彼特罗努斯所著《登徒子》中的特利马奇奥）都能积累巨额财富，以取得更显赫的社会地位。

在这里，现代形态的城市零售业初露端倪。书籍、宝石、家具和服装经销商集中在特定的区域内。这里既有起到超级市场作用的大型集市，也有大量位于住宅屋底层的小店铺。罗马最高级的商铺是现代的商业中心的预演：莫卡特斯·特来尼拥有一个五层楼的商铺，里面出售各种各样的商品。①

罗马的经济被广泛描述为一种被征服民族的财富所供养的寄生经济。西班牙的干鱼、波斯的胡桃木、高卢的酒，当然还包括来自各个国家的奴隶涌入到这个城市中；而世界只得到了相当少的罗马商品。② 如果从商业的角度来看，罗马是在消耗整个世界；但是，它天才的行政管理能力将城市保障发展到了一个空前的水平——在已拓殖的广阔地区激起了一个城市建设的新的黄金时代。

“一个由城市单元组成的联邦”

后来欧洲的主要城市，约克、伦敦、特里尔、巴黎、维也

① A. E. J. 莫里斯：《城市结构史：工业革命之前》，London：Longman，1994，第46～47页；约翰·E. 斯坦博：《古代罗马城市》，Baltimore：Johns Hopkins University Press，1988，第150～153页。

② 约翰·E. 斯坦博：《古代罗马城市》，Baltimore：Johns Hopkins University Press，1988，第144～145页。

纳和布达佩斯等，都从诞生于台伯河畔的这座“天才城市”中获益匪浅。[①] 在某种意义上，罗马化成为城市化进程的同义词。

空前的安全保障为城市发展创造了条件。爱德华·吉本（Edward Gibbon）说：“罗马人保卫和平的方法就是不断地为战争做准备。”[②] 从荒凉的撒哈拉直到寒冷的苏格兰边境，布置在边界、城墙和道路附近的罗马军团保卫着各个城市。在这些偏远的地区，城墙和防御堡垒对于城市的生存至关重要。即使这样，像德国的特里尔和维鲁勒尔姆（圣奥尔本），也不仅仅是一个军事哨所。甚至到了公元一二世纪，一些不列颠城镇还因整齐的道路、复杂的排水系统、浴池和管道引水而自豪。

更重要的是，城市文明的繁荣不单单是帝国法令的结果，基层力量同样在发挥作用。各种各样城市之间充满活力的竞争刺激了新的建筑项目、剧院和露天剧场的发展。罗马允许独立城市实行相当程度的自治，正如历史学家罗伯特·洛佩兹（Robert Lopez）所言，帝国本身发挥了“城市单元的联邦”的作用。[③]

19 世纪之前，欧洲没有再度出现过如此安定繁荣、人口众多的城市。人口、物产和思想观念沿着从耶路撒冷到布伦之

---

① A. E. J. 莫里斯：《城市结构史：工业革命之前》，London：Longman，1994，第 39 ~ 44 页。

② 爱德华·吉本：《罗马帝国衰亡史》（*The Decline and Fall of the Roman Empire*）第 1 卷，New York：Modern Library，1995，第 8 页。

③ 罗伯特·洛佩兹：《欧洲的诞生》（*The Birth of Europe*），New York：M. Evans and Company，1967，第 15 页。

间的安全的航海线和5.1万英里长的平坦路道，在广阔的“城市单元”群岛之间快速流动。① 富裕并喜爱游历的罗马青年可以随意到海外，如雅典、亚历山大里亚、马塞利亚（马赛）或罗得斯等城市去接受教育。②

商业和技术也传播到边境地区。来自地中海的工匠带来了玻璃和陶器的生产技术以及农业器具。到了公元3世纪，莱茵地区第一次以主要的工业区的面貌出现。通过陆路和海路，贸易范围扩展到了以前没有开发的印度和中国市场。③

在其全盛时期，罗马把早期居鲁士和亚历山大构思的世界性帝国的理想转变为活生生的现实。塔西佗记载，皇帝克劳狄乌斯自己觉察到，公民身份的逐渐推广是罗马超越狭隘的雅典城邦最有利的条件之一。吉本评述说，曾经同恺撒作战的“高卢人的子孙”现在“统率兵团，执掌行省，还被允许进入元老院”。④ 公元3世纪，罗马公民权对已知世界的所有自由

---

① 查尔斯·路德维格（Charles Ludwig）：《新约时代的城市》（*Cities in New Testament Times*），Denver：Accent Books，1976，第12页。

② J. P. V. D. 鲍尔斯顿（J. P. V. D. Balsdon）：《古代罗马的生活与休闲》（*Life and Leisure in Ancient Rome*），New York：McGraw-Hill，1969，第224~225页。

③ 戈登·蔡尔德：《欧洲文明的衰落》，New York：Knopf，1925，第267~273页；迈克尔·格兰特：《古代地中海》，New York：Scribner's，1969，第293页；菲利普·D. 柯廷：《世界历史中跨文明贸易》，Cambridge，Eng.：Cambridge University Press，1984，第99~100页。

④ 爱德华·吉本：《罗马帝国衰亡史》第1卷，New York：Modern Library，1995，第33页。

民开放；来自意大利的元老已经不足半数。①

公元98年，从西班牙人图拉真开始，外省人占据了至高无上的地位。在以后的世纪中，国家的首脑都来自高卢、叙利亚、北非和色雷斯等地区。所有这些各种各样的人在罗马——所有其他城市的神圣首府——居住并进行统治。公元2世纪的希腊作家阿里斯泰德宣称："罗马已经成为将世上所有民族都视为其村民的城堡。"

把这个世界主义的理念最好地表达出来的大概是罗马皇帝兼哲学家马可·奥里略，他在公元161年安东尼·比约死后继任元首。同古典的罗马人一样，奥里略认为他的"城市和祖国"就是罗马。但作为一个皇帝，他从更宽广的视野看到了罗马的使命，去完成整个已知世界的"人类使命"。②

---

① G. W. 鲍尔索克（G. W. Bowerstock）：《罗马帝国的瓦解》（"The Dissolution of the Roman Empire"），选自《古代国家与文明的衰落》，第169页；迈克尔·格兰特：《古代地中海》，New York：Scribner's，1969，第297~299页；理查德·P. 萨勒（Richard P. Saller）：《罗马阶级结构与联系》（"Roman Class Structures and Relations"），选自《古代地中海文明》，第569页。

② 迈克尔·格兰特：《安敦：转变中的罗马帝国》（*The Antonines: The Roman Empire in Transition*），London：Routledge，1994，第55~56页。

第六章

古典城市的衰落

在马可·奥里略时代，罗马的统治权已经受到了威胁。一个主要的原因是罗马对奴隶制的依赖日益增长。虽然奴隶已经是古典世界的重要组成部分，但现在他们日益取代了构成罗马社会中坚力量的手工业者和小商人，这些手工业者和小商人多数都成为债务人而依靠国家度日，最终，首都有1/3的居民依靠国家救济生活。①

过去，对外征服能够为流离失所的罗马人提供机会。现在，帝国不再有获取新领土的能力，它处于防御状态，正以巨大的代价奋力保卫其广阔的城市网络。远程贸易随着安全保障和便捷交通的破坏而衰落。在随后的几个世纪中，其货币罗马便士也持续贬值。

---

① 卡尔·马克思（Karl Marx）：《资本论》（*Das Kapital*），戴维·佛恩巴赫译，New York：Vintage，1977，第1卷，第232页，第2卷，第730页；迈克尔·格兰特：《罗马帝国的衰落》（*The Fall of the Roman Empire*），London：Weidenfeld and Nicholson，1997，第103、126~129页。

或许更糟的是，似乎所有阶层的罗马人都失去了道德的目标意识，玩世不恭和逃避现实的思想影响着整个文化。许多社会上层分子厌倦了罗马令人烦扰的城市生活，而是选择逃避到他们位于农村或者那不勒斯海湾的别墅中生活。生活在 4 世纪后期东罗马帝国的一位观察家写道："在这座城市里，富有的元老中每一个人都适合担任高官。但是他们冷漠地站在一边，宁愿去安逸地享受他们的财富。"①

在政府举办的挥霍无度的娱乐活动中，罗马的中产阶级和劳动阶层渐渐迷失了自我。多数罗马人把他们的闲暇时光消磨在珍禽异兽展览、残忍的角斗士表演和剧院演出中。伦理学家萨尔维安抱怨说："罗马人死期将至，还在开怀大笑。"②

一连串的传染病——有些是由美索不达米亚归来的军队传染的——加剧了罗马的阴晦气氛。据记载，公元 3 世纪爆发的一次瘟疫特别严重，连续数月每天夺走 5000 罗马人的生命。③

人之城与神之城

磨难之中，一些人试图从宗教中寻求精神慰藉。他们中的

① J. P. V. D. 鲍尔斯顿：《古代罗马的生活与休闲》，New York：McGraw - Hill，1969，第 203 页。

② 迈克尔·格兰特：《罗马帝国的衰落》，London：Weidenfeld and Nicholson，1997，第 103、139 页。

③ 威廉·H. 麦克尼尔：《瘟疫与人》，Garden City，N. Y.：Anchor Books，1974，第 115 ~ 119 页。

很多人皈依来自埃及、美索不达米亚和其他古代文明中心的异国宗教信仰。从东方输入的新宗教——基督教，与其他的宗教相比更具有耐久之力。随着时间的推移，基督教将控制整个帝国。

对于当时的异教徒和后来的吉本来说，这些新信仰体系日益增长的影响给了古典城市文明以致命的伤害。吉本抑郁地写道，帝国的衰落表现了“野蛮和宗教的胜利”。在这个问题上，吉本是正确的，但只是对了一部分。新意识形态本身——大多数是基督教——并没有毁灭罗马。如果没有旧价值观毁灭在先，新价值观是不可能取而代之的。

具有讽刺意味的是，没有帝国广阔的城市基础，基督教的迅速发展就不会出现。基督教义的主要创建者保罗正是罗马城市世界的典型产物。作为一个来自主要贸易枢纽塔尔苏斯的已希腊化了的犹太人和罗马公民，保罗通过海路和陆路来往于帝国的各大城市——安条克、以弗所、科林斯、大马士革、雅典和罗马城本身之间。①

基督教利用罗马传播福音，但其信仰自身与该城市帝国的核心价值观相抵触。基督教的大部分理论借鉴于犹太教，但它反对这个古老宗教的观念——唯一的、万能的上帝只在某一

① 查尔斯·路德维格：《新约时代的城市》，Denver：Accent Books，1976，第79～81、85页；韦恩·A. 米克斯（Wayne A. Meeks）：《城市中的圣保罗》（“Saint Paul of the Cities”），选自彼得·S. 霍金斯（Peter S. Hawkins）《城邦：城市的宗教解释》（*Civitas*：*Religious Interpretations of the City*），Atlanta：Scholars Press，1986，第17～23页。

地。基督在《马太福音》中说："有人在这城里逼迫你们，就逃到那城里去……以色列的城邑你们还没有走遍，人子就到了。"[①]

这种信仰直接同古典的异教文化相冲突。被西塞罗热情讴歌的公民爱国主义观念对基督徒毫无意义：这些人信奉的上帝本人在世上时就无家可归，四处流浪，并像一个普通的罪犯一样死去。[②] 基督教作家德尔图良认为："对于我们而言，没有什么比国家更陌生。"[③]

由于罗马人的长期迫害，基督徒被疏远，形同路人。一个基督教作家写道："罗马是一个为了人类的堕落而创建的城市，整个世界不应该屈服于它的统治之下。"公元3世纪的迦太基主教塞普里安，因罗马和帝国其他主要城市遭受瘟疫而暗自庆幸，认为这是对其罪恶和不贞的报应。[④]

这种反城市的观点最著名的表述在圣·奥古斯丁（Saint Augustine）的《上帝之城》一书中。像塞普里安一样，奥古斯丁把罗马描绘为"自鸣得意的""尘世之城"（civitas

---

① 《圣经》马修篇第10章第23节。

② E. J. 欧文斯：《希腊罗马世界中的城市》，London: Routledge, 1991，第47页。

③ 迈克尔·格兰特：《罗马帝国的衰落》，London: Weidenfeld and Nicholson, 1997，第291页。

④ 雅各布·布克哈特：《康斯坦丁大帝时代》（*The Age of Constantine the Great*），New York: Doubleday, 1956，第207页；威廉·H. 麦克尼尔：《瘟疫与人》，Garden City, N. Y.: Anchor Books, 1974，第122页；罗伯特·洛佩兹：《欧洲的诞生》，New York: M. Evans and Company, 1967，第25页。

terrena)，其罪恶应受到惩罚。奥古斯丁并没有制订方案来改革这个垂死的大城，而是主张罗马人设法进入另一大城，即“上帝之城”，在这里“没有人的智慧，只有对神的虔诚”。[①]

“一切都被废弃”

公元5世纪，当奥古斯丁撰写他的鸿篇巨制时，教堂和基督教的会众（当时总部在罗马）都没有阻挡住帝国的崩溃。出生率下降，城市越来越空，尤其是在靠近边境更加暴露的城市。[②] 罗马城本身也开始被游离于帝国权力的主要中心之外。[③] 甚至是在意大利，商业和政治中心也转移到了其他城市，特别是拉文那和麦迪欧拉努（米兰）。

随着帝国功能丧失，罗马人口直线下降。新建设停滞不前，旧建筑破败不堪。公元410年，罗马被西哥特人攻陷。在此后的一段时间里，城市保持着时断时续的独立。公元476年，日耳曼国王奥多亚克控制了罗马城。

更为难堪的事情还在后面：比赛用的跑道变成了农场；引水渠被废弃；浴池永远关闭。到了公元7世纪，罗马变成了一

① 圣·奥古斯丁：《上帝之城》(*The City of God*)，马可·陶慈译，New York：Modern Library，1993，第476～477页。

② 约瑟夫·A. 泰恩特（Joseph A. Tainter）：《复杂社会的崩溃》(*The Collapse of Complex Societies*)，Cambridge，Eng.：Cambridge University Press，1990，第127～150页；戈登·蔡尔德：《历史中所发生的故事》，London：Penguin，1957，第275页。

③ A. E. J. 莫里斯：《城市结构史：工业革命之前》，London：Longman，1994，第44页。

座只有 3 万人口的城市。教皇格里高利目睹了这种荒废景象后说："整个世界都曾经聚集在这里往上爬；现在则到处是孤独、荒芜和悲哀。"①

随着罗马的衰落，欧洲的城市生活日渐暗淡。在以后的几个世纪里，这里经历了历史学家所说的文明的"简化"，即一个向内发展，"视野变窄，地方势力生根，古老的效忠观念加强的时代"。②

城市的退化并没在各个地方立即发生。罗马城市生活的袖珍版在某些地区仍持续了几个世纪。复兴帝国的尝试时有发生。然而，到了公元 7 世纪，古代帝国城市之间旧的商业联系被切断。在帝国灭亡以后兴盛了好几个世纪的宏伟的马赛港被荒废了。

西欧和与之邻近的北非部分地区现在演化为若干块互相征战的野蛮人封地。实际上，西方所有的大城市——从迦太基到罗马和米兰——都经历着一次人口骤减。③ 帝国边缘的损失更具灾难性和持续性。繁华的德国省会城市特里尔，在公元前 4

① 邓巴尔·冯·卡耳克洛伊特（Dunbar von Kalckreuth）：《罗马三千年》（*Three Thousand Years of Rome*），卡罗琳·弗雷德里克译，New York：Knopf，1930，第 141 ~ 143 页；西里尔·曼戈（Cyril Mango）：《拜占庭：新罗马帝国》（*Byzantium：The Empire of New Rome*），New York：Scribner's，1980，第 21 页。

② 乔治·L. 考吉尔（George L. Cowgill）：《在动荡中坍塌》（*Onward and Upward with Collapse*），选自《古代国家与文明的崩溃》，第 270 页。

③ 特蒂斯·钱德勒、杰拉尔德·福克斯：《城市发展三千年》，New York：Academic Press，1974，第 304 页。

世纪早期约有 6 万人口，现在萎缩成围绕在一个大教堂周围的一系列小村庄。直到公元 1300 年，在城墙恢复和经济发展之后，这个城市也才有 8000 人。①

在大多数地方，古老的城市文明几乎都消失了。公元 7～8 世纪，在天主教的欧洲，只有不到 5% 的居民生活在大大小小的城镇中。一个法国的主教巡视了教区里日益荒芜的村庄后说："我们所能找到的教堂的屋顶都坍塌了，门都已破损并掉了下来。"许多动物在通向祭台的走廊上游荡。地板上长满了野草。一个牧师说："一切都被废弃了。"②

君士坦丁堡：幸存的城市

君士坦丁堡——从前的希腊城市拜占庭，现在成了古典城市最后的大堡垒。这个城市横跨将欧亚两洲分开的博斯普鲁斯海峡，约公元 326 年，被君士坦丁宣布为帝国的首都。依靠着城墙和巨大海港的拱卫，君士坦丁堡在野蛮人的攻击中存留下来。在一个世纪内，它的人口从 5 万增长到超过 30 万，轻易

---

① 克雷格·费希尔（Craig Fisher）：《中世纪城市》（"The Medieval City"），选自弗兰克·J. 柯帕、菲利普·C. 多尔斯（Frank J. Coppa and Philip C. Dolce）主编《转变中的城市：从古代世界到城市美国》（*Cities in Transition*：*From the Ancient World to Urban America*），Chicago：Nelson Hall，1974，第 22 页。

② 维托·富马加利（Vito Fumagalli）：《恐怖的风景：中世纪的自然与城市观点》（*Landscapes of Fear*：*Perception of Nature and the City in the Middle Ages*），沙内·米歇尔译，Cambridge，Eng.：Polity Press，1994，第 68 页。

地超过了衰退中的罗马、安条克或亚历山大里亚。[①] 在公元6世纪的全盛时期，作为欧洲的首要城市，君士坦丁堡的人口接近50万，并且控制着从亚得里亚海到美索不达米亚、从黑海到非洲之角的庞大帝国。

与开发旧的城市并在此基础上建立全新城市的罗马不同，君士坦丁堡是在欧洲和近东其他城市衰落的时代繁荣起来的。当拜占庭人由于商业或者政府的需要被迫旅行到遥远、无聊并且经常人口稀少的行省城镇时，他们经常听到的一句歌词是："噢，到城市里吧！"[②]

君士坦丁堡自诩为新罗马，但是它从没有达到过从前罗马帝国的规模和范围。在公元11世纪的历史学家迈克尔·波塞鲁斯所著《编年学》一书中，他把君士坦丁堡比作"过去黄金溪流中"退化而成的"破铜烂铁"。[③] 由于同西方世界相分离，用亨利·皮尔让的话来说，这个城市经历了"一个东方化的过程"。实际上，西方来的造访者注意到了所有这些迹

① 西里尔·曼戈：《拜占庭：新罗马帝国》，New York：Scribner's，1980，第75页。

② 罗伯特·W. 朱利：《非洲人民史》，New York：Scribner's，1970，第46页；迈克尔·格兰特：《5世纪的罗马和拜占庭》（*From Rome to Byzantium*：*The Fifth Century*），London：Routledge，1998，第11～13页；西里尔·曼戈：《拜占庭：新罗马帝国》，New York：Scribner's，1980，第74页；特蒂斯·钱德勒、杰拉尔德·福克斯：《城市发展三千年》，New York：Academic Press，1974，第304～306页。

③ 见迈克尔·波塞鲁斯的《编年学》（*The Chronographia of Michael Psellus*），E. R. A. 斯图尔特译，New Haven：Yale University Press，1953，第130页。

象：有权势的宫廷太监，奢华的宫廷礼仪，不断增长的专制集权。①

或许更糟糕的是，君士坦丁堡废弃了古典世界的全球化理念，特别是在宗教问题上。帝国政权逐渐开始迫害基督教的“异端”和异教徒——犹太人。历史学家普洛科匹阿斯这样评述皇帝查士丁尼：“他没有想到对人的屠杀是谋杀，除非他们碰巧与他持有同样的宗教观点。”

许多有实力的团体本有可能聚集在具有包容精神的古老帝国周围，但是他们现在转而反对帝国的政权。包括犹太人甚至一些基督教社团在内的许多团体，积极帮助敌人——先是波斯人后是穆斯林——一块块地蚕食帝国领土。

其他的力量也在破坏着城市和削弱帝国。自然灾害（如地震）和紧随其后的公元6世纪晚期的大瘟疫，夺走了君士坦丁堡1/3～1/2的人口，有些小城镇甚至全城灭绝。②灾害和内乱让帝国疲惫不堪，人口减少；面对公元7世纪和8世纪伊斯兰世界的兴起，帝国无力与之抗衡。

尽管存在诸多问题，帝国仍旧坚持着它被历史学家雅各布·布克哈特（Jacob Burckhardt）称作“坚韧”的最伟大的

① 戈登·蔡尔德：《历史中所发生的故事》，London：Penguin，1957，第279页；史蒂文·朗西曼（Steven Runciman）：《基督教的君士坦丁堡》（“Christian Constantinople”），选自C. M. 鲍勒（C. M. Bowra）主编《大城市的黄金时代》（*Golden Ages of the Great Cities*），London：Thames and Hudson，1952，第64、70～72、77～78页。

② 西里尔·曼戈：《拜占庭：新罗马帝国》，New York：Scribner's，1980，第68、92页。

力量。但是帝国已经日渐退化为由永久防卫性的军事堡垒所组成的一个相当小的区域。拜占庭的防御潜力、外交和明目张胆的行贿以及伊斯兰世界的内部纷争等因素加在一起使君士坦丁堡幸免于被彻底征服；直到公元1453年，才在土耳其人重炮的攻击之下沦陷。[①]

① 雅各布·布克哈特：《康斯坦丁大帝时代》，New York：Doubleday，1956，第334页；A. E. J. 莫里斯：《城市结构史：工业革命之前》，London：Longman，1994，第62页；迪米特里·奥伯伦斯基（Dimitri Obolensky），《拜占庭联邦：500～1453年的东欧》（*The Byzantine Commonwealth：Eastern Europe，500－1453*），New York：Praeger，1971，第48页。

第三部分

东方的新纪元

第七章

伊斯兰群岛

公元1325年，阿布·阿卜杜拉·穆罕默德·伊本·白图泰离开了他的故乡丹吉尔市，向东开始他的神圣的麦加朝圣。后来，为了履行在阿拉伯的宗教义务，他在以后的几乎1/4个世纪里到处旅行：在沿着东非海岸的贸易点逗留，穿越中亚大草原上商队驻留的城镇，到达印度和丝绸之路上那些流光溢彩的城市。

即使跨越了数千英里地域和色彩纷呈的文化区，在绝大部分的旅程中，伊本·白图泰几乎在每一个地方都有回家的感觉。他遇到了许多不同的种族、语言和文化，但是多数城市都处于他所熟悉的伊斯兰世界的范围之内，这是信奉一个神和一个人——先知穆罕默德启示的世界。

此时距离罗马及其城市网络垂暮之年的最终痛苦挣扎的阶段已过千年之久。君士坦丁堡这个永恒之城的继承者仍旧在它的城墙后面存活着，但是已经积重难返并被敌人所围困。它现在是世界上最大的20座城市中仅有的欧洲城市；而几乎所有其余的城市都属于东方世界，它们或者在中国或者在伊斯兰世界。[①]

伊斯兰世界盛极一时，极大地削弱了欧洲城市文明。穆斯林控制了地中海和通往东方的商路，切断了欧洲商业与其财富和知识重要来源的联系。[②] 阿拉伯的历史学家伊本·赫勒敦（Ibn Khaldun）[③] 评述说："基督徒在海上都漂不起一个木板了。"[④] 纸草等产品已经从欧洲的修道院中消失；从地中海长途贩运的酒现在不得不在本地生产。只有通常由叙利亚和犹太商人贩卖的少量奢侈品能够在欧洲的市场和贵族的宫廷中看到。[⑤]

与此相反，诸如此类的商品充斥着穆斯林城市的集市，令

---

① 特蒂斯·钱德勒、杰拉尔德·福克斯：《城市发展三千年》，New York：Academic Press，1974，第 270 页。

② 杰弗里·巴勒克拉夫（Geoffrey Barraclough）：《欧洲的严酷考验：九、十世纪的欧洲历史》（*The Crucible of Europe*：*The Ninth and Tenth Centuries in European History*），Berkeley：University of California Press，1976，第 61 页。

③ 伊本·赫勒敦（1332～1406），阿拉伯历史学家、社会学家和哲学家。——译者注

④ 亨利·皮朗（Henri Pirenne）：《穆罕默德和查理曼大帝》（*Mobammed and Charlemagne*），伯纳德·迈阿尔译，Cleveland：Meridian Books，1957，第 166 页。

⑤ 理查德·霍奇斯（Richard Hodges）：《黑暗时代的经济：城镇与贸易的起源》（*Dark Age Economics*：*The Origins of Towns and Trade*），New York：St. Martin's Press，1982，第 31、181 页；戴维·C. 道格拉斯（David C. Douglas）：《诺曼底人的成就，1050～1100 年》（*The Norman Achievement*，*1050 - 1100*），Berkeley：University of California Press，1969，第 189 页。

人眼花缭乱，从西班牙的托莱多、科尔多瓦到遥远印度的德里，均如此。穆斯林的商人和使团现在把他们的影响扩展到了东南亚的海岛，并在富饶的中国沿海城市殖民。

穆罕默德的城市视野

伊斯兰文明依存于对人类生存目的的深刻洞察上。与它所取代的古典文明一样，其核心在于对城市的虔诚信仰。必须把信徒群体聚集在一起是伊斯兰信仰的关键一环。穆罕默德不希望他的人民重新返回沙漠和囿于部落的价值体系；伊斯兰教实际上需要城市作为“人们在一起祈祷的地方”。[①]

早期伊斯兰教的历史就是一部城市居民的历史。穆罕默德是一个成功的麦加商人。麦加是在荒凉的阿拉伯半岛上建立起来的古老的商业和宗教中心。长久以来，这个城市先后受到了希腊文化和罗马统治的影响；它的居民成分混杂，包括异教徒、犹太人以及公元 2 世纪之后的基督徒。[②]

和大多数早期城市一样，麦加和在半岛的西北角汉志地区的其他商业城市缺乏深厚的农业基础。这里干旱、严

① 保罗·惠特利（Paul Wheatley）：《人们一起祈祷的地方：7～10 世纪伊斯兰土地上的城市》（*The Places Where Men Pray Together: Cities in Islamic Lands, Seventh through the Tenth Centuries*），Chicago：University of Chicago Press，2001，第 41 页。

② 菲利普·K. 希提（Philip K. Hitti）：《阿拉伯伊斯兰的都城》（*Capital Cities of Arab Islam*），Minneapolis：University of Minnesota Press，1973，第 4～8 页。

酷的气候条件——一位公元10世纪的阿拉伯地质学专家把这个城市描绘为“被令人窒息的高温、讨厌的风和成群的苍蝇折磨着”① ——使得人们只能把商业作为其经济发展的基础。

大多数麦加人是贝都因人的后裔，他们在广阔的汉志地区游牧，为牧群寻找草场和水源。贝都因人以氏族为组织，通过保护或者袭击商队来补充他们贫乏的收入。他们只崇尚对本氏族的效忠，氏族之间则纷争不断。伊本·赫勒敦认为贝都因人之间的牢固的依存关系是艰苦的生活环境的自然产物。他评述说：“只有靠群体感情维系的氏族才能在沙漠中生存。”②

在新纪元初期的数十年间，一部分氏族居住在像麦加这样的城市中，开始拥有他们自己的商队，并在也门和累范特之间的贸易增长中获利。麦加逐渐发展成有5000人口的居住地。

沙漠文化中古老的氏族效忠观念对新生的城市社区造成了明显的威胁。麦加缺乏维系和规范不相关联人群的通用社会准则或者法律制度，自从美索不达米亚时代以来，这是维系城市发展的重要因素。

---

① 保罗·惠特利：《人们一起祈祷的地方：7～10世纪伊斯兰土地上的城市》，Chicago：University of Chicago Press，2001，第12、18页。

② 伊本·赫勒敦：《普世历史：历史简介》（*The Muqaddimah：An Introduction to History*），弗朗兹·罗森塔尔译，Princeton，N.J.：Princeton University Press，1969，第97页。

穆罕默德是麦加城中颇有势力的古莱西氏族的成员之一。他体会到了建立秩序的必要性，这个更高的目标将取代旧的氏族社会所固有的血亲复仇的混乱状态。他的信仰体系——伊斯兰教既是宗教活动又是对社会正义和秩序的呼唤。

穆罕默德关心传统的社会弱势群体的思想在《古兰经》中反映出来。他要求保护长期受到各种不公正待遇的妇女，使其免受虐待。男子最多拥有 4 个妻子，并要求对她们同等尊敬。而在过去，财产的多寡是唯一的限制。

穷人也受到保护。施舍成为信仰表达的必要方式。《古兰经》的教义规定，富人应意识到“乞丐和贫民应有的权利”。①

由单一的信仰统一起来的大公社（ummah）或者团体的观念或许是穆罕默德思想最深刻之处。这种观念倾覆了传统的异教信仰和古代的氏族关系的首要地位。传统的氏族首领似乎理解到了这一点。公元 622 年，他们迫使先知和他的一部分追随者逃亡（hijira）到了麦加以北 200 英里的敌对城市麦地那。这个城市有很多的犹太移民，更能接受先知的一神观念。②

新皈依者壮大了穆罕默德的力量，他的军队在公元 630 年

① 菲利普·K. 希提：《阿拉伯伊斯兰的都城》，Minneapolis: University of Minnesota Press，1973，第 14 页；艾伯特·豪瑞理（Albert Hourani）：《阿拉伯人民史》（*A History of the Arab Peoples*），Cambridge，Mass.：Harvard University Press，2002，第 120 页。

② 菲利普·K. 希提：《阿拉伯伊斯兰的都城》，Minneapolis: University of Minnesota Press，1973，第 18 ~ 19 页。

占领了麦加。伊斯兰公社迅速扩张到整个阿拉伯地区。曾经是一群纷争的氏族的阿拉伯人，现在成为一个目标一致的单一民族。《古兰经》中说：“将世界上所有的财富都分给他们，你也不能把他们联合到一起，但是真主能联合他们。”①

伊斯兰城市的本质

穆罕默德于公元632年去世，他的继任者哈里发决心去实现先知的遗愿。穆斯林的新纪元代表了城市史的一个新开端。在公元7～9世纪之间，伊斯兰文明以惊人的活力从近东和北非扩展到了西班牙，戏剧性地结束了古典城市文明的古老传统——正如苏格拉底的理解，这种传统认为“城市中的居民”是知识的主要源泉。② 伊斯兰文明培育了更加成熟的城市文化，但并不因为城市自身的原因而崇拜城市；宗教关怀——人们的日常生活同万能真主之间的合一，使得对城市事务的关注相形见绌。

信仰的首要地位明显地表现在伊斯兰城市的布局中。清真寺现在成为城市生活的中心，取代了古典城市所重视的公共建筑和公共空间。③

① 伊本·赫勒敦：《普世历史：历史简介》，Princeton，N. J.：Princeton University Press，1969，第74页。

② 迈克尔·格兰特：《古代地中海》，New York：Scribner's，1969，第192页。

③ 斯蒂法诺·比安卡（Stefano Bianca）：《阿拉伯世界的城市结构：过去与现在》（*Urban Form in the Arab World：Past and Present*），New York：Thames and Hudson，2000，第25～36页。

宗教导向和与之相伴而约束人们日常生活的律法，使得伊斯兰征服了其他游牧民族的入侵，这些入侵者也在掠夺衰败的古典文明。当日耳曼人、匈奴人和其他民族攻占罗马、波斯和拜占庭大城市时，他们只留下了灰烬和废墟。与其相反，穆斯林设法把新获取的城市——大马士革、耶路撒冷和迦太基融入他们认为在精神上超人一等的城市文明中。

大马士革：人间天堂

公元661年，哈里发放弃了麦地那，将行政首都迁移到了大马士革，这个城市更适合扩张中帝国的行政、交通和商业的需要。与麦加或者麦地那相反，大马士革位于富饶地区，从黎巴嫩山发源的巴拉达河滋养着这片土地。正如阿拉伯诗人伊本·朱拜尔写的：

> 如果天堂在人间，大马士革一定就是它；如果在天上，大马士革可以与之匹敌。[①]

大马士革将阿拉伯人的影响拓展到了其他文化中。大马士革是一个世界性的大都市，各种基督教团体和犹太人居于其中。在伊斯兰教的统治下，这些“在册民族”都可以保留自己的信仰，经常比在以前拜占庭的统治下更自由。《古兰经》

① 菲利普·K. 希提：《阿拉伯伊斯兰的都城》，Minneapolis：University of Minnesota Press，1973，第61页。

规定“受保护者”（dhimmis）要向新政权交纳“贡赋”，因而“地位卑微”。然而，在其他方面他们的权利得到了保证。这种相对的宽容受到了犹太人和基督教徒的欢迎，甚至在穆斯林攻取他们城市的时候还得到了他们的帮助。[①]

伊斯兰城市生活国际化的特征也促进了贸易以及艺术和科学的发展。[②] 在新征服的城市中，希腊罗马的广场被改建为阿拉伯人的露天剧场。统治者建设了精心规划的商业区，其中有遮挡沙漠中烈日的大型建筑，供商旅使用的客店和货栈。新的统治者以罗马时代以来就未曾见过的速度建起了大型的图书馆、大学和医院。[③]

新的城市精神越过大马士革的城墙向外传播。伊拉克的巴士拉、北非的非斯和马拉喀什、伊朗的设拉子和西班牙的科尔多瓦都证明了新秩序下城市的创造力。[④] 一名德国的修女写道，科尔多瓦是“珠宝的世界，高雅而年轻，对自身的实力感到自豪”。一位公元 9 世纪的基督教学者抱怨说，文化的推动力是如此的巨大，以至于在科尔多瓦很少有教友完全会写拉

---

① 亨利·皮朗：《穆罕默德和查理曼大帝》，Cleveland：Meridian Books，1957，第 154～155 页；西里尔·曼戈：《拜占庭：新罗马帝国》，New York：Scribner's，1980，第 91～97 页。

② 保罗·惠特利：《人们一起祈祷的地方：7～10 世纪伊斯兰土地上的城市》，Chicago：University of Chicago Press，2001，第 35～38 页。

③ 艾伯特·豪瑞理：《阿拉伯人民史》，Cambridge，Mass.：Harvard University Press，2002，第 124～125 页。

④ 保罗·惠特利：《人们一起祈祷的地方：7～10 世纪伊斯兰土地上的城市》，Chicago：University of Chicago Press，2001，第 39 页。

丁文；而多数人却能够用阿拉伯语优雅地表达自己，并且用这种语言写出的诗篇比阿拉伯人自己写得还好。[①]

巴格达："世界的十字路口"

阿拔斯·哈里发在公元8世纪后期建立的新都巴格达，是早期穆斯林城市中最大的一个。它位于底格里斯河和幼发拉底河之间，临近古代巴比伦和泰西封遗址（萨珊波斯帝国的前首都）。当时的一位名为阿布·犹舒夫·亚库伯·伊本·伊沙克的观察家，把这个城市誉为"世界的十字路口"。

巴格达被计划建造成一个伟大的首都，以环形来规划：城墙、护城河和内城围绕着宫殿。[②] 城市人口至少25万，使威尼斯、巴黎和米兰等当时的欧洲主要城市都相形见绌，可以同希腊—罗马文明最后的庞大堡垒君士坦丁堡相匹敌。在公元900年，它可能是世界上最大的城市。[③]

---

① 菲利普·K. 希提：《阿拉伯伊斯兰的都城》，Minneapolis：University of Minnesota Press，1973，第154~155页；玛丽亚·罗斯·麦奴卡（Maria Rose Menocal）：《世界的装饰：中世纪西班牙穆斯林、犹太人和基督徒如何建立宽容文化》（*The Ornament of the World：How Muslims，Jews and Christians Created a Culture of Tolerance in Medieval Spain*），Boston：Little，Brown，2002，第66页。

② 保罗·惠特利：《人们一起祈祷的地方：7~10世纪伊斯兰土地上的城市》，Chicago：University of Chicago Press，2001，第54~57页。

③ 艾伯特·豪瑞理：《阿拉伯人民史》，Cambridge，Mass.：Harvard University Press，2002，第110~111页；特蒂斯·钱德勒、杰拉尔德·福克斯：《城市发展三千年》，New York：Academic Press，1974，第270页。

在随后的几个世纪中，哈里发垮台，巴格达失去了对政治权力的绝对控制，但是这个城市仍旧保持着引人注目的文化生产力。纸张的传入和书籍的流通（包括西方和波斯古典著作的翻译）促进了图书馆和大学的繁荣。后来，阿拉伯的学者发明了一种薄纸，这种纸制作的书更易于携带和书写。①

开罗的黄金时代

多个伊斯兰都城的建立有助于西班牙、波斯，特别是埃及新的中心的诞生。开罗建于公元10世纪，在以后的3个世纪中，从一个哈里发的宫廷式行政中心发展成羽翼丰满的国际性都市。历史学家珍妮特·阿布-卢格霍德（Janet Abu-Lughod）记述，它成为“统治者和民众一同居住的大都市”。②

在伊本·白图泰到来的时候，这个城市已经在马穆鲁克的统治之下，他们是1个世纪前控制了政权的突厥奴隶兵。这时的开罗比最初城墙环绕的地区几乎扩大了5倍，成为卓越的文化中心。这里有大学、中心医院和藏书量超过160万卷的图书

① 艾伯特·豪瑞理：《阿拉伯人民史》，Cambridge，Mass.：Harvard University Press，2002，第49~50页。

② 珍妮特·阿布-卢格霍德：《开罗：城市胜利1001年》（*Cairo：1001 Years of the City Victorious*），Princeton，N.J.：Princeton University Press，1971，第6~21页。

馆。它的著名的撒拉丁城堡高耸于向外蔓延的巨大城市之上。①

开罗控制着洲际市场，自罗马时代以来就没有城市能发挥如此作用。伊本·白图泰写道，埃及的大城市是：

> 广阔行省和富饶土地的女主人，她的民众无法计数，她的美丽和辉煌无与伦比；她是旅行者汇聚的中心，疲乏者和健壮者的歇息处。②

嘎萨巴是开罗最大的一个街市，常住人口约4000。它有数百家店铺，其中高级商铺总共拥有约360个房间。当时的一个埃及作家写道，其"货物丰富"得令人吃惊，"脚夫忙于往驳船搬运货物，喊叫声震耳欲聋"。③

嘎萨巴是阿拉伯商人一个重要的终点站，他们以此控制了连接非洲、中国和印度与地中海世界的主要贸易路线。瓷器、

---

① 珍妮特·阿布-卢格霍德：《开罗：城市胜利1001年》，Princeton, N. J.: Princeton University Press, 1971，第41页；马尔罗·阿隆（André Raymond）：《开罗》（*Cairo*），威拉德·伍德译，Cambridge, Mass.: Harvard University Press, 2000，第36、47页；罗斯·E. 邓恩（Ross E. Dunn）：《伊本·白图泰的冒险：14世纪的穆斯林旅行者》（*The Adventures of Ibn Battuta: A Muslim Traveler of the 14th Century*），Berkeley: University of California Press, 1986，第41页。

② 马尔罗·阿隆：《开罗》，Cambridge, Mass.: Harvard University Press, 2000，第120页。

③ 马尔罗·阿隆：《开罗》，Cambridge, Mass.: Harvard University Press, 2000，第123页。

丝绸、香料和奴隶涌入亚历山大里亚等港口，再南下至开罗。意大利和其他欧洲人所垂涎的奢侈品多数经过在尼罗河上的城市从事经营活动的穆斯林、犹太或是基督教的商人之手。

从某种意义上说，商业的生命力有赖于安全和强大的政权，我们在古代美索不达米亚的萨尔贡时代和后来的罗马时代，对此已有所见。在同一个时代，当在欧洲旅行困难重重的时候，像伊本·白图泰这样的游客去埃及，却可以在连成一片的高度城市化的世界中畅行无阻：

> 尼罗河上的旅行者不必携带任何必需品，因为无论何时，他们想要上岸就可以上岸来洗礼、祈祷、购买食物或者干其他任何事情。从亚历山大里亚到开罗有一连串的集市……①

从北非到中国边界

伊斯兰的兴起也为拓宽由穆斯林商人控制的主要贸易中心构成的群岛创造了条件。② 以前从来没有一种信仰或者城市体制，能产生如此广泛的影响力。伊斯兰公社为各种各样的城市提供了统治秩序、行为准则和文化规范。例如，伊斯兰政权设

① 罗斯·E. 邓恩：《伊本·白图泰的冒险：14世纪的穆斯林旅行者》，Berkeley：University of California Press，1986，第45页。

② 保罗·惠特利：《人们一起祈祷的地方：7～10世纪伊斯兰土地上的城市》，Chicago：University of Chicago Press，2001，第337页。

立了专门的机构（wakil al-tujjar）来提供司法代理和安置外国商人。[①]

这些机构超出伊斯兰教传统的核心地区向外扩散。到公元 13 世纪，包括蒙巴萨和摩加迪沙在内，有 30 多个独立的伊斯兰商贸国家在非洲东海岸兴起。伊斯兰教也在卡诺、廷巴克图等西非的一些商业中心繁荣起来，这里的黄金和奴隶吸引了来自整个伊斯兰世界的商人。廷巴克图通过南部的商路与开罗相连接，公元 14 世纪时这里发展为拥有 5 万人口的城市。[②]

波斯人控制了到达印度和中国的利润更丰厚的商路。[③] 在伊斯法罕、大不里士和设拉子等城市中，在萌芽中的洲际贸易和地方产业的共同作用下，出现了一些零散分布的集市。这些集市和清真寺共同构成了伊朗城市复兴的中心点。[④]

到了公元 14 世纪，伊朗和伊斯兰文化开始对突厥人和

---

① 菲利普 · D. 柯廷：《世界历史中跨文明贸易》，Cambridge，Eng.：Cambridge University Press，1984，第 114～116 页。

② 罗伯特 · W. 朱利：《非洲人民史》，New York：Scribner's，1970，第 58～59 页；罗斯 · E. 邓恩：《伊本 · 白图泰的冒险：14 世纪的穆斯林旅行者》，Berkely：University of California Press，1986，第 122～128 页；菲利普 · D. 柯廷：《世界历史中跨文明贸易》，Cambridge，Eng.：Cambridge University Press，1984，第 121～122 页。

③ R. 吉尔斯芒：《伊朗》，New York：Penguin，1954，第 336～341 页。

④ 马苏德 · 凯拉拜迪（Masoud Kheirabadi）：《伊朗城市：形成与发展》（*Iranian Cities：Formation and Development*），Austin：University of Texas Press，1991，第 45～65 页。

蒙古人等游牧群落产生影响，这些游牧群落的征服使他们控制了印度和中亚的城市。这些文明中心在伊斯兰征服之前就已经形成，然而，新的城市宗教使城市生活变得多姿多彩。

印度：伊斯兰的再生

印度是一个主要相关的案例。在公元前 4 至公元前 2 世纪的孔雀帝国时期①，印度是城市文明的一个主要的中心，可是最终衰落了。城市中心大规模衰退，战乱频繁，敌对城市之间相互残杀，远程贸易因而受到破坏。②

同样严重的是，印度教的种姓制度排斥贸易，压制对外部世界的好奇心，从而减缓了印度城市的发展速度。公元 11 世纪的阿拉伯历史学家阿勒白儒尼评述：

> 印度人相信，除了他们自己的国家以外没有其他国家、其他民族像他们一样，没有国王像他们一样，没有宗教像他们一样……他们在交流他们所知道的东西方面天生小气，并且尽最大的可能来保守它，不让别的种姓的人知道，不

① 特蒂斯·钱德勒、杰拉尔德·福克斯：《城市发展三千年》，New York：Academic Press，1974，第 301 页。

② 斯蒂芬·P. 布莱克（Stephen P. Blake）：《沙贾汉纳巴德：1639～1739 年莫卧儿时期的独立城市》（*Shahjahanabad：The Sovereign City in Mughal India，1639－1739*），Cambridge，Eng.：Cambridge University Press，1991，第 1～5 页。

让他们自己的人知道，当然更不能让任何外国人知道。

像他们在近东和北非的阿拉伯前辈一样，获胜的穆斯林苏丹迅速地复兴了印度的城市。他们使行政管理专业化，修整道路，为旅行者建造馆舍，并鼓励同外部世界的贸易联系。这不仅推动了贸易城市的繁荣，如古吉拉特邦的坎贝，而且也造就了德里（公元 12 世纪末期被征服的城市）这样的行政中心。

当伊本·白图泰在穆斯林图格鲁克王朝统治期间访问德里的时候，他遇到了“一个巨大而宏伟的城市……不仅是印度最大的城市，而且是东方所有伊斯兰城市中最大的城市”。德里兴建了大型市场而且吸引了来自整个伊斯兰世界的学者、科学家、艺术家和诗人。①

虽然全国绝大部分印度人信仰印度教，但是穆斯林控制了整个次大陆的城市中心。穆斯林的商人连同部分印度教的商人，经营着利润丰厚的东南亚和波斯湾之间的海岸贸易路线。②

---

① 罗斯·E. 邓恩：《伊本·白图泰的冒险：14 世纪的穆斯林旅行者》，Berkeley：University of California Press，1986，第 136 页；塔潘·雷伊查德福瑞、伊尔凡·哈比比：《剑桥印度经济史，卷一：1200～1750》（*Cambridge Economic History of India*，*Vol. 1*，*1200－1750*），New Delhi：Cambridge University Press，1982，第 82～83 页。

② 塔潘·雷伊查德福瑞、伊尔凡·哈比比：《剑桥印度经济史，卷一：1200～1750》，New Delhi：Cambridge University Press，1982，第 37～42 页；菲利普·D. 柯廷：《世界历史中跨文明贸易》，Cambridge，Eng.：Cambridge University Press，1984，第 123～125 页。

印度大量的药品、香料、奢侈品和奴隶在中国的沿海城市找到了销路，穆斯林的商人和传教士已经出现在这一地区。但是，中国不可能成为伊斯兰世界的一部分，它是另一种完全不同的城市文明中心的代表——其宏伟和实力可以同伊斯兰世界相媲美。

第八章

中央王国的城市

在伊本·白图泰之前的一个世纪，一群威尼斯商人穿过广阔的中亚地区来到了东方。同他们北非的同行一样，马可·波罗发现分布在这辽阔地区的大多数城市都追随穆罕默德的信仰。仅仅是在罗布泊地区（在现在的新疆维吾尔自治区境内），伊斯兰的影响才开始减弱，而中国的影响更加显著。①

最初，对于中国的城市而言，伊斯兰城市的发展代表着倒退。大约在西罗马帝国时期最为繁荣的汉朝，后来又在公元7世纪的唐朝，中国商人控制了经过阿富汗边界的利润丰厚的洲际贸易路线。然而，当公元751年与穆斯林军队遭遇时，中国人遭受了决定性的失败。②

---

① 曼纽尔·科姆罗夫（Manuel Komroff）编著《马可·波罗游记》（*The Travels of Marco Polo*），New York：The Modern Library，1926，第50~71页。

② 勒尼·格鲁塞（René Grousset）：《草原帝国》（*The Empire of the Steppes*），内奥米·沃尔福德译，New Brunswick，N. J.：Rutgers University Press，1970，第41~50、90~95、117~120页；肯尼思·斯科特·拉图雷特（Kenneth Scott Latourette）：（转下页注）

马可·波罗到达中国的时候，遥远边境的失败已被人们淡忘，更无所谓悲伤。历史学家伯纳德·刘易斯评述说，与伊斯兰更倾向于征服并改造世界不同，中国缺乏强有力的传教热忱。中国能够遗忘遥远边境地区的失败，是因为作为伟大的“中央王国”，它在很大程度上保持着经济上的自给自足和文化上的独立自主。①

中国的影响通过征服或者典范作用扩展到朝鲜、日本和东南亚，但是它的文化缺乏能被非中国文化所采用的先验性价值体系。一个人能成为穆斯林，但是很难成为一个真正的中国人，甚至对一个取得了“中央王国”皇位的人来说也是如此。

农业社会中的城市传统

与以城市为中心的穆斯林文化截然不同，中国城市是在以农为本的文明框架内兴起的。甚至到了16世纪晚期，明朝皇帝还在王宫里举行以高度舞蹈化的动作来象征丰收的宗教仪式。②

（接上页注②）《中国人的历史与文化》（*The Chinese: Their History and Culture*），New York: Macmillan，1962，第80页。

① 伯纳德·刘易斯（Bernard Lewis）：《问题何在？伊斯兰教与现代性在中东的冲突》（*What Went Wrong? The Clash between Islam and Modernity in the Middle East*），New York: Perennial，2002，第6页。

② 保罗·惠特利：《四方之极：中国古代城市起源及特点初探》，Chicago: Aldine Publishing Company，1971，第176～178页；黄仁宇（Ray Huang）：《万历十五年》（*1587, A Year of No Significance: The Ming Dynasty in Decline*），New Haven: Yale University Press，1981，第4页。

这种持久的农业影响也反映在城市内部。可以说，杭州、广州、漳州和北京都能跻身于世界上规模最大、规划最好的城市之列，但是城市周边的环境通常都是拥挤的乡村，没有什么本质的不同。[①] 中国的城市尽管规模宏大，却只是形成了更大的农业环境的“质量密集”版而已。

与古典欧洲或伊斯兰世界所常见的情形不同，中国城市根本没能对周边偏远地区施加影响。即使在最大的城市里，大多数的产品也主要是为了本地的消费；而多数农业地区的需求则是在乡村得到满足。尽管拥有到目前为止世界上最大的人口规模，可是按照居住在大城市的人口比例来衡量，中国还是不能达到同等程度的城市化水平；就此而言，中国城市化水平还不足西欧、地中海，或者日本公元1千纪以来的一半。[②]

“居天下之中，礼也”

中国最重要的城市作为帝国的行政中心而存在。在公元前

---

① 肯尼思·斯科特·拉图雷特：《中国人的历史与文化》，New York：Macmillan，1962，第216页；特蒂斯·钱德勒、杰拉尔德·福克斯：《城市发展三千年》，New York：Academic Press，1974，第270页。

② 吉尔伯特·罗斯曼（Gilbert Rozman）：《19世纪东亚的城市化：与欧洲的比较》（“East Asian Urbanization in the Nineteeth Century：Comparisons with Europe”），选自冯·德沃德、速水融、简·德·福瑞斯《历史中的城市化：动态整合的过程》（*Urbanization in History：A Process of Dynamic Interactions*），Oxford，Eng.：Clarendon Press，1990，第65~66页。

1千纪周王朝的时候，这些中心城市的普遍模式就已形成，贵族、宗教功能和军队为城市的主要角色，手工业者和商人的活动服务于上层统治阶级，通常扮演次要的角色。①

政治，而不是商业，决定着中国城市的命运。② 长安、洛阳、开封、南京和北京等城市时运的涨落取决于统治王朝对其位置的喜好。防御的需要或者食物供给的便利程度等因素在很大程度上决定了哪个或者哪些城市成为首都。③

首都的变动和伴随而来的臃肿的政府机构，其自身就足以刺激市场经济的萌芽。公元1千纪后半期，唐朝长安的东市以“街市内货财二百二十行，四面立邸，四方珍奇，皆所积集”而自豪。和希腊的市场或者罗马的市政广场一样，这里是服务行业的天然场所，印刷工、艺人、屠夫和服装商人都包罗其中。

城市生活由帝国官僚严格控制。市场开放和城市宵禁的时间由更鼓来宣布。④ 每到新都规划或者旧城重建之时，首要之事便是遵循《周礼》中的礼制——古代中国控制人们生活方式、个人行为和事物之间关系的基本礼仪。历史学家王才强评论说，每一个大都城都按着一定的规则来设计，城墙围绕，网

① 薛凤旋：《中国首都北京的自然与规划》，New York：John Wiley，1995，第22～23页。

② 马润潮：《中国宋代的商业发展与城市变革》，Michigan Geographical Society，1971，第119～120页。

③ 薛凤旋：《中国首都北京的自然与规划》，New York：John Wiley，1995，第39页。

④ 王才强：《贵族与官僚城市：中世纪中国城市景观的发展》，Honolulu：University of Hawaii Press，1999，第19～25页。

格状结构整齐划一，其中包括市场区以及专门为皇帝、主要官员和其他与帝国王室相关的人使用的实际上自给自足的禁区。[①]

把王室同外部世界分开的需要决定了城市规则。皇城被高墙同周边区域分割开；其目的并不是为了更好地俯视周边的地区，这与在欧洲和近东地区所常见的有所不同。保卫王室成员所需的军队，经常占据城市人口的很大比例；一个中国学者估计，公元1000年的宋朝都城开封大约有1/5的人口与军事力量或其他防卫机构有关。[②]

一些王朝不止建造了一个都城来实施统治。隋朝建造了三个都城，并且通过道路和运河把它们与帝国的行宫连接起来。公元581年建立了隋王朝的隋文帝开凿了大运河以确保传统都城长安的食物供应，这个城市很快发展为能同包括君士坦丁堡在内的同时代任何城市相匹敌的规模。[③]

都城之外是小型城镇中心组成的一个巨大的网络。公元前3世纪，第一个统一中国的皇帝秦始皇，将以前相对独立的诸

---

① 王才强：《贵族与官僚城市：中世纪中国城市景观的发展》，Honolulu：University of Hawaii Press，1999，第1~3页。

② 马润潮：《中国宋代的商业发展与城市变革》，Michigan Geographical Society，1971，第109~110页；薛凤旋：《中国首都北京的自然与规划》，New York：John Wiley，1995，第25页。

③ 肯尼思·斯科特·拉图雷特：《中国人的历史与文化》，New York：Macmillan，1962，第140~141页；特蒂斯·钱德勒、杰拉尔德·福克斯：《城市发展三千年》，New York：Academic Press，1974，第270页。

侯国分成了若干个郡，或者叫做“州”。每一个郡都有自己的行政中心。郡之下形成了一些更小的行政区域——“县”。这些小城镇中心不仅起到保护帝国的作用，而且还在饥荒时分发食物并为老弱病残者提供保障。①

然而，中国的城市化仍主要以大都城为中心。都城不仅仅是儒家传统的世俗权力控制的城市，也是“中央王国”的中心点，“居天下之中，礼也”观念的具体体现。② 作为崇拜的中心，他们集中了所有伊斯兰教圣地的功能，像麦加、麦地那和耶路撒冷，但是侧重点有明显的不同。穆斯林的圣地是宗教圣地，从伊斯兰历史的第一个千年之后，就不再是政治权力所在地。在中国，权力和神圣可以相互切换：皇帝居住的地方，也就是神圣的地方。

“若垂天之云”

在公元1千纪后期以及随后的几个世纪中，中国出现了另一类型的大都市，它们首要的基础并非政治权力，而是商业价

① L. 卡林顿·古德里奇（L. Carrington Goodrich）：《华人简史》，New York：Harper Torchbooks，1943，第116～117页；肯尼思·斯科特·拉图雷特：《中国人的历史与文化》，New York：Macmillan，1962，第67～68页；马润潮：《中国宋代的商业发展与城市变革》，Michigan Geographical Society，1971，第117页；章生道：《中国城市化的历史趋势》，载于《美国地理学家协会年刊》第53卷第2期，1963年6月，第116页。

② 王才强：《贵族与官僚城市：中世纪中国城市景观的发展》，Honolulu：University of Hawaii Press，1999，第3页。

值。最初的商业城市繁荣于公元618~907年的唐朝时期。通过放宽对商业的传统限制，尤其是陆路方面的限制，唐王朝促进了一个潜力巨大的新城市商人阶层的产生。公元960年开始的宋朝鼓励贸易的发展，商业前进的步伐加快。

中国第一次作为洲际贸易强国而出现。在清剿了日本和其他海盗之后，中国商人控制了远到印度的所有的贸易路线。由于熟知罗盘的使用，中国人是世界上最老练的航海者，并且绘制了远达好望角的航海图。

到12世纪，中国已有20支船队，水手逾5.2万名。中国的政治、经济和文化在亚洲包括朝鲜、日本和大部分东南亚地区广为传播。① 其中的一些海船乘载可以超过500人并存储一年的食物供给。船上可以养猪和酿酒。旅行家周去非记载，“浮南海而南，舟如巨室，帆若垂天之云”。②

越洋贸易的增长极大地刺激了国际性商业大都市的发展。广州是公元前100年繁荣起来的城市。公元8世纪，这里已是一个有相当实力的穆斯林贸易团体的基地。公元971年，宋朝在广州设立了海关衙门，并且到了下一个世纪，这个港口城市独享了真正的外贸垄断权。公元1200年，广州的人口已经超

① 肯尼思·斯科特·拉图雷特：《中国人的历史与文化》，New York：Macmillan，1962，第186页。

② 马润潮：《中国宋代的商业发展与城市变革》，Michigan Geographical Society，1971，第30~31页；L. 卡林顿·古德里奇：《华人简史》，New York：Harper Torchbooks，1943，第151页；塔潘·雷伊查德福瑞、伊尔凡·哈比比：《剑桥印度经济史，卷一：1200~1750》，New Delhi：Cambridge University Press，1982，第128~131页。

过 20 万，可列为世界的第 4 或者第 5 大城市。①

令马可·波罗诧异的是急速增长的城市经济会如此丰富多样。这位威尼斯的旅行家估计，每有一艘载着香料的船只到达亚历山大里亚或其他意大利港口，就有“一百艘船”到达漳州，这里是中国同南亚进行贸易的重要港口。近东、印度和东南亚的香料、药品、宝石和手工艺品从这个码头流入中国各个城市的货栈中。与此同时，中国的手工艺品、技术和丝绸也源源不断地输出。②

这代表了中国城市史富有潜力的新开端。在 1 千纪早期的几个世纪中，像广州、福州和漳州这些新兴的城市所表现出来的国际性趋势在后来的亚历山大里亚、开罗、安条克和威尼斯也有所见。阿拉伯和犹太商人，他们生活在帝国番坊（外国人居住区）的保护之下，尤其活跃；意识形态的多样性造就了丰富的艺术和科学成就以及富有创造性的氛围。③

这些海滨城市同时也与庞大的国家内陆贸易网络相连接，尤其是宋朝的首都开封。皇城以外的道路“密如鱼鳞”，同林立的店铺、酒肆和妓院相连接。一些有影响的犹

① 马润潮：《中国宋代的商业发展与城市变革》，Michigan Geographical Society，1971，第34～35 页；特蒂斯·钱德勒、杰拉尔德·福克斯：《城市发展三千年》，New York：Academic Press，1974，第 270 页。

② 曼纽尔·科姆罗夫编著《马可·波罗游记》，New York：Modern Library，1926，第 153、159～163、254～256 页。

③ L. 卡林顿·古德里奇：《华人简史》，New York：Harper Torchbooks，1943，第 154～159 页。

太人和阿拉伯人的移民也住在城中。一些对商业的传统限制（如宵禁令）的放松，鼓励了真正的“城市文化”——两三层高的商业建筑、活跃的大众文学和各种各样的群众娱乐——的发展。①

公元13世纪早期蒙古对中国的控制加速了上述发展趋势，尽管中国的民族主义者对此十分痛心。蒙古人统治了一个庞大的帝国，使中国的影响越过了亚洲到达欧洲边界。蒙古控制下的一些外国城市，像莫斯科、诺夫哥罗德和大不里士等城市里首次出现了大量的中国移民。

虽然蒙古人使敌人闻风丧胆，但是他们为广阔的亚洲大陆提供了前所未有的安全保障，从而促进了商业的发展。一位穆斯林的观察家评述说，在他们的统治之下，“一个人能够头顶着黄金盘子从日出之处旅行到日落之处，而不用担心劫掠”。②

蒙古人的宗教宽容精神也促进了更广泛的商业和文化联系。佛教、道教、基督教、伊斯兰教和其他信仰能融洽共存，繁荣发展。在穆斯林法官的管理之下，广州和漳州的清真寺、医院和集市凭借伊斯兰的商业和民事法规运作。很多穆斯林，甚至像马可·波罗这样的欧洲人都可以为蒙古皇帝

① 马润潮：《中国宋代的商业发展与城市变革》，Michigan Geographical Society，1971，第5～6、160页；王才强：《贵族与官僚城市：中世纪中国城市景观的发展》，Honolulu：University of Hawaii Press，1999，第135、150、170、192页。

② 勒尼·格鲁塞：《草原帝国》，New Brunswick，N. J.：Rutgers University Press，1970，第252页。

效力。①

多文化的贸易和联系的发展也可以从大可汗宫殿积累的大量财富中得到印证。虽然离海滨贸易城市很遥远，但大都市和其他主要的内陆城市消费着大量来自印度、近东甚至非洲的奢侈品。马可·波罗这样描绘忽必烈的首都："世界各地的奇珍异宝都可以在这里找到。"②

① 罗斯·E. 邓恩：《伊本·白图泰的冒险：14 世纪的穆斯林旅行者》，Berkeley：University of California Press，1986，第 250 页；曼纽尔·科姆罗夫编著《马可·波罗游记》第 16 章，New York：Modern Library，1926；肯尼思·斯科特·拉图雷特：《中国人的历史与文化》，New York：Macmillan，1962，第 215 页；塔潘·雷伊查德福瑞、伊尔凡·哈比比：《剑桥印度经济史，卷一：1200 ~ 1750》，New Delhi：Cambridge University Press，1982，第 135 ~ 138 页。

② 曼纽尔·科姆罗夫编著《马可·波罗游记》，New York：Modern Library，1926，第 153、159 ~ 163、254 ~ 256 页；菲利普·D. 柯廷：《世界历史中跨文明贸易》，Cambridge，Eng.：Cambridge University Press，1984，第 125 页。

第九章

机会的丧失

在马可·波罗和以后的伊本·白图泰时代预言东方代表着城市和文明的未来是合乎情理的。然而到了 1600 年，从漳州的码头和货栈到开罗的嘎萨巴可以明显地看出，中国和伊斯兰世界城市的活力开始消散。

繁荣的弊端

为什么中国和伊斯兰世界的城市与这个机会失之交臂？部分原因就在于给那些到东方的欧洲旅行者留下深刻印象的高度繁荣。在 16 世纪北京、德里、伊斯坦布尔和开罗的统治者看来，欧洲城市看上去渺小而落后。中国和穆斯林多数的技术、药品和各种各样的工具远比欧洲的更加先进。在东方，特别是中国，灌溉和河渠系统高度发达，农业生产远远超过了西方。

中国和伊斯兰世界的主要城市在人口和建筑的华丽程度上看上去超过了欧洲同等的城市。1526 年，蒙古人的后裔莫卧儿人夺取了印度的控制权，定都德里进行统治，伊斯兰的历史学家把这里描绘成“有人居住的伊甸园”。伊斯坦布尔这个在被征服的君士坦丁堡的废墟上建立起来的伊斯兰城市，比当时欧洲任何城市都拥有更多的财富和更多的人口。①

东方都城的辉煌进一步加深了东方人长期存在的自傲感。尤其是中国宫廷的态度：他们认为，按距离都城的远近依次为皇室到王公的领地，此后是“被安抚的地区”，然后是“半文明的野蛮人地区”，最后是“没有开化的野蛮人的地区”；在边缘地带末端的欧洲几乎没有什么考虑的价值。②

伊斯兰世界上层人物的观点不时表现出同样的对外国人的

① 马润潮：《中国宋代的商业发展与城市变革》，Michigan Geographical Society，1971，第11～13页；珀西瓦尔·斯皮尔（Percival Spear）：《印度现代史》（*India: A Modern History*），Ann Arbor：University of Michigan Press，1961，第153页；塔潘·雷伊查德福瑞、伊尔凡·哈比比：《剑桥印度经济史，卷一：1200～1750》，New Delhi：Cambridge University Press，1982，第141、170～171页；斯蒂芬·P. 布莱克：《沙贾汉纳巴德：1639～1739年莫卧儿时期的独立城市》，Cambridge，Eng.：Cambridge University Press，1991，第30页；费尔南多·布罗代尔：《15～18世纪的物质文明、经济和资本主义》（*The Perspective of the World: Civilization and Capitalism: 15 th－18 th Century*）第3卷，思安·雷诺兹译，New York：Harper & Row，1984，第534页；艾伯特·豪瑞理：《阿拉伯人民史》，Cambridge，Eng.：Cambridge University Press，2002，第232页。注：并不只因为这些城市规模巨大，还因为其经济绝大部分比欧洲更为富足。事实上，最迟到1700年，中国和印度的人均收入相当于或者超过英国或法国，这里并不包括欧洲的穷国。即使有更多的人口，亚洲的总体经济将占世界经济的更大份额。

② 艾尔弗雷德·欣兹：《中国城市》，Berlin：Gebruder Borntraeger，1989，第1～2页。

轻蔑态度，特别是对欧洲人。公元9世纪巴格达的一份贸易调查报告认为，拜占庭、中亚、印度和中国可以提供有价值的物品；而北欧和西欧的城市的价值仅仅是它们是奴隶和稀有矿产的来源地。更值得注意的是，直到18世纪这样的态度也没有太大的变化，而这时欧洲的军事和科技已经显现出明显的优势。①

专制的局限

专制集权的强大进一步减缓了亚洲和伊斯兰城市的发展进程。甚至像西班牙的科尔多瓦和中国长安这样宏伟的城市，也随着统治王朝的倾覆而衰落。② 专制体制也特别使得东方城市容易受到伊本·赫勒敦所描绘的政体的自然“生命周期”的破坏。他认为大多数伊斯兰世界的统治机构都是由攻占城市掠夺财富的强悍的游牧民族建立的。第一代游牧民族——早期阿拉伯人、马格里布部落和突厥人，经常表现出建设伟大帝国和城市所需要的超凡精力和想象力。

阿拉伯学者注意到，在稳固的地点享受奢侈生活越久，统治者必然越快地失去尚武的精神和顽强的品质。由于纵容他们的后代放弃马背上的生活，所以就不能指望他们的后代保持其祖先的豪放品格。

---

① 伯纳德·刘易斯（Bernard Lewis）：《欧洲穆斯林发现》（*The Muslim Discovery of Europe*），New York：W. W. Norton，1982，第60～68、185～187页。

② 斯蒂芬·P. 布莱克：《沙贾汉纳巴德：1639～1739年莫卧儿时期的独立城市》，Cambridge，Eng.：Cambridge University Press，1991，第183、192～194页。

当新的游牧入侵者出现的时候，对于大多数已经繁荣起来的城市来说，结果是灾难性的。当公元1258年蒙古入侵者击败衰弱的阿拔斯·哈里发的军队的时候，巴格达就遭受了这样的命运。蒙古人不仅杀掉了最后的哈里发及其大部分家属，而且屠戮了城内的多数居民。城市的大部分被夷为平地。巴格达再也没有成为“世界的十字路口”。①

虽然伊本·赫勒敦的观点多来自伊斯兰世界的事例，但是同样也适用于中国的王朝。在发展初期，宋、元、明、清每一个朝代都表现出相当的尚武精神和强有力的统治能力。但是随着时间的流逝，政权日益软弱和腐败。特权贵族、官僚和退伍士兵组成的“军团”吞噬着帝国的财富。这就不可避免地把王朝脆弱的首都留给了新的游牧入侵者。②

企业家受到压制

这种持续衰颓的过程并非亚洲或者伊斯兰社会所独有。欧洲的贵族阶层在经历了几代强盛之后也衰落下来。然而，与东方不同的是，欧洲兴起的商人和手工业者阶层为城市经济带来

---

① H. W. F. 赛格斯：《伟大属于巴比伦：古代两河流域文明概述》，New York：Hawthorn Publishers，1962，第49页；伊本·赫勒敦：《普世历史：历史简介》，Princeton，N. J.：Princeton University Press，1969，第135～137、247页；勒尼·格鲁塞：《草原帝国》，New Brunswick，N. J.：Rutgers University Press，1970，第323～325页。

② 马润潮：《宋代中国的商业发展和城市变革》，Ann Arbor，1971，第122页。

了生机，而且他们有能力实现政权的更迭。

在日本、朝鲜、中国、印度或者埃及，中产阶级力量的蓬勃兴起却不曾发生。[①] 专制政权到处任意征税、没收财产，以宫廷喜好行事，破坏了对企业家的激励机制。[②] 伊本·赫勒敦这样评述："对民众的财产的侵犯封杀了获取财富的动机。"[③]

无论从商业还是政治的角度看，这些重要城市越来越背离世界的发展潮流。在新儒家学者的影响下，中国限制勇敢的探险活动，使沿海的城市遭受损失。[④] 这样的决定最终将使海洋贸易被拱手让给数千英里外欧洲城市里的商人。[⑤]

---

① 珀西瓦尔·斯皮尔：《印度现代史》，Ann Arbor：University of Michigan Press，1961，第 156 ~ 157 页。

② 马润潮：《宋代中国的商业发展和城市变革》，Ann Arbor，1971，第 43、134 ~ 137、162 页；艾拉·马文·拉皮德斯（Ira Marvin Lapidus）：《中世纪后期的穆斯林城市》（*Muslim Cities in the Later Middle Ages*），Cambridge，Mass.：Harvard University Press，1967，第 96、101 页；塔潘·雷伊查德福瑞、伊尔凡·哈比比：《剑桥印度经济史，卷一：1200 ~ 1750》，New Delhi：Cambridge University Press，1982，第 185 ~ 187、277 ~ 278 页。

③ 伊本·赫勒敦：《普世历史：历史简介》，Princeton，N. J.：Princeton University Press，1969，第 238 页。

④ 菲利普·D. 柯廷：《世界历史中跨文明贸易》，Cleveland：Meridian Books Cambridge University Press，1984，第 127 页；肯尼思·斯科特·拉图雷特：《中国人的历史与文化》，New York：Macmillan，1962，第 234 页。

⑤ 伊曼纽尔·沃勒斯坦（Immanuel Wallerstein）：《现代世界体系：16 世纪的资本主义农业与欧洲世界经济体的起源》（*The Modern World-System：Capitalist Agriculture and the Origins of the European World-Economy in the Sixteenth Century*），New York：Academic Press，1974，第 55 ~ 56 页。

欧洲的再度兴起

正当东方衰弱的趋势不断显现时，在欧洲的城市中，先是在意大利，后来在大不列颠和荷兰，新的资本主义精神开始兴起。[①] 16世纪晚期，这里有些城市已经和东方的一样富有，并且后劲不减。

中国、印度和穆斯林的政权不了解、也没有兴趣了解这些发展。有权有势的人——在自己的体系中安然度日——统治着北非、近东、印度和中国的大城市，当来自西方的探险者出现在他们的海滨城镇时，他们一般没有感觉到威胁。毕竟，这些人只是来自世界相当落后的地区的商人，他们的产品对于宫廷和集市来说都没有什么价值。

甚至欧洲人的高桅小船似乎也不会给人留下什么印象。不久，这些小船出现的频率越来越令人警惕，速度也越来越快，而且具备了更长距离航行的能力。17 世纪末期，葡萄牙、西班牙和荷兰商人逐渐控制了东南亚香料产地的贸易，同时也控制了利润丰厚的非洲奴隶、象牙和黄金贸易。

贸易中心不再重要，像开罗、伊斯坦布尔这样的城市开始在商业上衰落下来。[②] 甚至最初由近东出口到西方的咖啡，也

---

① 艾拉·马文·拉皮德斯：《中世纪后期的穆斯林城市》，Cambridge，Mass.：Harvard University Press，1967，第 50～65、78～80、185～191 页。

② 珍妮特·阿布－卢格霍德：《开罗：城市胜利 1001 年》，Princeton，N. J.：Princeton University Press，1971，第 48～51 页；伯纳德·刘易斯：《问题何在？伊斯兰教与现代性在中东的冲突》，New York：Perennial，2002，第 13 页。

是在荷兰的殖民地爪哇生产，再由荷兰的船只贩运咖啡豆到奥斯曼的市场上出售。①

西方人开始以强有力的姿态出现在东方。中国、印度和非洲边缘地带的小商业居住点开始缓慢地发展成巨大的、充满商业活力的城市。表面上依旧宏伟的伊斯兰世界和中国内陆的大都市，逐渐开始失去对本国国内贸易的控制。最后，政治控制力和文化影响力也很快消失了。城市文明的一个时代画上了句号，一个由欧洲人和他们的后裔所掌控的新时代即将开始。

① 伯纳德·刘易斯：《欧洲穆斯林发现》，New York：W. W. Norton，1982，第195页。

第四部分

西方城市再拔头筹

第十章
欧洲的城市复兴

在罗马帝国衰落后不久，欧洲又拥有了一股新的强大的凝聚力——天主教会。原有的基督教牧师的存在，充其量只是维系着摇摇欲坠的罗马，他们对古典城市社会不过是怀有矛盾心理而已。唯有天主教会，在罗马帝国衰退至最低谷之时，孕育了欧洲城市复兴的一线希望。

城市复兴的神圣根源

教会的贡献体现在文化和政治领域。基督教僧侣们保留了书写语言、古代文本和欧洲城市复兴所需要的那份知识分子传统的严谨。① 同样至关重要的是，在许多最后得以幸存的城镇当中，教区的结构被看成是城市辖区和公民权利的基础；无论

---

① 亨利·皮朗：《穆罕默德和查理曼大帝》，Cleveland：Meridian Books，1957，第 277 页。

在巴黎、罗马，还是在意大利什么地方，主教通常被公众看成是唯一认可的权威。①

城市生活的全面复兴需要的不仅仅是传教士的恩赐，更多的往往是一个安全的环境，以及维持城市运转的经济。教会没有力量来阻止外来入侵者，不论他们是北欧海盗、异教徒，还是伊斯兰人。宗教神学也常常对城市经济赖以发展的商业价值缺乏信任，即使它对此没有持完全的敌对态度。

城邦的复兴

由于不能够完全依靠教会，也没有强大的帝国确保安全，欧洲孤立的城市社区不得不依靠自己的力量谋求生存。在骑士和强盗出没于乡村地区的情况下，居民们首要考虑的问题是筑起一道防御屏障。根据描述公元8世纪意大利的城市维罗纳的史籍记载，这是一座“用厚厚的城墙保护和48座醒目高塔包围的”城市。在攻城大炮使用之前，坚固的城市防御工事能够抵御甚至是最强劲的入侵者。

就这样，一个独立的欧洲城邦的新黄金时代开始了。商人和手工业者在诸如意大利北部这样的地方资助他们自己的防御

① 劳罗·马提尼斯（Lauro Martines）：《权力和想象：意大利文艺复兴时期的城邦》（*Power and Imagination：City-States in Renaissance Italy*），New York：Knopf，1979，第13页。

性武装力量。[①]在帝国边界概念模糊和没有任何意义的情况下，城市是可以依赖的确定的空间范围。[②]

城市商人和手工业者躲在安全的城墙后面，他们享受到的独立性是东方城市居民所无法想象的。这里既没有皇帝、哈里发和苏丹限制私有财产权，也没有商人阶层的行业协会特权。[③] 在西方，自治城市和新兴的资本主义一起成长。亨利·皮朗写道："对利润的狂热和对他们的土地的热爱合二为一，并扎根于他们的心里。"[④]

意大利作为城市主义复兴的焦点崭露头角。得益于罗马人遗留下来的城市基础设施，意大利在公元第二个千年的早期就

① 维托·富马加利：《恐怖的风景：中世纪的自然与城市观点》，Cleveland：Meridian Books，1994，第81、92页；威廉·H. 麦克尼尔：《权力角逐：公元1000年以来的技术，军队和社会》（*The Pursuit of Power：Technology，Armed Force and Society since A. D. 1000*），Chicago：University of Chicago Press，1982，第86页。

② 约翰·黑尔（John Hale）：《文艺复兴时期的欧洲文明》（*The Civilization of Europe in the Renaissance*），New York：Touchstone，1993，第20页。

③ 内森·罗森堡、L. E. 小伯泽尔（Nathan Rosenberg and L. E. Birdzell Jr.）：《西方如何变富：工业世界的经济演变》（*How the West Grew Rich：The Economic Transformation of the Industrial World*），New York：Basic Books，1986，第59～60、68页；约翰·兰顿、戈蓝·霍佩（John Langton and Goran Hoppe）：《近代欧洲城镇与县的发展》（*Town and County in the Development of Early Modern Europe*），载于《历史地理研究丛书》（*Historical Geography Research Series*）第11期，1983，第7页。

④ 亨利·皮朗：《穆罕默德和查理曼大帝》，Cleveland：Meridian Books，1957，第218～219页。

成为了 terra di citta，或曰“城市的地域”。①

公元 1095 年的第一次十字军东征使这些意大利城市受到了比自己更加发达的伊斯兰世界的榜样的影响。由于最终在军事上没能征服伊斯兰世界，威尼斯、热那亚和比萨等城市的商人就从他们昔日的敌人那里购买香料、丝绸和精致的工业制成品。② 佛罗伦萨和帕多瓦等内陆城市，不仅通过加工纺织品，而且以资助贸易的方式参与到了商业扩张当中，这一切恰好发生在高利贷基本上不能被穆斯林和基督徒广泛接受的时期。③

君士坦丁堡缓慢持续的衰落给意大利城邦带来了新的机遇。在基督教世界里，君士坦丁堡本可以长期维持其最大城市的地位，然而这个衰老的帝国中心当时缺乏足够的能力来保护它的外围。④ 到了公元 11、12 世纪，这个首府城市逐渐失去对地中海东部的控制，这就给意大利城市更大的机会控制通向东方的贸易要道。

这些意大利城市的伟大之处并不在于其规模，即使到了公元 14 世纪，佛罗伦萨、威尼斯、热那亚、米兰或者博洛尼亚

---

① 简·德·福瑞斯（Jan de Vries）：《1500～1800 年的欧洲城市化》（*European Urbanization, 1500－1800*），Cambridge，Mass.：Harvard University Press，1984，第 28～29、41 页。

② 伯纳德·刘易斯：《欧洲穆斯林发现》，New York：W. W. Norton，1982，第 26 页。

③ 布赖恩·普兰（Brian Pullan）：《意大利文艺复兴早期史：从 13 世纪中期到 15 世纪中期》（*A History of Early Renaissance Italy: From the Mid-Thirteenth to the Mid-Fifteenth Century*），New York：St. Martin's Press，1973，第104～107 页。

④ 特蒂斯·钱德勒、杰拉尔德·福克斯：《城市发展三千年》，New York：Academic Press，1974，第 313 页。

等城市的居民人数还不到10万。相反，文艺复兴城市最大的财富在于超强的商业精神和接受古典城市传统的愿望，更为重要的是它们赖以发展的创造力。

意大利城市渴望接受长久以来被放弃的公民民族主义的理念。它们从奥古斯都时代的罗马建筑师马可·维特鲁威·波利奥那里汲取营养，他的作品在公元15世纪的早期被发现。文艺复兴时期的城市建设者们满腔热情地全盘照搬波利奥的放射状中心的城市布局理念，即城市要有一个确定的核心或广场，居民区向外扩展，直到城墙处。①

文艺复兴时期的城市构想者们如阿尔贝蒂、安东尼奥·阿沃里诺以及列奥纳多·达·芬奇不仅仅满足于照搬古代传统，他们还把古老的罗马城市基础设施艺术发扬光大，在建设防御工事和开挖运河时发明了新的技术。意大利人对他们的所作所为感到自豪，他们的城市中心如同古代经典城市中心一样，竞领城市景观风骚。

威尼斯："世界的珠宝盒"

威尼斯是城市竞争中的佼佼者。威尼斯壮观的大运河、庭院走廊和大理石拱桥让这座城市变成了历史学家雅各布·布克

① A. E. J. 莫里斯：《城市结构史：工业革命之前》，London: Longman，1994，第113～114页；保罗·朱克（Pual Zucker）：《城镇与广场：从集市到绿色村庄》（*Town and Square, from the Agora to the Village Green*），Cambridge, Mass.: MIT Press，1970，第99～102页。

哈特所说的“世界的珠宝盒”。①

同样重要的是，威尼斯同时也预示了一个现代城市的终极形式，其伟大之处主要源于城市的经济力量。威尼斯的富足不是通过帝国征服或凭借其神圣中心的位置取得的。它的财富就像腓尼基的财富一样，几乎都是凭借精明的经商之道获得的。

威尼斯出自平民百姓。没有宗教或帝国领袖式的人物带领威尼斯走向伟大。它的发家史之中看不到什么圣贤或英雄人物。据说第一个威尼斯人是一名罗马难民，在公元 421 年野蛮人的袭击中，他曾藏匿于威尼斯地区沼泽密布的岛屿中。

从这一小部分流亡者开始，威尼斯人培育了自己的城市文化。每一个岛屿教区成为一个社区。他们面朝大海，背靠波河河口，练就了各种生存技能，成为渔猎、贸易和航海等方面的专家。

起初，威尼斯向外扩张的动力来自和拜占庭的密切联系。与这座伟大城市的密切联系使其对获取地中海东部地区城市黎凡特的财富享有近水楼台之利，而当时的大多数欧洲城市基本上处于与世隔绝的状态。后来，威尼斯人对帝国限制其活动的做法感到恼怒，因为这直接影响到他们的利益。因此他们决定自谋出路，于公元 1000 年左右建立了自己独立的共和国。

① 雅各布·布克哈特：《意大利文艺复兴时期的文明：随笔一则》（*The Civilizationg of the Renaissance in Italy*：*An Essay*），S. G. C. 米德尔莫尔译，New York：New American Library，1961，第 79 页；A. E. J. 莫里斯：《城市结构史：工业革命之前》，London：Longman，1994，第 112～117 页。

实质上，威尼斯是一个选举产生的寡头统治共和国，它的运作更多地出于经济上的考虑，利用一切便利到任何可以获利的地方进行贸易。[①] 威尼斯人因经济和政治上的自私自利而闻名。当大部分基督教世界忙于残酷的武装争斗之时，威尼斯人在与穆斯林进行商贸往来。公元1204年，威尼斯人充分利用十字军占领拜占庭的机会，进一步加强他们对地中海东部地区的控制。[②] 威尼斯的船队最终不仅控制了欧洲与阿拉伯世界的贸易往来，还频繁地通过伊斯兰和犹太中间人控制着欧洲与印度、南亚和中国的贸易。

威尼斯人不仅仅满足于充当中间人或金融家，他们还建设了精心设计的生产基地，进一步加强城市经济。在“工业区”这个特定的概念在西方其他地方尚未普及之时，威尼斯人把他们的社区按照功能进行了划分，有专门的居住社区和造船、军需品和玻璃制造社区。到公元14世纪，从事各种工业的人数超过1.6万，威尼斯不仅成为西方世界的贸易商和银行家，而且还是西方的生产车间。[③]

---

① 布赖恩·普兰：《意大利文艺复兴早期史：从13世纪中期到15世纪中期》，New York：St. Martin's Press，1973，第103页。

② 弗雷德里克·C. 莱恩（Frederic C. Lane）：《海上王国威尼斯》（*Venice：A Maritime Republic*），Baltimore：Johns Hopkins University Press，1973，第93页。

③ 刘易斯·芒福德：《历史上的城市：起源、演变和前景》，New York：Harcourt Brace，1961，第321～323页；费尔南多·布罗代尔：《15～18世纪的物质文明、经济和资本主义》第3卷，New York：Harper & Row，1984，第135～136页；弗雷德里克·C. 莱恩：《海上王国威尼斯》，Baltimore：Johns Hopkins University Press，1973，第165页。

到16世纪早期，商业和工业的结合使威尼斯变成了欧洲最富有的城市。[①] 更为突出的是这座城市与众不同的兼容并蓄的特点。这一时期，多数欧洲城市由于对外来者不能容忍并施加暴力而显得晦涩无光，威尼斯却成为外国人“相对安全的天堂”。[②] 来自德国的商人、黎凡特的犹太人和希腊基督教徒以及其他外来者云集威尼斯的大街小巷，把他们的商品、理念和技术带到了这个城市。[③]

佛罗伦萨与现代城市政治的兴起

其他意大利的城市与威尼斯展开竞争，角逐金钱、人才和工业的霸主地位。佛罗伦萨从金融到纺织品贸易等领域向威尼斯发起全面挑战。热那亚人与其争夺地中海地区的商业支配权。普拉托等小城市则将专注于掌控专业工业

① 费尔南多·布罗代尔：《15~18世纪的物质文明、经济和资本主义》第3卷，New York：Harper & Row，1984，第120、124~127页；阿尔伯特·埃迪斯、爱德华·L. 格莱泽（Alberto Ades and Edward L. Glaeser）：《贸易与流通：城市巨人解读》（“Trade and Circuses：Explaining Urban Giants”），载于《经济季刊》（*Quarterly Journal of Economics*）第110卷，1995年第1期，第220页。

② 费尔南多·布罗代尔：《15~18世纪的物质文明、经济和资本主义》第3卷，New York：Harper & Row，1984，第132页。

③ 费尔南多·布罗代尔：《15~18世纪的物质文明、经济和资本主义》第3卷，New York：Harper & Row，1984，第30、132页。

部门。[①]

在管理手段上，各城邦有所不同，但时常带有专制性质。相互竞争的小集团，如行会、商人、贵族和牧师，为取得城市的控制权而斗争，一派推翻另一派的情况时有发生。但是与帝国时期和古希腊城邦的市民会议截然不同的是，城市拥有最高权威，是所有政治决定制定的基础。城市法规的制定服务于城市的经济利益或者是其最有权势的居民，尤其是关于商业方面的规则，即使这些规则违反了教会法规的传统观念。[②]

在这种经常充满争议的环境当中，清晰的现代版的城市政治浮出水面。佛罗伦萨的美第奇家族可以说是现代城市政治老板的鼻祖。在很大程度上，他们的权力基础在于他们有能力向家族内部成员和城市平民普遍地给予施舍。他们是典型的机会主义者：美第奇家族的主要目标不是弘扬信仰或者是创建一个强大的帝国，而是为自己和他们的城市创造尽可能多的物质财富。

据一些现代人的估计，整个意大利北部城市居民的富足程

---

① 哈罗德·阿克顿（Harold Acton）：《美第奇家族的佛罗伦萨》（"Medicean Florence"），选自《大城市的黄金时代》（*Golden Ages of the Great Cities*），第105～108页；维托·富马加利：《恐怖的风景：中世纪的自然与城市观点》，Cambridge，Eng.：Polity Press，1994，第91页。

② 弗兰克·J. 柯帕（Frank J. Coppa）：《前工业城市》（"The Preindustrial City"），选自《转变中的城市》（*Cities in Transition*），第40～41页。

度已超过古罗马。[①] 尼科罗·德罗西是公元14世纪在博洛尼亚学习法律的一名贵族，他对那个时代赤裸裸的物质精神领悟颇深：

> 金钱造就了人类，
> 金钱使蠢才成为智者，
> 金钱是购买罪恶的宝库，
> 金钱使人懂得炫耀。[②]

帝国城市征服城邦

这种玩世不恭之中潜伏着意大利城邦的致命弱点。当意大利城市变得更加富有时，它们逐渐丧失了城市崛起的坚固基础——城市的内部凝聚力和强烈的市民精神。它们已经和教会主导的中世纪割裂开来，并开始丧失古典的美德意识和道德凝聚力。早在公元14世纪，但丁就曾警告说，“盲目的贪婪”将毁灭它们：

---

① 卡尔·波兰尼（Karl Polanyi）：《大转型》（*The Great Transformation*：*The Political and Economic Origins of Our Times*），Boston：Beacon Press，1944，第45页；塞西尔·费尔菲尔德·拉维尔（Cecil Fairfield Lavell）：《意大利城市》（*Italian Cities*），Chautauqua，N. Y.：Chautauqua，1905，第115页。

② 劳罗·马提尼斯：《权力和想象：意大利文艺复兴时期的城邦》，New York：Knopf，1979，第83页。

一班暴发户的突然富有，
佛罗伦萨呀！使你的城里生出骄傲和放荡，
因此早已使你挥泪了！[1]

到了但丁的那个时代，许多声名显赫的佛罗伦萨人、威尼斯人和热那亚人从他们的先辈那里继承了大量的财富。他们寻求更加高额的回报，并且轻视劳动，其财富不是花在田园地产上面，就是花在城市以外冒险投资上面。[2] 随着资金流向别处，以前生活舒适的手工业者逐渐沦落成无产者。由于仅存的工厂主将他们的工作转包给了乡下或外国没有组织的农民，原有的行会组织土崩瓦解。[3]

这些内部问题削弱了城邦，此时，在强烈的民族主义刺激下，新的帝国中心再度崛起。到了17世纪，像伦敦、里斯本、马德里、巴黎、维也纳等城市日渐成为城邦霸权的挑战者。其他更加普通的首都，如柏林[4]、哥本哈根和华沙，也开始达到

---

① 但丁（Dante）：《神曲・地狱》（*The Divine Comedy*：*Inferno*），约翰・D. 辛克莱译，New York：Oxford University Press，1939，第209页。

② 劳罗・马提尼斯：《权力和想象：意大利文艺复兴时期的城邦》，New York：Knopf，1979，第169～172页。

③ 弗兰克・J. 柯帕：《前工业城市》，选自《转变中的城市》，第42页。

④ 艾蒂安・弗郎奈瓦（Etienne Francois）：《16～18世纪德国城市网络：文化和人口统计》（“The German Urban Network between the Sixteenth and Eighteenth Centuries：Cultural and Demographic Indicators”），选自《历史上的城市化》（*Urbanization*（转下页注）

了相当的规模。①

像以前的苏美尔、腓尼基和希腊城邦一样，意大利独立的自治城市没有能力与汲取更广泛的人力和物质资源的城市中心相抗争，此情况在他们失去了道德凝聚力之时更显突出。这正是其衰败的原因。虽不乏艺术和商业天才，但意大利人缺乏可与新的挑战者相抗衡的集体意志力。

如果文艺复兴时期的意大利能够统一，它将拥有 1300 万人口，其人口数量仅次于法国，超过西班牙人口一半以上。但是意大利的统治者缺乏明智的自我保全意识，这对于联合起来对抗外敌是必不可少的；相反，像马基雅弗利（Machiavelli）在 16 世纪初指出的那样，他们“只考虑如何逃脱而非进行自我防御”。②

随着时间的推移，城邦也缺少人力来保护其贸易生命线和海外财产，最终连自身的独立也无法维持。早在公元 13 世纪，

（接上页注④）*in History*），第 84 ~ 100 页；亚历山德拉·里奇（Alexandra Richie）：《浮士德的都市：柏林史》（*Faust's Metropolis: A History of Berlin*），New York: Carrolland Graf, 1998，第 3、22 ~ 24 页；贾尔·麦克多诺（Giles MacDonogh）：《柏林：历史、建筑与社会映象》（*Berlin: A Portrait of Its History, Architecture and Society*），New York: St. Martin's Press, 1998，第 40 页。

① 刘易斯·芒福德：《历史上的城市：起源、演变和前景》，New York: Harcourt Brace, 1961，第 355 页。

② 马基雅弗利：《君主论》（*The Prince*），路易吉·里奇译，New York: Mentor, 1952，第 119 页。

威尼斯不得不大量依靠希腊人和加泰罗尼亚人来补充其舰队。[①] 文艺复兴期间对欧洲造成严重破坏的瘟疫对人口稠密、依靠贸易的意大利城市影响尤为严重。从公元 14 世纪中叶到 17 世纪中叶，米兰、威尼斯和热那亚的人口几乎减半。[②]

与依托于广大的农业腹地的城市相比，这些城市从瘟疫中恢复过来的速度较慢。它们以外国雇佣兵为主体的军队已经十分空虚，没有能力与西班牙和法国等帝国的军队对抗。众多城邦逐渐被这些强国所吞没。威尼斯竭尽全力维持自己的独立，但还是不得不将地中海东部大片群岛中的一部分割让出去。[③]

西班牙人的崛起

城邦的地位在世界贸易格局的剧烈变动中进一步被削弱。在成功地击败了摩尔人之后，基督教狂热在新崛起的葡萄牙和西班牙极度高涨，他们在 15 世纪初怀着救世主一般的激情冲向了海洋。他们开辟了新的、诱人的海外市场，这将最终破坏

---

① 弗雷德里克 · C. 莱恩：《海上王国威尼斯》，Baltimore：Johns Hopkins University Press，1973，第 177 页。

② 劳罗 · 马提尼斯：《权力和想象：意大利文艺复兴时期的城邦》，New York：Knopf，1979，第 83 页；威廉 · H. 麦克尼尔：《瘟疫与人》，Garden City，N. Y.：Anchor Books，1974，第 170 ~ 171 页；费尔南多 · 布罗代尔：《菲利普二世时期的地中海和地中海世界》（*The Mediterranean and the Mediterranean World in the Age of Philip* Ⅱ）第 1 卷，思安 · 雷诺兹译，New York：Harper & Row，1972，第 334 ~ 336 页。

③ 费尔南多 · 布罗代尔：《菲利普二世时期的地中海和地中海世界》第 1 卷，New York：Harper & Row，1972，第 388 ~ 389 页。

由意大利人及其盟友长期把持的贸易路线。

弹丸之地的葡萄牙，既落后又贫困，人口还不足100万，却发出了第一记重拳。到15世纪40年代，葡萄牙海员开始西行到亚速尔群岛，之后不久在西非海岸沿线建立了殖民地。当公元1498年达·伽马到达印度卡利卡特港时，这个弹丸小国已经开通了绕道非洲到达亚洲的航线，这对长期垄断利润可观的香料贸易的意大利构成了威胁。

1509年发生了另一至关重要的事件，在特诺奇蒂特兰被征服的10年之前，小小的葡萄牙舰队在印度古吉拉特外围的第乌击败了强大的穆斯林无敌舰队。从那时候起，对世界贸易和城市未来的控制权不再被阿拉伯人、中国人和其他民族所掌控，而是无情地落入了葡萄牙和西班牙人之手。[①]

在15世纪晚期和16世纪早期，西班牙和葡萄牙对“新世界”的残酷征服进一步削弱了意大利的商业霸主地位。久而久之，为伊比利亚王室服务成为野心勃勃的意大利人的致富之路。意大利人克里斯托弗·哥伦布、约翰·卡波特和乔凡尼·达·韦拉扎诺是最早探索这片辽阔新领域的探险家中的佼佼者。新大陆最终以探险家亚美利加·韦斯普奇的名字命名，他曾经是佛罗伦萨美第奇家族金融利益的代理人。

① 路易斯·B. 赖特（Louis B. Wright）：《黄金、光荣和福音：文艺复兴时期探索家的冒险生活和时代》（*Gold, Glory and the Gospel: The Adventurous Lives and Times of the Renaissance Explorers*），New York：Atheneum，1970，第117页；哈罗德·伯德特：《面向21世纪》（*Toward the 21th Century*），人口所，1996。

到了17世纪，里斯本这个200年前无足轻重的小城市，已经发展为葡萄牙广大帝国的一个主要城市、重要港口和管理中心。此时的里斯本人口超过10万，俨然摆出一副伟大的帝国首都的姿态，能对世界范围的事件产生影响。①

在西班牙，新近获得的财富加速了塞维利亚港以及巴利阿多里德和后来的马德里的发展。在欧洲的征服，包括在意大利和荷兰的征服，都增加了西班牙王室的财富。私人住房和公共建筑都反映了帝国雄厚的财力。西班牙马德里附近的埃斯科里亚尔修道院于1563年动工，帝国的财富成为其奢华的装饰，它使用了大量的美洲木材，动用了米兰钢工艺技术，悬挂着比利时的佛兰德斯挂毯。②

巴黎：终极的欧洲都城

在这些新的首都城市中，最持久的城市并不在伊比利亚半岛上，而是位于欧洲大陆最大、最富有也最有凝聚力的法兰西帝国。巴黎最早起源于古罗马在塞纳河上一个岛屿的定居点。罗马帝国衰落之后很长时间里，这里基本上被遗弃，城市得以继续存在是因为它是一个教会中心。公元10世纪末，卡佩王

---

① 特蒂斯·钱德勒、杰拉尔德·福克斯：《城市发展三千年》，New York：Academic Press，1974，第313页；简·德·福瑞斯：《1500～1800年的欧洲城市化》，Cambridge，Mass.：Harvard University Press，1984，第30页。

② 欧文·布莱克：《普雷斯科特的历史：西班牙帝国的兴衰》（*Prescott's Histories*：*The Rise and Decline of the Spanish Empire*），New York：Viking Press，1963，第258～263页。

朝计划让城市成为一个行政中心。

得益于财富和疆域的扩大，卡佩王朝的国王们给这个伟大的首都奠定了基础。在公元 12 世纪，法王腓力·奥古斯都第一次铺设了巴黎的街道，在磊阿勒创建了新的中心市场，并在城市周围建起了坚实的防御城墙。巴黎圣母院开始修建，这座建筑一直拖到公元 13 世纪晚期才完工。当时巴黎的人口膨胀到约 15 万，是世界最大的欧洲天主教城市。①

巴黎缺乏像意大利竞争者那样的商业活力，甚至不如国内弱小的竞争对手里昂。巴黎的主要优势在于君主国扩张的权力、大学的兴盛以及作为全国精神思想中心的重要地位。② 和同时代中国的帝国城市一样，巴黎是一个政府官僚、牧师、学生、学者云集的城市，巴黎商人阶层的增长并没有依仗于大量出口的商品，而在于向聚集于此的精英们提供服务。③

16 世纪末之前，长期的王室争斗，加上随之而来的残酷的宗教战争，延缓了城市的发展速度。1594 年，第一个波旁

---

① 罗伯特·洛佩兹：《欧洲的诞生》，New York：M. Evans and Company，1967，第 322 ~ 325 页；艾尔弗雷德·菲耶罗（Alfred Fierro）：《巴黎历史字典》（*Historical Dictionary of Pairs*），乔恩·渥洛诺夫译，Lanham，Md.：Scarecrow Press，1998，第2 ~ 3 页。

② 维托·富马加利：《恐怖的风景：中世纪的自然与城市观点》，Cambridge，Eng.：Polity Press，1994，第 91 页。

③ 伊夫·朗甘（Yves Lenguin）：《法国丰富多彩的民族：法国外国人移民史》（*La mosaique France：Histoire des étrangers et l'immigration en France*），Paris：Larousse，1988，第 130、142 页；费尔南多·布罗代尔：《全球观：文明和资本主义，15 ~ 18 世纪》，New York：Harper & Row，1984，第 329 ~ 330 页。

君主亨利四世这个新教教徒皈依天主教，这才确保了王国的统一和城市帝国的命运。据说他曾如是解释：“举行弥撒[①]仪式，巴黎最合适不过。”

亨利四世决心让巴黎成为伟大的法兰西帝国名副其实的首都。他清理了肮脏的城市街道，扩建了卢浮宫，按照意大利的模式修建了数个公共广场。贵族们纷纷涌向了巴黎。那里官僚机构膨胀，手工业者也迁往巴黎，为增加的人口提供必要的服务。到下一个世纪，巴黎的人口翻了一番，达到了约 50 万。[②]

到了 17 世纪 70 年代，巴黎的扩张越过了古代城墙。尽管统治者对首都城市的无序发展时有警觉，他们还是对市容刻意装饰。即使路易十四将行宫迁到了郊区的凡尔赛宫，他的重臣柯尔伯还是绕城兴修了绿树成荫的大道，并开始动工修建荣军院、一道道凯旋拱形门以及圆形胜利广场，广场上的路易塑像用 24K 金叶片覆盖，在阳光下熠熠发光。

巴黎现在的目标是要成为世界伟大帝国的首都——新罗马。柯尔伯建议说：“当人们看到这些伟大的建筑时，就会产生敬畏之感，这样他们才能感到君主的伟大，其他什么也不能

---

① 弥撒，罗马天主教教堂举行的领取圣餐的公共庆祝活动。——译者注

② 詹姆斯·L. 麦克莱恩、约翰·M. 梅里曼（James L. McClain and John M. Merriman）：《江户和巴黎：城市和权力》（Edo and Pairs：Cities and Power），选自詹姆斯·L. 麦克莱恩、约翰·M. 梅里曼、鹈川馨（Ugawa Kaoru）《江户和巴黎：早期现代的城市和国家生活》（*Edo and Pairs*：*Urban Life and the State in the Early Modern Era*），Ithaca，N. Y.：Cornell University Press，1994，第 4、12 ~ 13 页。

达到此目的……”不幸的是，城市建筑的辉煌也导致了国家财政的破产和普通民众的极度贫困。为了防止首都发生饥荒和暴乱，统治者便从附近乡村地区征用粮食以解燃眉之急。这就难怪法国的其他地区常常把巴黎看成“吸血鬼巴比伦”①，它的伟大是以牺牲其他地区为代价的。②

尽管法国其他地方对巴黎嫉恨有加，到 17 世纪，巴黎已经成为欧洲大陆主要的文化和艺术之都。③ 在随后的三个世纪里，巴黎一直被尊为城市向心化和气势恢弘的典范城市，从君主国时代到现代的高度中央集权统治的传统，使法国官员们将大量的国家资源用于首都建设上。④

现代法国伟大的设计师拿破仑一世决心把巴黎变成一个“神话般的、规模空前的、史无前例的”城市，然而他宏伟的巴黎建设构想随着 1815 年的战败而无法付诸实践。他的侄儿路易·拿破仑促成了首都城市真正的转变。在 1851 年执政不久之后，路易·拿破仑宣布巴黎“是法国的中心，让我们竭尽全力来装点这个伟大的城市”。

---

① 这里的巴比伦用来比喻任何奢华淫靡或罪恶的城市。——译者注

② 詹姆斯·L. 麦克莱恩、约翰·M. 梅里曼：《江户和巴黎：城市和权力》，选自《江户和巴黎：早期现代的城市和国家生活》，Ithaca，N. Y.：Cornell University Press，1994，第 23、77 页。

③ 保罗·朱克：《城镇与广场：从集市到绿色村庄》，Cambridge，Eng.：MIT Press，1970，第 195 页。

④ 戴维·哈默（David Hamer）：《新世界的新城镇：19 世纪城市边疆的想象与视角》（*New Towns in the New World：Images and Perceptions of the Nineteenth Century Urban Frontier*），New York：Columbia University Press，1990，第36～37 页。

在野心勃勃的拿破仑和铁面无情的行政长官乔治·尤金·奥斯曼的共同努力下，巴黎的城市布局沿宽敞的大道展开，并用宏伟的建筑和构思巧妙的公园加以点缀。很明显，法国的城市规划、布局和建筑理念影响了维也纳、华盛顿特区、布宜诺斯艾利斯和汉诺威的城市建设者。[①]

① 米歇尔·卡莫纳（Michel Carmona）：《奥斯曼：他的生活和时代，现代巴黎的形成》（*Haussmann: His Life and Times, and the Making of Modern Pairs*），Chicago: Ivan R. Dee，2002，第10、113~122、139、154~156页；乔治·勒费弗尔（Georges Lefebvre），《法国大革命的到来》（*The Coming of the French Revolution*），R. R. 帕尔默译，Princeton，N. J.: Princeton University Press，1967，第98~99页。

第十一章
财富之城

尽管巴黎以及欧洲崛起的其他首都城市创造过辉煌，但城市未来的关键并不在此。虽然占据神圣之地和拥有政治权力对于城市的发展至关重要，然而属于这些伟大城市的最美好的未来并不取决于上帝或国家的权力，而取决于对财富孜孜不倦的成功追求。

扩展中的欧洲城市秩序

到亚洲和美洲的新航线仅仅是这些城市努力开拓其经济领域的一部分。新的欧洲市场甚至出现在过去罗马时代最偏远的内陆地区。在这个千年里，欧洲大陆第一次被打上了城市烙印。村庄正在变成城镇，一些城镇则转变为城市，拥有自己的大教堂和中心市场。城市中心从莱茵河上游开始兴起，经过里加、格但斯克，一直延伸到俄罗斯的西伯利亚大草原。①

---

① 尼古拉斯·V. 雷萨诺维斯基（Nicholas V. Riasanovsky）：《俄国史》（*A History of Russia*），New York：Oxford University Press，1963，第92～117页。

古典时期以来，欧洲的城市化水平首次超过了亚洲和近东。[①] 1500～1650 年，超过 1 万人口的城镇数量几乎翻了一番，接近 200 个。总体而言，城市居民人口在总人口中的比例由原来的 7.4% 上升到 10%。人口在 10 万以上的新城市数量急剧增加。甚至长期挣扎在痛苦边缘的罗马也出现了城市的复兴，其人口由公元 14 世纪 70 年代的 1.7 万增加到了 1650 年的 12.4 万。[②]

关键问题在于，在城市网络的发展过程中，哪些城市的位置更优越。虽然巴黎和其他炫目的首都城市是先进的城市模式和富丽堂皇的典型，但实际上基本处于寄生状态，主要依附于其腹地。历史总是垂青那些控制了通往广阔世界的主要通道的城市。

西班牙帝国的衰落

正在扩张的欧洲经济最大的受益者，可能是那些已经掌控了面积广阔的海外帝国的城市。但是里斯本、塞维利亚以及后来的马德里没有足够的商业头脑去完全收获艰苦播种的果实。[③]

---

① 吉尔伯特·罗斯曼：《19 世纪东亚的城市化：与欧洲的比较》，选自《历史中的城市化：动态整合的过程》，Oxford，Eng.：Clarendon Press，1990，第71～72 页。

② A. E. J. 莫里斯：《城市结构史：工业革命之前》，London：Longman，1994，第 104～105 页；简·德·福瑞斯：《1500～1800 年的欧洲城市化》，Cambridge，Mass.：Harvard University Press，1984，第 29、50 页。

③ 约翰·黑尔：《文艺复兴时期的欧洲文明》，New York：Touchstone，1993，第 456 页。

文化价值是这次失败的关键。像贝尔纳尔·迪亚斯的统帅和特诺奇蒂特兰的征服者赫尔南·科尔特斯之类的人，与其说是城市和经济的建设者，还不如说更像中世纪的武士。和其他征服者一样，科尔特斯主要是为了荣誉、上帝和金银财宝而奋斗。①

西班牙人自大意识浓厚，根本没有什么宗教宽容，这种情况最后有所改观。几个世纪以来，犹太人和新近皈依的基督教徒在蒸蒸日上的欧洲城市的商业和职业生活中一直扮演着关键的角色，在西班牙更是如此。②

塞维利亚、巴塞罗那、瓦伦西亚等城市的人们意识到犹太人对商业活动的重要性，从而反对宗教裁判所。随着西班牙国家的专制统治日益加强，自治城市权利被全部清除，所有自治市的抵抗都被镇压。公元 1492 年的驱逐令颁布之后，超过 18 万的犹太人和新基督教徒离开了西班牙。对于这生死攸关的一年，历史学家巴尼特·内特文夫（Barnet Litvinoff）评价说："西班牙让哥伦布航海探险，它因此获得了一个大陆；西班牙驱逐犹太人出国，它因此失去了左膀右臂。"③

西班牙多数的资本由教会和贵族控制，清除犹太人和新基督

① 欧文·布莱克：《普雷斯科特的历史：西班牙帝国的兴衰》，New York：Viking Press，1963，第 155 页。

② 约翰·黑尔：《文艺复兴时期的欧洲文明》，New York：Touchstone，1993，第 168 页。

③ 亨利·卡门（Henry Kamen）：《1469～1714 年的西班牙：冲突的社会》（*Spain 1469－1714*：*A Society of Conflict*），London：Longman，1991，第 39～42 页；巴尼特·内特文夫：《1492 年中世纪精神的衰落与现代的崛起》（*1492*：*The Decline of Medievalism and the Rise of the Modern Age*），New York：Avon，1991，第 34、58 页。

教徒之后剩余的商业中产阶级大都缺乏商业经验，不能充分地利用摆在他们面前的新的商业机会。[1]财富基本上经过塞维利亚港涌入西班牙，最后流入意大利的中间人和贸易商手中。即使是出口西班牙殖民地的大部分商品，也要在西班牙以外的其他国家生产加工。西班牙帝国的黄金都抵押给了外国人去资助他们连年不断的战争和为贵族阶层购买奢侈品，这成了西班牙的祸根。[2]

连年粮食短缺，年轻人送到国外战死疆场，巨额的公共债务，人口大量外流，最为致命的是 17 世纪末的瘟疫大流行，凡此种种，使西班牙的城市规模急剧缩小。在 16 世纪，西班牙的人口增长了一倍，超过了 90 万，人口超过 1 万的西班牙城市数量到 1650 年减少了 1/3。到 17 世纪，那不勒斯港是西班牙所占领的最大的意大利城市，该市在工业和人口两方面都轻而易举地超过了西班牙的任何一座城市。[3]

---

① 亨利·卡门：《1469～1714 年的西班牙：冲突的社会》，London：Longman，1991，第 246～248 页。

② 亨利·卡门：《1469～1714 年的西班牙：冲突的社会》，London：Longman，1991，第 170～171 页；巴尼特·内特文夫：《1492 年中世纪精神的衰落与现代的崛起》，New York：Avon，1991，第 66 页；伊曼纽尔·沃勒斯坦：《现代世界体系：16 世纪的资本主义农业与欧洲世界经济体的起源》，New York：Academic Press，1974，第 195 页；J. H. 帕里（J. H. Parry）：《探索的时代》（*The Age of Reconnaissance*），New York：Mentor，1963，第 66 页。

③ 费尔南多·布罗代尔：《菲利普二世时期的地中海和地中海世界》第 1 卷，New York：Harper & Row，1972，第 146～152 页；亨利·卡门：《1469～1714 年的西班牙：冲突的社会》，London：Longman，1991，第 98～99、224～225 页；简·德·福瑞斯：《1500～1800 年的欧洲城市化》，Cambridge，Mass.：Harvard University Press，1984，第 30 页。

北方的崛起

相比之下，北方的城市像安特卫普、阿姆斯特丹以及后来的伦敦，从迅猛扩展的世界贸易中受益匪浅。然而西班牙和葡萄牙的城市中心在17、18世纪衰落了，而荷兰的城市中心人口增长了4倍，英国则超过6倍。[①]

这些城市崛起的关键武器不是它们雇佣的英勇无畏的探险家或武士，而在于银行家、商人和熟练手工业者的世俗性技艺。[②] 拥有勇敢的战士和坚忍不拔的传教士的西班牙并没有摘到帝国的商业果实，而是安特卫普和其他以经商为目的的荷兰城市得到了它。[③]

如果哈布斯堡王朝的统治者查理五世能够接受宽容的原则，西班牙通过对这些城市的控制，或许仍可以主导繁荣的欧洲城市经济。遗憾的是，西班牙统治者们推行天主教教义的强烈愿望将这些生产力发达、以基督教人口为主的北部城市变成了——正如西班牙的一位将军所描述的那样——“欧洲的

① 伊迪丝·伊南（Edith Ennen）：《地中海城镇》（*The Mediterranean Town*），纳塔利·弗里德译，Amsterdam：North Holland Publishing Company，1979，第187页；简·德·福瑞斯：《1500～1800年的欧洲城市化》，Cambridge，Mass.：Harvard University Press，1984，第30页。

② 费尔南多·布罗代尔：《15～18世纪的物质文明、经济和资本主义》第3卷，New York：Harper & Row，1984，第31页。

③ 内森·罗森堡、L. E. 小伯泽尔：《西方如何变富：工业世界的经济演变》，New York：Basic Books，1986，第70页。

墓地”。

1572 年的大叛乱发生之时，荷兰的大部分地区揭竿而起，反对西班牙统治，这是一个重要的转折点。西班牙统帅阿尔巴公爵发动了残忍的镇压新教教徒的战争。荷兰的北部地区进行了成功的抵抗，而南部依然处在天主教的统治之下。

阿尔巴的战争对西班牙的商业未来造成了灾难性的影响。以新教徒为主的商人阶层纷纷逃离西班牙人统治的地区。1576 年，安特卫普被西班牙军队洗劫一空，从此衰败下去。而西班牙多数有才干之人、资金和商界精英都转移到了北方新独立的城市。①

阿姆斯特丹：第一个伟大的现代商业城市

在与西班牙进行战争的末期，阿姆斯特丹已成长为新独立的新教城市中最重要的一个。与当时欧洲城市明显的区别是，阿姆斯特丹并没有控制在贵族和牧师的手中，而是处于唯利是图的商人和工匠控制之下。精明的荷兰人被 17 世纪的英国作家描写成“尼科青蛙”（Nick Frog），“只

① 约翰·黑尔：《文艺复兴时期的欧洲文明》，New York：Touchstone，1993，第 170 页；简·德·福瑞斯：《1500 ~ 1800 年的欧洲城市化》，Cambridge，Mass.：Harvard University Press，1984，第 30 页。

崇拜财神的泥浆之子”。①

公元13世纪的阿姆斯特丹不过是一个渔村而已。之后，城市的居民扩充了运河系统，以此来有条不紊地提高他们的贸易能力。随着城市的发展，它一点点地加强了城市周边的安全，通过行政命令要求用砖建设房屋以防火灾，并采取了措施改善城市卫生。②

荷兰的其他商业中心如莱顿和鹿特丹也采取措施提高它们与世界的贸易能力。依仗1800只海船组成的巨大的海上舰队，荷兰城市的企业家们将触角伸向了其他地方。在地中海地区、

① 西蒙·沙玛（Simon Schama）：《财富的困窘：黄金时代荷兰文化解析》（*The Embarrassment of Riches: An Interpretation of Dutch Culture in the Golden Age*），New York：Knopf，1987，第261页；J. M. 宝斯（J. M. Bos）：《14世纪蒙尼肯丹的工业联合体及之前的事件》（“A 14th Century Industrial Complex at Monnickendam and the Preceding Events”），选自H. A. 海丁格、H. H. 范·雷格特伦（H. A. Heidinga and H. H. van Regteren）主编《梅德布雷克的蒙尼肯丹：中世纪荷兰北部的城市化》（*Medemblik and Monnickendam: Aspects of Medieval Urbanization in Northern Holland*），Amsterdam：Amsterdam University Press，1989，第21页。

② A. E. J. 莫里斯：《城市结构史：工业革命之前》，London：Longman，1994，第164页；西蒙·格恩维德（Simon Groenveld）：《为了穷人的利益：阿姆斯特丹的社会救济》（“For Benefit of the Poor: Society Assistance in Amsterdam”），选自彼得·范·凯塞尔、伊利斯亚·舒特（Peter van Kessel and Elisja Schulte）主编《罗马和阿姆斯特丹：17世纪欧洲两个正在增长的城市》（*Rome&Amsterdam: Two Growing Cities in Seventeenth Century Europe*），Amsterdam：Amsterdam University Press，1997，第206～208页。

非洲、亚洲和新发现的美洲大陆，他们常常在低买高卖的关键商战中，击败竞争对手。

到 17 世纪早期，荷兰半数的人口居住在城镇和城市之中，已经成为欧洲城市化程度最高的国家。[①] 荷兰的主要城市阿姆斯特丹让人感觉新鲜又似曾相识：这是一个人口密集的现代城市，并没有太多显眼的英雄雕塑和宽敞的城市大道，教堂、宫殿以及遍布的小巷、繁忙的码头、整洁舒适的住宅区却十分普遍。为赢得独立，阿姆斯特丹人付出了高昂的代价，但他们没有寻求军事冒险，建立一个新的罗马。他们仅仅是想摆脱一切干扰，进行贸易。[②]

阿姆斯特丹的加尔文教教义也帮助城市培育了以贸易和商业活动为中心的市民文化。加尔文教牧师删去了旧天主教教义中反对高利贷的规定，摈弃了根深蒂固的反对资本企业的偏见。相反，荷兰人把物质上的成功看成是上帝对他们认可的证明。17 世纪荷兰十分流行的史籍中这样写道："阿姆斯特丹是在上帝的一手提携之下，才走到繁荣和

---

① 费尔南多·布罗代尔：《15～18 世纪的物质文明、经济和资本主义》第 3 卷，New York：Harper & Row，1984，第 184 ～185 页；乔纳森·伊斯雷尔（Jonathan Israel）：《荷兰共和国的产生，壮大和衰落》（*The Dutch Republic*：*Its Rise*，*Greatness and Fall*），Oxford，Eng.：Oxford University Press，1995，第 113 ～115 页。

② 西蒙·沙玛：《财富的困窘：黄金时代荷兰文化解析》，New York：Knopf，1987，第 15、253、294、311 页。

伟大的顶峰的。”①

就像古代的亚历山大里亚、鼎盛时期的开罗和15世纪的威尼斯一样，阿姆斯特丹商业的成功还要归功于城市广大的多元化的人口。该城市宣称诸多教派都可以在那里和睦相处，其中包括天主教、胡格诺教、犹太教、路德教和门诺教等宗教机构，以及处于主导地位的荷兰归正教会。处在官方认可之外的宗教人口约占城市总人口的1/4。法国历史学家费尔南多·布罗代尔评价说：“宗教包容的奇迹在贸易集中的地区总能找到。”②

商业活力与多元人口的结合为艺术、技术和哲学的大胆创新营造了一个理想的氛围。相比之下，在西班牙，宗教法庭审判官的儿子罗德里戈·曼里克抱怨说：“如果为了免遭邪教徒、谬误和犹太教的嫌疑，就不能拥有任何文化。”③ 而荷兰城市不但容许公开探索和创新，而且也在它们的大学、科学团体和出版物中培育这种精神。

实践证明，这种进取精神对城市的成功至关重要。起初，荷兰的贸易严重地依靠葡萄酒、木材、蔗糖和化学制品等商品。然而到了17世纪，荷兰使用了创新技术，更加果断地转向了“高利润贸易”——染料、釉料、陶瓷、尼龙、精制家具和织锦

① 西蒙·沙玛：《财富的困窘：黄金时代荷兰文化解析》，New York：Knopf，1987，第44~46、300页。

② 费尔南多·布罗代尔：《15~18世纪的物质文明、经济和资本主义》第3卷，New York：Harper & Row，1984，第30页。

③ 亨利·卡门：《1469~1714年的西班牙：冲突的社会》，London：Longman，1991，第116~117页。

等商品贸易。荷兰的企业家同样出口工程服务、工业技术和专门知识到范围更广的欧洲国家，甚至遥远的墨西哥。[1]

荷兰日益膨胀的中产阶级对城市发展为文化中心起到了关键作用。16、17世纪的荷兰的艺术家常常是技艺精湛的手工艺者如织锦的设计者、剪毛师、金银匠等人的后代。这些艺术家常常得到当地商人和制造业精英们的支持。艺术不仅成为赢得荣誉的渠道，也是挣钱的一种方式。伦勃朗就是一个很受欢迎的肖像画家，他的名气远远超过了他作为大学教授的名气。[2]

伦　敦

文化的民主化在欧洲其他城市清晰可见。技术的进步使普通民众有越来越多的机会接近书籍。到16世纪30年代，甚至是法国普通的劳动者也能买得起一本《新约》。传统的障碍消除了。如斯宾诺莎人[3]这样的犹太人和妇女当时可以参与到知识与文化的对话当中。法国作家路易丝·拉贝勉励妇女们说："知识给予我们的荣誉属于大家，谁也不能把它从我们身边偷

① 费尔南多·布罗代尔：《15～18世纪的物质文明、经济和资本主义》第3卷，New York：Harper & Row，1984，第185～188页；乔纳森·伊斯雷尔：《荷兰共和国的产生，壮大和衰落》，Oxford，Eng.：Oxford University Press，1995，第116～117页。

② 乔纳森·伊斯雷尔：《荷兰共和国的产生，壮大和衰落》，Oxford，Eng.：Oxford University Press，1995，第350～351页。

③ 斯宾诺莎人的祖先原居住于西班牙的埃斯皮诺萨地区，因其犹太种族出身，受到西班牙的伊斯兰与天主教以及封建专制的迫害。——译者注

走……或因时间的流逝而消失。”①

这种新的精神在伦敦最为突出。在16世纪末伊丽莎白女王统治时期，伦敦变成了包括从戏剧到激烈的科学与技术辩论等一切展示新事物的精彩的舞台。长期以来被禁锢而且使人心生恐惧的知识，此时被看做最有价值的东西。②

不久，伦敦在学术成就和商业活力两个方面都开始超越阿姆斯特丹。到17世纪后期，荷兰人很明显已经失去了曾经拥有的那股勇猛无畏和坚韧的精神。荷兰的资本家和以前威尼斯的资本家一样，常常选择成为食利者、土地和股份投资者，而不主动进行新的商业冒险。

荷兰的精英们主要对短期的商业利益感兴趣，1636~1637年对郁金香的狂热就是一个缩影，而他们缺乏决心捍卫在海外拥有的至关重要的领地。最令人难以置信的是其对待羽翼未丰的新尼德兰殖民地的态度。一位早期的探险家认定新阿姆斯特丹殖民地定居点是“一个绝佳的天然码头，可以接纳世界的商业”。这个面积不大的殖民地被河流和海湾包围，向大海敞开，居民人数不到1000名，是荷兰企业扩张的无与伦比的好机会。

但由于它受到周围英国殖民地的包围，有被入侵的危险，荷兰的商业界害怕投入用于防卫的资金而退却了。他们所关心

① 约翰·黑尔：《文艺复兴时期的欧洲文明》，New York：Touchstone，1993，第274~276页。

② 约翰·黑尔：《文艺复兴时期的欧洲文明》，New York：Touchstone，1993，第78~79、137页；A. R. 迈耶斯（A. R. Meyers）：《中世纪末期的英国》（*England in the Late Middle Ages*），London：Pelican，1951，第211页。

的是坚守苏里南，它四面环海，易守难攻，而且岛上的蔗糖等“商品”十分丰富。1664年，荷兰人几乎没有任何的反抗，将新尼德兰拱手让给英国人，后者很快将这个城市更名为纽约。[①]

世界资本主义之都

在新阿姆斯特丹更名为纽约之后不到10年，伦敦就已经做好了充当世界资本主义首都角色的准备。[②] 这一角色的转换从长远来看是不可避免的。正如之前的意大利城邦那样，荷兰城市也受到资源匮乏和人口下降的制约。与其相反，伦敦能够吸引英国数量更多的人口充当定居者、士兵和水手。英国还拥

① 亨利、巴巴拉·范·德齐（Henri and Barbara van der Zee）：《美好而不同的地方：荷兰控制下的纽约》（*A Sweet and Alien Land*: *The Story of Dutch New York*），New York：Viking，1978，第2~3页；《新阿姆斯特丹：贸易邮递的边疆》（*New Amsterdam*, *Frontier Trading Post*）；尼古拉斯·范·瓦森纳（Nicholas van Wassenaer）：“口述史学”（“Historisch Verhael”），选自肯尼思·T. 杰克逊、戴维·S. 邓巴《帝国城市：穿越世纪的纽约》（*Empire City*: *New York through the Centuries*），New York：Columbia University Press，2002，第26页。

② 彼得·伯克（Peter Burke）：《威尼斯和阿姆斯特丹：17世纪精英的研究》（*Venice and Amsterdam*: *A Study of Seventeenth-century Elites*），Cambridge，Eng.：Polity Press，1994，第135~139页；亨利、巴巴拉·范·德齐：《美好而不同的地方：荷兰控制下的纽约》，New York：Viking Press，1978，第492~494页；埃德温G. 伯罗斯、迈克·华莱士（Edwin G. Burrows and Mike Wallace）：《愚人村：1898年前的纽约城市史》（*Gotham*: *A History of New York City to 1898*），New York：Oxford University Press，1999，第73~74页。

有煤炭、铁和锡等重要的原材料。再加上英国极为开明的统治，这些因素将足以使荷兰城市臣服于伦敦之下。[①]

伦敦的崛起依靠的是将伟大的首都城市的优势与荷兰和意大利城邦的商业才干相结合的能力。自公元 14 世纪起，伦敦已经吸引了国内更广大的年轻且有抱负的各个阶层的人口。甚至像温彻斯特和林肯等老的城市中心衰退之时，伦敦的人口和经济迅速扩张。

像荷兰一样，新教主义的胜利加速了伦敦商业的发展。亨利八世出售教会土地，其面积大约为王国总土地面积的1/6，此举使国家和包括商人和手工业者在内的财产所有者变得富有。中产阶级和工人阶级中的暴发户——他们中的一些人热衷于加入贵族阶层——构成了被历史学家 F. R. H. 杜宝莱称为“野心的年代”的基本组成部分。[②]

英国的地理位置使其成为从事航海的民族。当时那股抑制不住要“改善”其地位的欲望，驱使每一个英国人从事远洋贸易。[③] 强大的英国帝国梦想所产生的推动力，最终使其成功

① 奥利弗 A. 林克（Oliver A. Rink）：《哈得逊河上的荷兰：荷兰控制下纽约的经济社会史》（*Holland on the Hudson: An Economic and Social History of Dutch New York*），Ithaca，N. Y.：Cornell University Press，1986，第 248 ~ 250 页。

② F. R. H. 杜宝莱（F. R. H. Du Boulay）：《野心时代：中世纪末的英国社会》（*An Age of Ambition: English Society in the Late Middle Ages*），New York：Viking，1970，第 66 页。

③ A. R. 迈耶斯：《中世纪末期的英国》，London：Pelican，1951，第 37 页；F. R. H. 杜宝莱：《野心时代：中世纪末的英国社会》，New York：Viking Press，1970，第 30 页。

地控制了从中国沿海到北美荒野的贸易据点。最关键的是英国逐渐地接管了印度及其巨额的贸易。1601 年，英国的税收还不到印度莫卧儿王朝的 1/10。在不到 200 年的时间里，两者的税收情况完全颠倒过来。[①]

冒险精神反映了国家野心和决心的膨胀。教皇亚历山大在 1712 年预言，“无边无际的泰晤士河将为整个人类川流不息”。[②] 到 16 世纪，伦敦的人口从 6 万增长到近 22.5 万。1666 年大火之后，伦敦进行了大规模的重建，它很快成为欧洲最大的城市。[③] 到 1790 年，伦敦人口接近 90 万，是阿姆斯特丹的四倍多。[④]

由于看到了新的机遇，意大利、荷兰和德国的商人和银行

---

① 珀西瓦尔·斯皮尔：《印度现代史》，Ann Arbor：University of Michigan Press，1961，第 231 页。

② 威廉·H. 麦克尼尔：《权力角逐：公元 1000 年以来的技术，军队和社会》，Chicago：University of Chicago Press，1982，第 151 页；罗兹·墨菲（Rhoads Murphey）：《变革中心的城市：西欧和中国》（“The City as a Centre of Change：Western Europe and China”），选自 D. J. 德怀尔（D. J. Dwyer）主编《第三世界城市》（*The City in the Third World*），New York：Barnes and Noble Books，1974，第 65 页。

③ 约翰·黑尔：《文艺复兴时期的欧洲文明》，New York：Touchstone，1993，第 143 页。

④ 乔纳森·伊斯雷尔：《荷兰共和国的产生，壮大和衰落》，Oxford，Eng.：Oxford University Press，1995，第 1011 页；费尔南多·布罗代尔：《15～18 世纪的物质文明、经济和资本主义》第 3 卷，New York：Harper & Row，1984，第 365 页；约翰·黑尔：《文艺复兴时期的欧洲文明》，New York：Touchstone，1993，第 116 页。

家逐渐地被吸引到了英国的首都。① 在17家总部设在伦敦而且到20世纪一直存在的主要商业银行当中，有15家的创始人是来自不同地方的移民，而且很多银行的历史可以追溯到此阶段的早期。由于企业家和熟练劳动力寻求宗教自由，逃离弗兰德斯、德国和法国等地，移民到英国伦敦，使其受益匪浅。②

伦敦的崛起不仅规模更大，而且从性质上明显有别于其竞争对手如巴黎、马德里、维也纳或圣彼得堡等城市。和伦敦一样，这些首都都为其壮观的教堂、华丽的宫殿和景致优美的公园以及国家的宏大感到自豪。而只有伦敦才创立了充满活力的经济机构，用于掌控和管理日益扩大的世界经济。自很早的时候起，伦敦就已经具有作为伟大城市支柱的至关重要的道德意识。如同鼎盛时期的罗马帝国一样，伦敦做好了领导和改善世界的准备。③

---

① A. R. 迈耶斯：《中世纪末期的英国》，London：Pelican，1951，第161~163、225、232~233页。

② 哈米什·麦克雷、弗朗西斯·凯恩克罗斯（Hamish McRae and Frances Cairncross）：《资本城市：伦敦作为金融中心》（*Capital City：London as a Financial Centre*），London：Eyre Methuen，1973，第9页。

③ 埃姆里斯·琼斯：《大都市》（*Metropolis*），Oxford，Eng.：Oxford University Press，1990，第93页；保罗·朱克：《城镇与广场：从集市到绿色村庄》，Cambridge，Eng.：MIT Press，1970，第196~198页。

第五部分

工业城市

第十二章

盎格鲁

——美利坚的城市革命

在城市的演变过程中，伦敦的商业和帝国优势为下一轮以制造业技术革命为驱动力的关键性转变奠定了基础。从美索不达米亚时代开始，虽然工业已经成为城市生活一个重要的组成部分，但到了18世纪后期，英国才率先创立了一种新型的城市——主要依靠大规模生产产品的城市。许多自然因素都对英国早期工业的崛起十分有利，例如靠近大西洋，河流密布，可用于发电和交通运输，还有丰富的煤炭资源。更为重要的是，英国具有发展制造业理想的社会和政治环境。英国长期以来统一稳定，既没有像意大利那样为支离破碎的政治权力所困扰，也没有经历法国动荡不安的社会骚乱。英国向新型的经济模式的转变得益于其清除了天主教等级制度及其广大地产，打破了中世纪的“分层的基督教合作”。①

① 约翰·黑尔:《文艺复兴时期的欧洲文明》，New York：Touchstone，1993，第355页；费尔南多·布罗代尔:《15~18世纪的物质文明、经济和资本主义》第3卷，New York：Harper & Row，1984，第548页。

这就为出身于原有的工匠阶层的发明创造者营造了理想的环境，比如1768年发明了“珍妮纺纱机”的理查德·阿克莱特。贵族阶层的势力虽然也很强大，但是财产的拥有者，不论他们的祖先是谁，都能拥有比大多数欧洲国家更广泛的自由空间来建立他们的企业，而这一点在限制很多的东方国家则更严格。

最后，作为主导世界的帝国，英国开启了广阔的原材料资源和欧洲以外的新的市场。用卡尔·马克思的话说，“资本主义生产纪元的黎明”与大英帝国的加强同时发生。帝国从冒险中获得的资本——棉花、烟草、奴隶——为岛国跳跃式地冲向工业发展的新边疆提供了必要的资金保障。①

兰开夏：工业革命的发源地

伦敦的专业机构雇用了成千上万的职员，督管着世界贸易的公正并掌管煤炭和羊毛等商品。伦敦显然执英国经济之牛耳。② 但是最剧烈的转型——以及英国财富最大的源泉——却发生和诞生在远离大都市的其他城市。

新的城市革命的“震中”位于兰开夏郡。长期以来是英

① 费尔南多·布罗代尔：《15~18世纪的物质文明、经济和资本主义》第3卷，New York：Harper & Row，1984，第575~581页；卡尔·马克思：《资本论》第1卷，New York：Vintage，1977，第914~930页。

② 埃姆里斯·琼斯：《大都市》，Oxford，Eng.：Oxford University Press，1990，第94页。

国最贫困地区的兰开夏①，到 19 世纪早期一跃成为世界最具活力的经济区域。其主要城市曼彻斯特的人口飞速增长，在 19 世纪的第一个 30 年，人口由原来的 9.4 万上升到 27 万。到 19 世纪末，曼彻斯特人口增长了两倍多。

一些较小的城市经历了更加快速的发展。1810 年，精纺加工业中心布莱德福是一个仅有 1.6 万人的无名小镇。19 世纪前半期，该城市工厂的产量增长了 600%，人口爆炸式增长，达到了 10.3 万，这是同期欧洲城市中最快的增长速度。②

与伦敦这个英国传统的商业中心和帝国首都不同的是，这些新型小城市代表了一种全新模式：城市中心的突出特征是主

---

① F. R. H. 杜宝莱：《野心时代：中世纪末的英国社会》，New York：Viking Press，1970，第 41 页；简・德・福瑞斯：《1500～1800 年的欧洲城市化》，Cambridge，Mass.：Harvard University Press，1984，第 101 页。

② 约翰 L.、巴巴拉・哈蒙德（John L. and Barbara Hammond）：《工业革命：统治者和雇主》（"Thc Industrial Revolution：The Rulers and the Masters"），选自菲利普 A. M. 泰勒（Philip A. M. Taylor）主编《英国工业革命：胜利还是灾难?》（*The Industrial Revolution in Britain*：*Triumph or Disaster*?），Boston：D. C. Heath & Company，1958，第 40 页；马克・吉鲁（Mark Giroud）：《城市与人：社会与建筑史》（*Cities and People*：*A Social and Architectural History*），New Haven：Yale University Press，1985，第 265 页；西奥多・考迪舍克（Theodore Koditschek）：《阶级结构和城市工业社会：布拉德福，1750～1850 年》（*Class Formation and Urban Industrial Society*，*Bradford*，*1750－1850*），Cambridge，Eng.：Cambridge University Press，1990，第 79 页。

要依靠大规模的产品加工。这一演变标志着将转变全球所有城市的城市革命的开端。

这些工业城市的飞速发展加速了英国史无前例的城市化进程。1750～1800年之间，英格兰人口仅为欧洲总人口的8%，其在欧洲城市发展中的比重却达到70%左右。到19世纪中期，英国成为多数人口居住在大城市的第一个国家。到1881年，英国城市居民占总人口的1/3。①

“齿轮暴虐”

工业革命深刻地改变了城市环境，这种转变常常是以令人憎恶的方式进行的。来访者对制革厂、酿酒厂、染料厂和煤气厂散发出来经久不散的刺鼻气味感到吃惊。居住条件，尤其是穷人的居住环境，往往极为糟糕。② 弗里德里希·恩格斯这样描述曼彻斯特工人阶级的居住区：

> 人们到处可以看到堆积成山的废弃物、垃圾和污物……河岸边简陋的小道，一边是挂满了衣服的晾衣竿，另一边是洗衣服的小河，穿过小道，就会到达一片杂乱无章的小屋区，小屋矮小，仅有一层高，每个小屋只有一个

① 阿诺德·J. 汤因比（Arnold J. Toynbee）：《工业革命》（*The Industrial Revolution*），Boston：Beacon Press，1956，第10～11页。

② 西奥多·考迪舍克：《阶级结构和城市工业社会：布拉德福，1750～1850年》，Cambridge，Eng.：Cambridge University Press，1990，第107页。

房间。大多数小屋是没有地板的土地面，工作、生活和睡觉都在这一个房间里进行。[1]

这种肮脏的环境导致了致命的健康问题。19 世纪早期，曼彻斯特的死亡率是 25∶1，是周围农村地区死亡率的三倍。因疾病、营养不良和工作过度而致死的现象是如此的普遍，以至于工厂为了保持正常运转，不得不从遥远的农村和贫困的爱尔兰地区不断补充工人。[2] 法国历史学家托克维尔指出，在当时最大的经济强国英国，极度贫困现象要比西班牙或葡萄牙这样的落后国家更为普遍。[3]

青少年的境遇尤其让人触目惊心。儿童在过去只是在家里、小作坊或田地里帮助父母干活，现在他们却要经常单独工作，在偌大的毫无人情味的工业工厂里操作机器。一位西印度

① 弗里德里希·恩格斯：《英国工人阶级状况》（*The Conditions of the Working Class in England*），W. O. 亨德森、W. H. 查洛纳译，Stanford，Calif.：Stanford University Press，1968，第 57 ~ 61 页。

② 梅森·哈蒙德：《古代世界的城市》，Cambridge，Mass.：Harvard University Press，1972，第 41 页；西奥多·考迪舍克：《阶级结构和城市工业社会：布拉德福，1750 ~ 1850 年》，Cambridge，Eng.：Cambridge University Press，1990，第 100 页；简·德·福瑞斯：《1500 ~ 1800 年的欧洲城市化》，Cambridge，Mass.：Harvard University Press，1984，第 179 页。

③ 亚历克西斯·德·托克维尔（Alexis de Tocqueville）：《贫困论文集》（"Memoir on Pauperism"），载于西摩·德雷切（Seymour Drescher）主编《托克维尔和博蒙特关于社会改革》（*Tocqueville and Bwaumont on Social Reform*），New York：Harper Torchbooks，1968，第 2、13 页。

群岛的奴隶主在参观布雷德福时认为，让“任何人如此残酷地要求一个9岁的儿童每天工作12个半小时”简直是不可思议的。

在一定程度上，这种“残酷的”待遇可能是因为雇主和工人之间缺乏密切的沟通而造成的。小工厂的资本家可能偶尔与他雇用的工人和他们的孩子有一些不经意的接触，而拥有大工厂的大资本家常常住在很远的伦敦或者乡下的庄园里。[①]

相对于古典或文艺复兴城市的缔造者而言，这些新秩序的受益者起初对于这类城市的创建嗤之以鼻。这些城市是赚钱的地方，而非消遣休闲之所。一位在布雷德福社会知名度很高的医生抱怨说：“这里没有惬意的骑马兜风，没有闲暇的漫步，唯有嘈杂、匆忙和杂乱。”[②]

新型的工业社会可能创造史无前例的财富，但是，这是以牺牲基本的人类价值为代价的。工厂里看不到同情，看不到上帝，工业城市缺乏宗教空间或者强大的社会道德约束，只有马克思所说的“金钱关系”。到19世纪50年代，去教堂的人数降到了不足50%，像曼彻斯特这样的城市，还不到1/3[③]，而

---

① 梅森·哈蒙德：《古代世界的城市》，Cambridge, Mass.: Harvard University Press，1972，第41页。

② 西奥多·考迪舍克：《阶级结构和城市工业社会：布拉德福，1750～1850年》，Cambridge, Eng.: Cambridge University Press，1990，第133～137、144页。

③ 安德鲁·利斯（Andrew Lees）：《城市观察：1820～1940年欧洲和美国的城市社会》（*Cities Perceived: Urban Society in European and American Thought: 1820－1940*），New York: Columbia University Press，1985，第29页。

此前去教堂曾经是十分普遍的现象。威廉·布莱克这样表达他对于机械年代带来的影响的恐慌：

经牛顿水车的冲染，黑色的布料，
如黑色的花冠笼罩在各国之顶，
满目皆是无情工作的机器，
车轮不转，齿轮暴虐相迫，此非伊甸美景。①

"时代的英雄"

到19世纪50年代，随处可以见到英国城市新秩序的表征：纵横的铁路大桥、交错的隧道、蔓延的工厂。渐渐地，有些人意识到了非同寻常的东西正在酝酿当中。一贯性情平和的托克维尔也指出，"在英国的每一步发展都会有些东西令造访者怦然心动"。②

布莱克所看到的只是"轮齿专制"冷酷无情的一面，有的人则把工厂看做辉煌与繁荣未来的先驱。约翰·海德爵士1835年在利兹旅行时，把一家机械化服装厂描写成"人们敬

① 戴维·V. 厄尔德曼（David V. Erdman）《威廉·布莱克的散文和诗全集》（*The Complete Poetry and Prose of William Blake*），New York：Anchor Books，1988，第329页。

② 亚历克西斯·德·托克维尔：《贫困论文集》，《托克维尔和博蒙特关于社会改革》，New York：Harper Torchbooks，1968，第2页。

仰的神庙，人们感激驱动工厂运转的内部的伟大力量，就是这股神力建造了宇宙”。他指出，“时代的英雄”不是骑士和贵族，而是“勤勤恳恳的技工，他们虽然全身被浓烟熏黑，却依然发出智慧的光芒”。①

到19世纪中叶，当普通的英国人也能享受到机械化带来的好处时，这种乐观的情绪随即传播开来。工会的壮大使工人工资有所增长。工人阶级消费者现在能够买得起长筒袜或餐具之类的物件，而在此之前，他们不可能有任何的奢望去购买。一些工人，尤其是那些熟练行业的工人步入了中产阶级行列。工业家阶层的子女进入了名牌大学学习。一些成为工业巨头而没有自己头衔的人，通过联姻或影响力获得了贵族身份。②

社会改革运动——通常由牧师和崛起的专业人士阶层领导——现在组织起来，以解决工业体系中明显的缺陷。1835年的《市政公司法》和1848年由议会制定的第一个《公共健康法》等改革立法，有效地加强了对城市无序蔓延和混乱状

---

① 安德鲁·利斯：《城市观察：1820～1940年欧洲和美国的城市社会》，New York：Columbia University Press，1985，第40～41页。

② 哈特姆特·凯伯乐（Hartmut Kaeble）：《关于社会流动的历史研究：19、20世纪的西欧与美国》（*Historical Research on Social Mobility*：*Western Europe and the U. S. A. in the Nineteenth and Twentieth Centuries*），英格里德·奥克斯译，New York：Columbia University Press，1981，第42～43、62～65、96～97页；鲁文·布伦纳（Reuven Brenner）：《商业、科技和国家之间的竞争》（*Rivalry*：*In Business*，*Science*，*Amony Nations*），Cambridge，Eng.：Cambridge University Press，1987，第43页。

态的管理。改革者为贫困居民修建了公园、浴池和洗衣房。新的卫生措施和医疗条件的改进极大地降低了城市婴儿的死亡率。曾经一度猖獗的城市犯罪骤然下降。①

利物浦的托马斯·贝恩斯这样写道，到19世纪末20世纪初，利物浦、曼彻斯特、利兹和布莱德福等城市——尽管存在无可争议的丑恶、污染的天空和骇人听闻的贫民窟——不会因为仅仅是大量输出商品的简陋之地而消亡。它们更像过去的推罗和佛罗伦萨一样，是“智慧摇篮”的组成部分，这些智慧的发明正极大地改善着人类的生活。② 财富使得那些曾经单调乏味的城市竖起的崭新而宏伟的公共建筑——市政厅、图书馆和医院，用一位布莱德福作家的话说，“可以与声名远扬的威尼斯的宫殿相媲美……”③

---

① 格特鲁德·希默尔法布（Gertrude Himmelfarb）：《社会的非道德化：从维多利亚女王时代美德到现代价值》（*The Demoralization of Society*：*Form Victorian Virtues to Modern Values*），New York：Knopf，1995，第39页；威廉·H. 麦克尼尔：《瘟疫与人》，Garden City，N. Y.：Anchor Books，1974，第275页；托马斯·S. 艾什顿（Thomas S. Ashton）：《工人生活标准的重新审视》（“Workers Living Standards：A Modern Revision”），选自《英国工业革命》，第481页；安德鲁·利斯：《城市观察：1820～1940年欧洲和美国的城市社会》，New York：Columbia University Press，1985，第40～41页。

② 安德鲁·利斯：《城市观察：1820～1940年欧洲和美国的城市社会》，New York：Columbia University Press，1985，第53～54页。

③ 安德鲁·利斯：《城市观察：1820～1940年欧洲和美国的城市社会》，New York：Columbia University Press，1985，第44～55页。

“世界花园”的城市化

19 世纪上半叶，欧洲没有国家可以和英国强大的工业相抗衡。欧洲大陆最大的城市巴黎的企业规模大都较小。1850 年以后，由于拿破仑三世和乔治·尤金·奥斯曼男爵害怕无产阶级的暴动，他们事实上不鼓励在首都发展大规模工业。①

新的工业发展热点却发生在落后的北美的辽阔土地之上，一些欧洲人把这个地方浪漫地称为“世界花园”。工厂城镇在这里不仅生根发芽，而且以超过英国本土工厂的规模蓬勃发展。②

工业主义给美国带来了许多变化，最终把以这个乡村为主的土地转变成了大城市云集的地方。1850 年，美国仅有 6 座人口超过 1 万的“大”城市，不到总人口的 5%。这一现实在以后的 50 年里发生了天翻地覆的变化。到 1900 年，人口过 1 万的城市达 38 个，大约 5 个人当中就有 1 个人生活在城市。③

美国城市引人注目的发展受到以下几个因素的驱动——移民，欧洲的投资，北美消费基础的全面增长，最重要的是制造业的迅猛发展，尤其是大规模生产的发展。事实证明，没有任

---

① 艾尔弗雷德·菲耶罗：《巴黎历史字典》，Lanham，Md.：Scarecrow Press，1998，第 18 页。

② 亨利·纳什·史密斯（Henry Nash Smith）：《处女地：美国西部的象征与神秘》（*Virgin Land: The American West as Symbol and Myth*），Cambridge，Mass.：Harvard University Press，1950，第 32、127～178 页。

③ 乔纳森·休斯（Jonathan Hughes）：《美国经济史》（*American Economic History*），New York：Harper Collins，1990，第 334 页。

何国家能像美国一样更适合资本主义企业的快速发展。一位观察家在1838年写道，亚当·斯密的"声音在世界的耳朵里响彻了60年，但只有美国听从了这个声音，并推崇和遵循它"。[①]

19世纪工业化时代纽约的崛起

英国和其他欧洲国家的大量移民来到这个经济快速发展的资本主义国家特别是巨大的港口城市纽约寻求新的生活。[②] 到1860年，沟泽姆[③]的人口达到100万，其中42%的人口出生在外国。[④]

这些移民当中，一些人的居住环境与英国所看到的肮脏不

① 阿瑟·M. 小施莱辛格（Arthur M. Schlesinger, Jr.）：《杰克逊时代》（*The Age of Jackson*），New York：Book Find Club，1945，第315页。

② 伯纳德·贝林（Bernard Bailyn）：《到西方的航海者：革命前夕人员发动的经过》（*Voyagers to the West：A Passage in the Peopling of America on the Eve of the Revolution*），New York：Knopf，1986，第152～154页；布林利·托马斯（Brinley Thomas）：《国际移民的经济学》（*Economics of International Migration*），New York：Macmillan，1958，第65～66、575页。

③ 斯宾诺莎人的祖先原居住于西班牙的埃斯皮诺萨地区，因其犹太种族出身，受到西班牙的伊斯兰与天主教以及封建专制的迫害。——译者注

④ 约瑟夫·萨佛、阿伦·彼得·路宝（Joseph Salvo and Arun Peter Lobo）：《移民与纽约人口变化》（"Immigration and the Changing Demographic Profile of New York"），选自玛格丽特·克里汗、阿尔贝托·沃尔沃利阿斯－布什（Margaret Crahan and Alberto Vourvoulias-Bush）主编《城市与世界：纽约的全球化未来》（*The City and the World：New York's Global Future*），New York：Council on Foreign Relations，1997，第88～89页。

堪的贫民窟不相上下。曼哈顿工人阶级的居住区拥挤不堪，疾病到处肆虐：1810～1870 年，婴儿死亡率翻了两倍。[①] 以财富多少而非家庭出身来确定的阶级差距在这片新的土地上依然存在。作家莉迪亚·柴尔德注意到，“在距离路易十四风格装饰豪华的美术展览馆不远处的地方”，是用土坯做成的“凄惨而荒凉的公寓”，里面住着“冻得发抖的小孩”。[②]

然而，纽约给很多观察家留下最深刻印象的是巨大的社会流动性。美国工厂里的体力劳动者，要比欧洲同行们享有更大的机会跻身于中产阶级，乃至上层阶级的行列，而他们的后代享有的社会升迁的机会比他们更大。[③] 拥有 4000 多个制造业工厂的曼哈顿岛可能是当时世界上工业化发展最快的地区，这些工厂的所有者，大部分曾经是地位低下的工匠和技师，他们很多人都是来自外国的移民。[④]

---

① 刘易斯·芒福德：《历史上的城市：起源、演变和前景》，New York：Harcourt Brace，1961，第 467～468 页。

② 斯文·贝克特（Sven Beckert）：《富裕的都市：1850～1896 年纽约市和美国中产阶级的巩固》（*The Monied Metropolis：New York City and the Consolidation of the American Bourgeoisie，1850－1896*），Cambridge，Eng.：Cambridge University Press，2001，第 47 页。

③ 哈特姆特·凯伯乐：《关于社会流动的历史研究：19、20 世纪的西欧与美国》，New York：Columbia University Press，1981，第 36～37 页；保罗·H. 威尔肯（Paul H. Wilken）：《创业精神：全方位历史的研究》（*Entrepreneurship：A Complete and Historical Study*），Norwood，N. J.：Ablex Publishing，1979，第 207 页。

④ 斯文·贝克特：《富裕的都市：1850～1896 年纽约市和美国中产阶级的巩固》，Cambridge，Eng.：Cambridge University Press，2001，第 51 页。

心脏地带的城市

同样翻天覆地的变化发生在西部边疆，美国人大规模地移民到这里。在只有土著人零散居住的地方，新的城市似乎在一夜之间冒了出来。在这些城市当中，第一个要数辛辛那提。它坐落于俄亥俄河的拐弯处，1800 年居民还不到 750 人，是一个人口少得可怜的边疆定居点。40 年之后，它变成了一个兴盛发达的城市，人口超过 10 万。

辛辛那提和其他中西部城市被证明是制造业发展的理想之所。该地区数量可观的剩余农产品为畜产品的大批量生产创造了机会，其规模之大难以想象。很快被人们誉为“猪肉之都”的辛辛那提自诩拥有数不尽的屠宰场，从那里流淌出来的“血之河”流入了鹿溪，然后汇入俄亥俄河。

其他城市也经历了同样快速的发展。① 19 世纪初，圣路易斯是一个只有几百个居民的定居点，而到 19 世纪末已经发展成约有 50 万人的成熟大都市。1850 年，底特律还是一个人口仅 2 万的荒凉前哨村落，50 年以后，人口飞速增长，超过 20

---

① 乔恩·C. 蒂福德（Jon C. Teaford）：《心脏地带的城市：美国中西部工业的兴起和衰落》（*Cities of the Heartland: The Rise and Fall of the Industrial Midwest*），Bloomington：Indiana University Press，1994，第 1 ~ 4 页；劳伦斯·R. 拉森（Lawrence R. Larsen）：《芝加哥中西部的竞争对手：辛辛那提，圣路易斯和密尔沃基》（“Chicago's Midwest Rivals: Cincinnati, St. Louis and Milwaukee”），载于《芝加哥历史》1976 年秋季号，第 144 页。

万。芝加哥人口呈现爆炸性增长，速度超过其他所有城市。1835年，这里是一个居民不到350人的定居点，到1860年亚伯拉罕·林肯竞选之时，人口增长到10万，40年之后超过100万。

这些中西部城市与较老的沿海中心城市在很多方面有所不同。与拥有数以千计的小工业车间和繁华的商业区的纽约或波士顿不同的是，在大陆腹地的大都市中，大型工厂居主导地位，有时候工厂人数达数千人，生产钢、农用工具和汽车之类的重工业产品。[①] 美国正在成为世界重工业的领导者——它的心脏就是中西部的城市。[②]

为了成为地区的中心，这些城市之间的竞争异常激烈，而且常常是不择手段的。一个投机者写道，1837年的恐慌之后，芝加哥“到处是落魄的男人的叹息之声，到处是将一切委托给了贪婪的投机者而上当受骗的妇女的哭泣之声”。当然，城市精英们并没有被困难吓倒，为实现远大抱负，他们依然毫不气馁。他们经常在华盛顿和华尔街进行游说，以获得在蓬勃发

① 乔恩·C. 蒂福德：《心脏地带的城市：美国中西部工业的兴起和衰落》，Bloomington：Indiana University Press，1994，第66页。

② 查尔斯、玛丽·比尔德（Charles and Mary Beard）：《美国文明的崛起》（*The Rise of American Civilization*）第2卷，New York：Macmillan，1950，第176~206页；乔恩·C. 蒂福德：《心脏地带的城市：美国中西部工业的兴起和衰落》，Bloomington：Indiana University Press，1994，第4、49、52~54页；乔纳森·休斯：《美国经济史》，New York：HarperCollins，1990，第268~269页。

展的东西部贸易中的主导地位。1868 年《芝加哥论坛报》报道，圣路易斯的生意人“穿着马裤坐在门口，等着生意上门找他们”，而芝加哥的生意人则“穿着鞋子在外面东奔西跑，寻找生财之道”。①

“进步”的挑战

和英国一样，美国工业化快速发展的早期留下的痕迹是贫乏单调的城市景观。在辛辛那提待过两年之后，英国作家弗朗斯·特罗洛普写道：“蜂房里每一只被雇佣的蜜蜂都在为了寻找蜂蜜而奔波忙碌……不论是艺术、科学、知识，还是生活情趣，都不能诱惑其停止对它们的追求。”1850 年一位瑞典游人这样评价芝加哥，它是美国“最肮脏、最悲惨的城市之一”。②

痛苦不堪的贫困的存在比日趋恶化的环境更加让人揪心。19 世纪 70 年代末，两位记者记述了圣路易斯的一个贫民窟，其情景使人想起了二三十年前恩格斯关于曼彻斯特的描述：

---

① 劳伦斯·R. 拉森：《芝加哥中西部的竞争对手：辛辛那提，圣路易斯和密尔沃基》，载于《芝加哥历史》1976 年秋季号，第 141～147 页；贝西·路易丝·皮尔斯（Bessie Louise Pierce）：《1848～1871 年芝加哥史》（*A History of Chicago：1848－1871*），New York：Knopf，1940，第 117 页。

② 乔恩·C. 蒂福德：《心脏地带的城市：美国中西部工业的兴起和衰落》，Bloomington：Indiana University Press，1994，第 11、19 页。

> 一些最大而最破的廉价公寓楼……建在后边非临街的地面上，它们面对经常散发着恶臭气味的小巷。这些公寓楼破败难当，污秽不堪，其肮脏的程度很难用语言表达。①

如此严重的不平等现象，尤其在这个公然宣称是人人平等的国度，激起了阶级矛盾尖锐的火花。在19世纪70年代，圣路易斯工人高唱法国国歌《马赛曲》，到大街上示威游行，叫嚷着要进行革命。英国领事警告说，这座城市“实质上已经掌握在暴民的手里”。芝加哥、底特律、克利夫兰和其他较小的中西部城市经历了同样的骚乱，且常常带有暴力色彩。②

同英国一样，一些有责任感的城市居民对与工业化年代相联系的实利主义价值观的本质提出了质疑。一些像俄亥俄新教牧师乔塞亚·斯特朗这样的人，甚至向美国的“进步”信念发起挑战。斯特朗对经济变化持否定态度。他认为，工业的扩张将不可避免地把这个国家最后推向唯利是图的“实利主义的深渊”。

芝加哥的简·亚当斯等人认为，只有大规模的干预才能解决猖獗的犯罪、日益加深的阶级冲突，以及越来越多的酗酒、卖淫和工人阶层存在的普遍贫困等问题。美国的许多城市听取

---

① J. A. 戴克斯、詹姆斯·M. 比尔（J. A. Dacus and James M. Buel）：《圣路易斯之旅：一个伟大城市的生活》（*A Tour of St. Louis, or the Inside Life of a Great City*），St. Louis：Western Publishing Company，1878，第406～413页。

② 乔恩·C. 蒂福德：《心脏地带的城市：美国中西部工业的兴起和衰落》，Bloomington：Indiana University Press，1994，第68页。

了她的建议，向贫民窟地区的居民提供娱乐和受教育机会。

改革者的迫切要求也渗透到了政治领域，改变了密尔沃基、克利夫兰、托利多和底特律等城市政府中长期以来存在的腐败现象。[①] 美国各地的城市开始努力实现管理现代化。比如在1853年，纽约仿照二三十年前的伦敦，警察穿制服上岗。许多城市的服务，如防火和交通等，第一次有计划地组织起来。[②]

这时人们把注意力转到了改善城市环境方面，没有其他地方比中西部的大都市芝加哥做得更好。1871年毁灭性的大火之后，芝加哥进行了重建，开始了野心勃勃的城市改良工程。在以后的30年间，芝加哥修建了主要的图书馆系统、新的艺术学院、菲尔德哥伦比亚博物馆，并扩建了芝加哥大学。[③]

---

① 安德鲁·利斯：《城市观察：1820～1940年欧洲和美国的城市社会》，New York：Columbia University Press，1985，第166～169页；乔恩·C. 蒂福德：《心脏地带的城市：美国中西部工业的兴起和衰落》，Bloomington：Indiana University Press，1994，第113～117页；塞缪尔·海斯（Samuel Hays）：《工业主义的反应》（*The Response to Industrialism*），Chicago：University of Chicago Press，1957，第22～24、71～72页。

② 查尔斯、玛丽·比尔德：《美国文明的崛起》第2卷，New York：Macmillan，1950，第748页；斯文·贝克特：《富裕的都市：1850～1896年纽约市和美国中产阶级的巩固》，Cambridge，Eng.：Cambridge University Press，2001，第297页。

③ 简·艾伦·悉乔（Jane Allen Shikoh）：《1900年代美国城市的高层生活：关于纽约、芝加哥、费城、圣路易斯、波士顿和布法罗的领导人及他们活动的研究》（*The Higher Life in the American City of the* 1900*s*：*A Study of Leaders and Their Activities in New York*，*Chicago*，*PhiladelPhia*，*St. Louis*，*Boston and Buffalo*），纽约大学历史系博士论文，文理研究生院，1972年10月，第5～8、81～85页。

改革者也开始采取统一行动，为日益匆忙、束缚在城市里的城市居民保留下来一些自然环境。19 世纪 70 年代，圣路易斯获得了日后成为福莱斯特园林和森林公园的地皮。芝加哥、费城、波士顿和纽约也采取了类似的雄心勃勃的行动。① 这次运动的领导人弗雷德里克·L. 奥姆斯特德（Frederick Law Olmsted）指出，纽约中央公园的“一个宏伟目标，就是向成千上万的退休工人提供一个上帝的杰作，以供效仿”。②

纽约：终极的垂直城市

由于美国令人敬畏的工业力量，其城市此时异军突起，成为世界城市文明的先锋。在这一点上，纽约的表现尤为明显，它到 1900 年已经享有美国有史以来史无前例的经济和文化优势。纽约的人口是其竞争对手芝加哥的两倍，它控制着全国所有银行超过 60% 的结算额。纽约港的进出口贸易占美国进出口贸易的 40% 以上。③

曼哈顿坐落于巨大的花岗岩岛屿中间，是一个巨大的天然港口，非常适合于建造“垂直城市”。有限的岛屿面积使其不

---

① 安德鲁·利斯：《城市观察：1820 ~ 1940 年欧洲和美国的城市社会》，New York：Columbia University Press，1985，第 1 页。

② 弗雷德里克·L. 奥姆斯特德：《中央公园文选》（“Selected Writings on Central Park”），选自《帝国城市：穿越世纪的纽约》，第 278 ~ 279 页。

③ C. A. E. 古德哈特（C. A. E. Goodhart）：《1900 ~ 1913 年纽约的货币市场和贸易经济》（*The New York Money Market and the Finance of Trade：1900 – 1913*），Oxford，Eng.：Oxford University Press，1969，第 9 ~ 10 页。

得不利用空间。[1] 城市各个不同的经济部门对空间的需求日益增加——轻工业、贸易、金融和其他服务业部门向城市集中——给城市施加了无法抵御的压力。

制造业依然雇用很多纽约人，但是劳动力人数增长最快的是白领就业以及“粉领”女性文秘就业大军队伍。1904 年地铁系统的开通使得从曼哈顿岛其他居住区到曼哈顿岛下城和中城办公区短程通勤的人数不断增加。

1898 年纽约对布鲁克林和其他区的兼并为曼哈顿提供了宽阔的内陆腹地，把那里更多的工人吸引到纽约拥挤的街道。纽约地铁穿过东河，带来更多的工人，促成更多的办公楼建设。作家欧·亨利曾有句调侃的名言：“如果能够完成的话，纽约将宏大无比。”[2]

经济和就业的蓬勃发展需要建造大量建筑以满足数以百计甚至数以千计的办公人员的需求。第一座摩天大楼于 1895 年拔地而起，很快摩天大楼的建造就蔚然成风。[3] 最关键的突破

① 罗伯特·布吕格曼（Robert Bruegmann）：《防止蔓延改革的悖论》（“The Paradoxes of Anti-Sprawl Reform”），草稿，选自罗伯特·弗里斯顿（Robert Freestone）主编《20 世纪规划经历》（*The Twentieth Century Planning Experience*），London：Routledge，1999。

② 马克斯·佩奇（Max Page）：《1900～1940 年曼哈顿的创造性毁灭》（*The Creative Destruction of Manhattan：1900 – 1940*），Chicago：University of Chicago Press，1999，第 5 页；《帝国城市：穿越世纪的纽约》，第 404 页。

③ 伊曼纽尔·托布勒（Emanuel Tobier）：《工业时代的曼哈顿商业区》（“Manhattan's Business District in the Industrial Age”），选自约翰·莫勒科普（John Mollenkopf）主编《权力、文化和场所：纽约随笔》（*Power，Culture，and Place：Essays on New York*），New York：Russell Sage Foundation，1988，第 85～87 页。

是1902年落成的熨斗楼，该楼被人们用其建筑师丹尼尔·伯纳姆的名字戏称为“伯纳姆蠢楼”，因为有些人认为这座楼将不堪承受自重而倒塌。[①] 但是不到10年时间，就在其旁边又建成了更高大的60层的伍尔沃思大楼。[②]

“如同国家大门口的女巫”

如同以往的商都大邑雅典、亚历山大里亚、开罗和伦敦一样，纽约的商业增长也促成文化生活的全盛。[③] 纽约日见成为全球的市场、广告、通俗娱乐中心，向世界输出其适合各种层次文化品位的歌曲、图像和理念。一位世纪之交的英国作家对此颇不以为然，他说，“我们英国人的幽默笑料正在被纽约的出版商们用机器实行机械化加工，甚至英国的婴儿也在吃美国食品，死的时候装在美国造的棺材里下葬”。[④]

---

① 该楼巧妙地利用了宽街和第五大道相交的一块三角形地块，是建筑史上一个杰作。——译者注

② 查尔斯、玛丽·比尔德：《美国文明的崛起》第2卷，New York：Macmillan，1950，第787页。

③ 泰勒·考恩（Tyler Cowen）：《商业文化的赞誉》（*In Praise of Commercial Culture*），Cambridge，Mass.：Harvard University Press，1988，第85～87页。

④ 约翰·黑尔：《文艺复兴时期的欧洲文明》，New York：Touchstone，1993，第522页；弗雷德·A. 麦肯基（Fred A. McKenzie）：《美国入侵者》（*The American Invaders*），New York：Arno Press，再版，1976，第9页；威廉·R. 泰勒（William R. Taylor）：《追寻愚人村：纽约的文化与商业》（*In Pursuit of Gotham：Culture and Commerce in New York*），New York：Oxford University Press，1992，第74～76页。

纽约文化也超过了欧洲的标准。纽约佬成了形形色色族裔幽默、调侃和所有现代艺术的保育员，形成一个五方杂处风味日浓的多样化社会。哈莱姆复兴派诗人詹姆斯·韦尔登·约翰逊注意到："纽约是美国最具影响力的魔物，像一个女巫，蹲在我国大门口。"①

纽约人自己经常把他们的这座城市看成是一种新型城市的先驱。② 纽约熠熠闪光的玻璃幕墙高楼和灰暗的街道景色是现代大都市一种新的勇敢的表达方式。小说家约翰·道·帕索斯描述了20世纪20年代中期纽约的这种景致：

> 雾霭之中，萤火虫一样的通勤火车穿越朦胧可见、纵横交错的桥梁，升降机在不停地爬升和下降，港口的灯光若明若暗。③

美国拔地而起

在当时世界的很多地方，这些景象与城市化本身相生相

---

① 安东·C. 齐德威尔德（Anton C. Zijderveld）：《城市化理论：城市的经济与城市文化》（*A Theory of Urbanity: The Economic and Civic Culture of Cities*），New Brunswick，N. J.：Transaction Publishers，1998，第2页。

② 查尔斯、玛丽·比尔德：《美国文明的崛起》第2卷，New York：Macmillan，1950，第780~782页。

③ 约翰·多斯·帕索斯（John Dos Passos）：《曼哈顿变迁》（*Manhattan Transfer*），Boston：Houghton Mifflin，1925，第305页。

伴，成为其同义语。乔治·科汉评论说，“若离开纽约，每一个城市都是布里奇波特”，这当然不无道理。但是，其他美国城市——不仅是芝加哥——都试图效仿纽约老大哥的城市景观。[①] 伍尔沃思大楼建成不到一年，西雅图就建造了42层高的史密斯塔楼，把建造巨型建筑物的风气带到太平洋沿岸城市。芝加哥、底特律、克利夫兰、圣路易斯不甘落后，都急不可待地竖起显示其商业中心地位的新界标。[②]

略小的城市也有强烈的表现欲望，不甘示弱。在伦敦这个世界最大的城市以及柏林、巴黎都没有一个高层建筑之时，钢梁框架结构的高楼就已出现在名不见经传的缅因州的班戈、俄克拉荷马州的图尔萨、得克萨斯州的加尔维斯顿等小城市。费城、波士顿和华盛顿特区等传统约束力较强的城市对建筑物高度做了限定，但在大多数地方，仅有的约束力是那里市中心区生机勃勃的不动产市场。《丹佛邮报》论证说，一个真正的大

---

① 保罗·克罗韦尔、A.H. 拉斯金（Paul Crowell and A.H. Raskin）：《纽约：世界上最大的城市》（“New York: The Greatest City in the World”），选自罗伯特·S. 艾伦（Robert S. Allen）主编《我们美丽的城市》（*Our Fair City*），New York: Vanguard，1947，第58页。

② 乔恩·C. 蒂福德：《心脏地带的城市：美国中西部工业的兴起和衰落》，Bloomington: Indiana University Press，1994，第76页；约翰·G. 克拉克、戴维·M. 凯兹曼、理查德·D. 麦金泽、西奥多·沃森（John G. Clark, David M. Katzman, Richard D. McKinzie, Theodore Watson）：《20世纪美国的三代人：家庭、社区和国家》（*Three Generations in Twentieth Century America: Family, Community, and Nation*），Homewood, Ill.: Dorsey Press，1977，第403页。

都市需要这种建筑来彰显其地位。[①]

新的城市世界的中心依然在纽约。她在国际贸易、金融、传媒方面的主导地位的日益增长使她成为美国进而成为世界不可逾越的商业巨擘。记者 A. H. 拉斯金评论说，仅仅是一个下午的时间，在曼哈顿一座摩天大楼里所做出的决议，就将会决定在南非上演什么电影，新墨西哥矿区里的儿童是否应该上学，巴西咖啡种植者的收成应该获取多大回报。[②]

美国大城市里不断攀升的高层建筑把工业城市建筑的钢铁水泥立面推向高空。从实体角度看，它们令人敬畏，商业城市以此与欧洲巨大的显示精神权威的教堂、伊斯兰世界高傲的清真寺、东亚大帝国的高殿深宇比肩并存。[③]

尽管如此，这些钢筋水泥的高塔式建筑尚不具备那种曾塑造城市历史的神圣地点的意义。这些建筑基本上都属商业性质产物，并不要求它们能够维系道德秩序或社会正义。它们很大程度上是私人利益集团为盈利而建造，不能护卫城市免于激进的改变城市未来观念的人的攻击。

---

① 罗伯特·M. 弗格森（Robert M. Fogelson）：《1880～1950 年闹市区的兴衰》（*Downtown: Its Rise and Fall, 1880－1950*），New Haven: Yale University Press, 2001，第 112～166 页。

② 保罗·克罗韦尔、A. H. 拉斯金：《纽约：世界上最大的城市》，选自罗伯特·S. 艾伦主编《我们美丽的城市》，New York: Vanguard, 1947，第 37 页。

③ 罗伯特·M. 弗格森：《1880～1950 年闹市区的兴衰》，New Haven: Yale University Press, 2001，第 2 页。

第十三章 工业主义及其反对者

G. C. 艾伦（G. C. Allen）于1922年秋在神户下船登陆后，踏上一列开往日本城市名古屋的列车。在最初的几个小时里，这位22岁的英国学者旅程所见的是令人亢奋的、彻头彻尾的异国风貌，到处是阡陌相连的稻田、绿色的茶园和云雾缭绕的山地。

渐渐地，随着火车咔嚓咔嚓地驶入目的地，周围的景物变得熟悉起来。随后，一座城市赫然出现在艾伦面前，这座城市"淹没在林立的厂房、拥挤不堪的办公楼、水泥的高架路和新的高速火车系统的轨道桥梁之中"。艾伦恍然又回到家乡、工业大都市伯明翰。①

在名古屋如在英国一样，城市地域的工业化把曾经存在的那座城市彻底变了样。艾伦注意到，往往在同一个街区，"美与丑比肩而立"。在密密的厂房和叮当作响的有轨电车之间可

① G. C. 艾伦：《约会在日本：六十年回忆录》（*Appointment in Japan: Memories of Sixty Years*），London：Athlone Press，1983，第2～5页。

能发现一条汩汩流淌的小溪，也可能一所保存完好的花园被包裹在令人抑郁、千篇一律的街道之中。①

工业主义的全球意义

随着工业化向全世界扩展，它开创了一个城市化以史无前例的速度增长的新时代。到 19 世纪后期，大型城市中心几乎出现在每一个大陆上，在南美，在非洲，在澳洲，甚至竟然也出现在亚洲。就世界范围而言，已有 5% 以上的人口居住在 10 万人以上的城市中，几乎是一个世纪前的三倍。②

在世界的大部分地区，这种增长是由行政服务、贸易、原材料出口等因素驱动的。工业扩展受到殖民大国的重商政策、欠发达的交通系统和其他近代基础设施等因素的限制。在亚洲和非洲大陆的大部分地区，过低的劳动力成本和缺少一个大的消费基础妨碍了机器的使用，所以这些地区多倾向于较分散的原始乡村工业。③

较显著的进步发生在其他地区。到 20 世纪早期，三个关

① G. C. 艾伦：《约会在日本：六十年回忆录》，London：Athlone Press，1983，第 37 页。

② C. E. 小伊莱亚斯、詹姆斯·吉利斯、斯文·里米尔（C. E. Elias, Jr. James Gillies, and Svend Riemer）：《大都市：冲突的价值》（*Metropolis: Values in Conflict*），Belmont，Calif.：Wadsworth Publishing，1965，第11～12 页。

③ 达摩·库玛（Dhamar Kumar）：《剑桥印度经济史，卷二：1757～1970》（*The Cambridge Economic History of India*，*Vol. 2*，*1757－1970*），Hyderabad：Orient Longman，第 568～569 页。

键国家日本、德国和俄罗斯都自诩拥有蓬勃发展的工业大城市。东京、大阪、柏林和圣彼得堡开始直接与纽约、曼彻斯特以及伦敦相竞争，不仅在地区范围，有时甚至是在世界范围进行竞争。

正如艾伦在去名古屋的路上所看到的，这些城市都具有与英美都市同样的外部特征——杂乱无章的铁路、烟雾弥漫的厂房、拥挤的办公楼。但是它们以远远不同于英国或美国城市的方式回应工业化，寻求构成现代城市的另一种道路。

这种探求另一种道路的努力来自这样一个事实，即在工业化过程中，英国或美国都具有能够适应新的城市环境冲击的民主传统，而这三个国家没有。这几个国家试图在几乎是中世纪政治体制下迅速建成工业城市，缺少法治基础和社会态度去应对西格蒙德·弗罗伊德（Sigmund Freud）在其名著《文明及其缺憾》（*Civilization and Its Discontents*）中所描述的在一个大型的、几乎是非人性化的现代大都市世界的生活中的“文化挫折”。①

日本突发性的工业革命

弗罗伊德是在维也纳落入国家社会党人手里的4年前写下这些话的。他也完全能够在日本看到“文化挫折”之类的现

① 西格蒙德·弗罗伊德：《文明及其缺憾》，詹姆斯·斯特雷奇译，New York：W. W. Norton，1962，第59页。

象。日本向工业时代的转变非常艰难，因为这种转变是爆发性的，而且发展极其迅速。在 1868 年推翻德川幕府的统治后，日本全速开始现代化进程。明治维新的设计师们迫不及待地试图追赶占支配地位的工业大国，优先考虑基础设施投入和强调西方科技的重要性。

在明治之前，由于德川幕府实行限制与外国人接触政策，日本的城市发展很慢。① 但是当 1853 年威廉·佩里准将在东京湾的炮舰打破这种孤立状态时，日本已经比欧洲以外其他国家都做了更好的准备以应对工业时代的挑战，这得益于它有文化层次较高的人口、较完善的全国市场、能干的工匠艺人和强烈的创业精神。②

像在英国和美国一样，制造业经济的兴起也伴随城市人口迅速的增长。在明治维新后不到半个世纪的时间里，日本城市人口就翻了一番。到 20 世纪 20 年代，每 4 个日本居民中就有 1 个居住在城市。大阪出现了五花八门的小型工厂，享有“东方曼彻斯特”之美誉，其人口从 1875 年到 20 世纪 20 年代增长了 5 倍。名古屋也从一个古老的城堡式小镇变成主要的工业中心，后来成为世界最具支配性的大型工业巨头的丰田汽车公司就坐落在该城。各地方性工厂城如福冈、川崎、九州岛和札

① 卡尔·莫斯科（Carl Mosk）：《日本工业史》（*Japanese Industrial History*），Armonk，N. Y.：M. E. Sharpe，2001，第 50 页。

② 托马斯·O. 威尔金森（Thomas O. Wilkinson）：《1868 ~ 1955 年日本劳工的城市化》（*The Urbanization of Japanese Labor: 1868 - 1955*），Amherst：University of Massachusetts Press，1965，第 22 ~ 23 页。

幌增长得更快。[①]

东京成为日本所有城市的龙头。在取代京都成为王室所在地后，东京获得了成为全国精神和世俗的都城的“合法性”。[②]许多处于领先地位的商界大牌企业发现把其总部设在东京好处多多，所以他们更偏爱东京，而不是传统的商业中心如大阪或其他新兴工业城市。[③]

1923 年关东大地震，东京遭受了摧毁性打击，死了 10 万余人，数百万人无家可归。但东京很快复兴起来，保持甚至强

---

① 卡尔·莫斯科：《日本工业史》，Armonk，N. Y.：M. E. Sharpe，2001，第 55、201、202 页；理查德·蔡尔德·希尔、藤田训子（Richard Child Hill and Kuniko Fujita）：《世界经济中的日本城市》（“Japanese Cities in the World Economy”）；中村八郎（Hachiro Nakamura）：《战前日本的城市发展》（“Urban Growth in Prewar Japan”），载于藤田训子、理查德·蔡尔德·希尔主编《世界经济中的日本城市》（*Japanese Cities in the World Economy*），Philadelphia：Temple University Press，1993，第 5、30 页；格伦·T. 特里瓦撒（Glenn T. Trewartha）：《日本地理》（*Japan：A Geography*），Madison：University of Wisconsin，1965，第 161 页。

② 马里尤斯·B. 詹森（Marius B. Jansen）：《剑桥日本史，卷五：19 世纪》（*The Cambridge History of Japan*，*Vol. 5*：*The Nineteenth Century*），Cambridge，Eng.：Cambridge University Press，1988，第 731 页；中村八郎：《战前日本的城市发展》，载于《世界经济中的日本城市》，Philadelphia：Temple University Press，1993，第 30 页。

③ 卡尔·莫斯科：《日本工业史》，Armonk，N. Y.：M. E. Sharpe，2001，第174～175 页；托马斯·O. 威尔金森：《1868～1955 年日本劳工的城市化》，Amherst：University of Massachusetts Press，1965，第 45 页。

化了它在全国的支配地位。到20世纪30年代，东京号称拥有一个兴盛的中心商业区，高楼林立，百货商店云集，交通系统完备。[①] 东京成为自工业化以来亚洲第一个能与纽约或伦敦相媲美的城市，甚至一度想超过它们。

“钢铁大鳄”

尽管有这些辉煌的成就，但工业化在社会、道德和环境等方面都造成了某种灾难性后果。一个作家注意到，甚至在19世纪后期，“还能看到丹顶鹤在东京的上空翱翔”，狐狸和獾类动物在大量繁衍，隅田河的河水还可以用来沏茶。[②] 但到了20世纪20年代，日本城市出现了日益恶化的环境污染，到处是丑陋不堪的景象，他们传统宗教信仰和古代文化所赖以依存的美轮美奂的自然环境遭受了灭顶之灾。靠运河串联起来的大阪曾被称为“水城”，现在成了“烟城”，它的运河臭气熏天，充斥着有毒化学物。[③]

新技术当然也带来很多神奇的变化。从前的农夫乘上了由电力公司运营的火车和有轨电车，到城里工厂做工。出身卑微

---

① G. C. 艾伦：《约会在日本：六十年回忆录》，London：Athlone Press，1983，第124~125页。

② 西山松之助（Nishiyama Matsunosuke）：《江户文化：1600~1868年日本城市中的日常生活与娱乐》（*Edo Culture：Daily Life and Diversions in Urban Japan，1600－1868*），杰拉尔德·格勒默尔译，Honolulu：University of Hawaii Press，1997，第9页。

③ 卡尔·莫斯科：《日本工业史》，Armonk，N. Y.：M. E. Sharpe，2001，第217页。

的工匠或穷困潦倒的武士也超越了古代流传下来的阶级障碍，成为日本新兴工业经济的新领导人物。曾经对学者和政府官员们封闭的信息现在也可广为利用，其途径是普及教育，市场化大批量的书刊报纸，还有广播。

但是人们还是普遍感觉到，传统观念和高尚的生活方式现在受到了非人性化和危险的外来力量的冲击。19 世纪 60 年代发行的地图曾标示风景名胜和历史古迹；新时代的铁路地图索性摒弃这些文化和审美的因素，纯粹是计量距离而已。

作家夏目漱石 1916 年时曾在其著述中抨击这个“钢铁大鳄”肢解乡村、威胁个性的存在的“暴力方式”。[①] 这个“钢铁大鳄”似乎要用烟尘蔽日的工厂和灰暗的水泥建筑取代传统日本城市生活中欢快而丰富多彩的古代中心性标志，如城墙、庙宇和大型中心市场。[②]

重塑日本城市

20 世纪 20 年代末 30 年代初，险峻的经济形势导致很多日本人质疑西方模式的合理性。日本领导人也越来越多地思考如何使其更加城市化的社会需求与根深蒂固的传统主义、

① 比阿特丽克斯·M. 波达特－贝利（Beatrice M. Bodart-Bailey）：《城市化和德川霸权的特性》（“Urbanisation and the Nature of the Tokugawa Hegemony”），选自《历史视角中的日本首都》，第 175、199 页。

② 托马斯·O. 威尔金森：《1868～1955 年日本劳工的城市化》，Amherst：University of Massachusetts Press，1965，第 77～78 页。

往往是过分的排外情感相协调。有些日本人并不认可或接受这种冲突以及与欧美工业城市相伴生的反常状态，而是寻求用更习惯的又少有争议的扩展家庭网络的定义构建城市社会的方式，这就是社会学家植节子所说的“房屋的理念或意识”。[①]

维护“房屋”的等级结构会强化父母、厂主、军事和政治领导人最终是天皇的权威。很多政府和学界领导人物现在都认为西方应对反对派的理念和渐进式民主变革不适合日本。相反，用教育部精神文化研究所的话来说，他们寻求某些使“国家尽善尽美、全国一心”的方式。[②]

把这些道义上的一致贯彻到一个日益复杂的城市化的社会，需要高度的组织管理和纪律约束。工人阶级组织或可以同化，或需要压制。[③] 当局也发起一些防范西方影响的文化讨伐运动，所抨击的对象从西方的时装和爵士乐到好莱坞电影或女性解放主张。东京、大阪和其他日本大城市都是受西方影响最

---

① 托马斯·O. 威尔金森：《1868～1955年日本劳工的城市化》，Amherst：University of Massachusetts Press，1965，第122～123页。

② 约翰·W. 道尔（John W. Dower）：《战争没有怜悯：太平洋战争中的种族与权力》（*War without Mercy：Race and Power in the Pacific War*），New York：Pantheon，1986，第31页。

③ 伊夫林·S. 科尔伯特（Evelyn S. Colbert）：《日本政治的左翼》（*The Left Wing in Japanese Politics*），纽约，太平洋关系研究所，1952，第33页；乔治·奥克利·托顿三世（George Oaklcy TottenⅢ）：《战前日本的社会民主运动》（*The Social Democratic Movement in Prewar Japan*），New Haven：Yale University Press，1966，第106～107、259页。

深的，自然也要肃清从纽约、洛杉矶和伦敦舶来的文化标准。①

除了这些道义改革外，日本的城市规划者们也寻求某些方法来重塑与传统生活方式更加匹配的城市生活。有日本这个日益丰厚的帝国的财富可利用，有些人致力于在满洲、朝鲜和崛起中的“大东亚共荣圈”的其他地方创建新的理想的城市中心。

在靠近他们家乡较近的地方如东京和名古屋，他们制订规划，用绿带和洁净的卫星社区取代蔓延的住宅街区。日本最有影响的规划师西山夘三就是把他的城市视野放在传统的邻里结构“町”（Machi）上。工作和居住将尽可能地结合在一起，使居民的生活方式与传统的村落更接近。西山秉承传统理念，反对那种以美国城市为典型的高层建筑，赞成发展他所说的“生活圈”，即分散化的自我管理的邻里社区。

纳粹的实验

西山和其他日本规划师从国家社会主义理论家戈特弗里

① 罗伯特·J. C. 布托（Robert J. C. Butow）：《东条英机与战争的来临》（*Tojo and the Coming of the War*），Stanford，Calif.：Stanford University Press，1969，第146～148页；约翰·W. 道尔：《战争无情：太平洋战争中的种族和权力》，New York：Pantheon，1986，第228～229页；谢尔登·加戎（Sheldon Garon）：《成型的日本人思想：日常生活中的国家》（*Molding Japanese Minds：The State in Everyday Life*），Princeton，N. J.：Princeton University Press，1997，第82～83页。

德·费德所阐发的新传统主义思想中获得灵感。费德在其《新城市》(*die neue Stadt*)一书中，极力赞成产生一个分散化的由农业区域所环绕的城市区。① 费德与西山和其他日本规划师一样，认为欧美社会在世界范围内对他所称谓的传统价值产生了消极影响，他对此深感不安。②

像在日本一样，德国工业革命虽然稍晚一些，但也带有突发性，产生很多悬而未决的结果。这一点在新近统一的德国首都柏林比其他任何地方都更明显。几个世纪以来，柏林一直是普鲁士的“兵营城镇”，死气沉沉，毫无生机。19 世纪末，它突然一跃成为人口达 150 万之众的大都市。在其周围出现大量工厂，一位观察家发现，那里的“每一个烟筒都喷涌出滚滚浓烟，火花四溅，仿佛它就是

① 卡罗拉·海因(Carola Hein):《梦想的计划与计划者：日本的传统与西方的影响》(“Visionary Plans and Planners: Japanese Traditions and Western Influences”)，选自《历史视角中的日本首都》，第 309 ~ 342 页。

② 杰弗里·M. 迪芬多夫:《西德人关于城市规划的辩论》(“The West German Debate on Urban Planning”)、《美国对西欧的影响：美国化与西方化在大西洋彼岸的视角》(“The American Impact on Western Europe: Americanization and Westernization in Transatlantic Perspective”)，德国历史研究所会议，华盛顿哥伦比亚特区，1999 年 3 月 25 日至 27 日；克劳斯·P. 费希尔(Klaus P. Fischer):《纳粹德国：新的历史》(*Nazi Germany: A New History*)，New York: Continuum，1995，第 116 ~ 117 页；乔吉姆·里曼克(Joachim Remak):《纳粹时代：记录历史》(*The Nazi Years: A Documentary History*)，Englewood Cliffs，N. J.: Prentice Hall，1969，第 30 页。

伏尔甘[①]引发的火城”。

柏林这个统一后的德国之都被普遍认为是欧洲最现代化的城市，它也被看成是“美国缩微版”或者“狂热的芝加哥”。[②]这种迅速发展给它带来了工业城市常见的问题：贫民窟式住房、犯罪、层出不穷的违法乱纪现象。到1900年，柏林既是欧洲最拥挤的城市，也是激进的社会党人潜滋暗长的主要中心。[③]

柏林兴盛的工业吸引了德国乡间的农民，也吸引了邻国波兰穷困潦倒的内陆地区的移民。很多新来者都被这样一座“金钱经济”压倒传统价值的城市弄得神魂颠倒。一位柏林人、社会学家格奥尔格·齐美尔（Georg Simmel）注意到：

> 在每一个街道交叉口，随着经济、各个行业和社会生活的迅速发展和多样化，这座城市在心理生活的感觉基础

---

① 伏尔甘是古罗马宗教所信奉的火神，专门象征破坏性的火。——译者注

② 菲利普·奥斯瓦德（Philipp Oswald）：《柏林：一座无形之城》（*Berlin: A City without Form*），http://www.urban-os.com/think-pool/one? think_ id=3164；海伦·梅勒（Helen Meller）：《19世纪90年代至20世纪30年代欧洲城市的历史、文化和环境》（*European Cities 1890s – 1930s: History, Culture and The Built Environment*），New York：John Wiley，2001，第10页；A. E. J. 莫里斯：《城市结构史：工业革命之前》，London：Longman，1994，第166~167页；亚历山德拉·里奇：《浮士德的都市：柏林史》，New York：Carroll and Graf，1998，第141、144页。

③ 安德鲁·利斯：《城市观察：1820~1940年欧洲和美国的城市社会》，New York：Columbia University Press，1985，第119~121页；亚历山德拉·里奇：《浮士德的都市：柏林史》，New York：Carroll and Graf，1998，第163、167页。

方面与小城镇和农村生活形成了明显的反差。[1]

如同在日本一样，这种对德国人"心理生活"的抨击导致一种对舶来品的恐慌。长期以来被欧洲人憎恨、恐惧和愤懑的犹太人，在这种日见增长的排外情绪中首当其冲。[2] 1895年，维也纳这个德语世界的心理文化之都的选民选举了公开反对亲犹太主义的卡尔·卢埃格尔为市长。

卢埃格尔市长在反对亲犹太主义方面所进行的成功的鼓动宣传给一位年轻的乡巴佬阿道夫·希特勒以深刻印象，当时希特勒还是在维也纳为生计而奔波的小艺术家。几十年以后，这位国家社会党领袖把卢埃格尔称为"纵贯古今的全能市长"。[3]

---

① 格奥尔格·齐美尔：《大都市和精神生活》（"The Metropolis and Mental Life"），引自《格奥尔格·齐美尔的社会学》（*The Sociology of Georg Simmel*），库尔特·H. 沃尔夫（Kurt H. Wolff）译，New York：Free Press，1950，第410～413页。

② 乔吉姆·里曼克：《纳粹时代：记录历史》，Englewood Cliffs，N. J.：Prentice Hall，1969，第8～9页；威廉·阿普尔曼·威廉斯（William Appleman Williams）：《现代美利坚帝国之根基：对市场社会中社会意识的成长和塑造的研究》（*The Roots of the Modern American Empire：A Study of the Growth and Shaping of Social Consciousness in a Marketplace Society*），New York：Random House，1969，第204页。

③ 卡尔·迪特里希·布雷克（Karl Dietrich Bracher）：《德国独裁统治：国家社会主义的起源、结构和影响》（*The German Dictatorship：The Oringins，Structure and Effects of National Socialism*），琼·斯坦伯格（Jean Steinberg）译，New York：Praeger，1970，第45页；卡尔·E. 斯库斯克（Carl E. Schorske）：《世纪末维也纳的政治与文化》（*Fin de Siecle Vienna：Politics and Culture*），New York：Knopf，1979，第5～6页。

像卢埃格尔一样，希特勒和国家社会党人包括他的顾问戈特弗里德·费德，都把犹太人看成是对德国城市中产阶级在经济和道义上的主要威胁。① 因为这些犹太人精于理财并且在鼓吹社会主义方面异常活跃。

像日本一样，纳粹发动了一场范围更加广泛的文化战争，凡是他们认为属于外国的艺术、音乐和文化，一概反对之。他们发起运动反对盎格鲁—美利坚风格的服饰，反对“堕落的”爵士乐以及当时在德国城市里已很流行的文学。此类所谓堕落的现象在柏林最突出，当地的党务头头约瑟夫·戈培尔把柏林嘲讽为“邪恶的老巢”。②

一旦当权，希特勒立即抛弃了费德的使城市区域分散化的主张，让这位老导师处于体面的半退休状况。当然，纳粹党人并没有退回到过去的农村生活，而是寻求把城市塑造为他们自己选择的“另一种现代化模式”。③ 希特勒也没有削减柏林的人口，而是坚持认为柏林“应该被提升到可与世界上所有其他首府城市相抗衡的较高文化层次”。

---

① 《德国国家社会主义工人党的计划》（*Program of the National Socialist German Workers Party*），第 27 ~ 29 页。

② 迈克尔·伯利、沃尔夫冈·卫普曼（Michael Burleigh and Wolfgang Wippermann）：《种族主义国家：1933 ~ 1945 年的德国》（*The Racial State: Germany, 1933 - 1945*），Cambridge, Eng.: Cambridge University Press, 1991，第 220 ~ 222 页。

③ 罗杰·伊特威尔（Roger Eatwell）：《法西斯主义：一个三维的途径》（*Fascism: A Three Dimensional Approach*），最终稿，亚历山德·坎皮（Alessandro Campi）主编，Rome: Antonio Pellicani, 2000。

在 1936 年大事张扬地开完奥林匹克运动会之后，希特勒的主要设计师阿尔伯特·斯皮尔拟定了一些周密的计划，试图把柏林转变成德国式的、人口众多的大都市，成为古罗马或巴比伦的今日版本。根据该规划，柏林将铺设宽阔的大道，设立几个可举行大型仪式的中心，包括一个可容纳 12.5 万人的带穹顶的大会堂，以及可容百万之众的阿道夫·希特勒广场。

然而，并不是费德的所有主张都被弃置不用，在纳粹党人对新开发的东部领地规划中，设计了一个由德国人支配的密集的工业中心所组成的“群岛”，周围是农业聚落和传统的村镇。① 这些大而不当的规划，像日本帝国主义者的那些规划一样，随着第二次世界大战这场浩劫而灰飞烟灭。日本和德国的这些城市成为一片废墟，它们将再度崛起，但这次是在美国人的监护之下。

俄国：第三种选择

俄罗斯的城市化远远落在包括日本和德国等其他国家的后面。1689 年代加冕的彼得大帝曾在欧洲广为游历，造访过诸如伦敦和阿姆斯特丹等大城市。他所设想的帝国之都应该是现代的，而且有外向性特征。他认定，唯有俄罗斯能与欧洲竞争

① 克劳斯·P. 费希尔：《纳粹德国：新的历史》，New York：Continuum，1995，第 367 页；亚历山德拉·里奇：《浮士德的都市：柏林史》，New York：Carroll and Graf，1998，第 407、432、437 页。

对手平起平坐之时，他们才敢对西方“有所不恭”。①

彼得大帝的新都圣彼得堡于1703年奠基，设计理念是把荷兰的商业能量与意大利和凡尔赛的富丽堂皇的建筑艺术结合起来。它将包罗万象：亚洲的、反西方的、粗拙的、庸俗的、沉闷的、乡野的，而不似莫斯科。②

作为新的政治中心所在地，圣彼得堡迅速扩展，到1796年凯瑟琳女王时期已达到20万人口，到19世纪中叶再增长到50万人。③ 制造业发展略为迟缓。像北美一样，俄罗斯有发展工业的天然有利条件：丰富的自然资源，幅员广阔的土地，密如蛛网的江河水系。这种自然界的有利优势却被每况愈下的社会秩序抵消了。直至1861年，全国大部分人口，包括很多临时居住在首都的，都是被束缚在各自村落土地上的农奴。④

---

① W. 布鲁斯·林肯（W. Bruce Lincoln）：《午夜阳光：圣彼得堡和现代俄罗斯的崛起》（*Sunlight at Midnight: St. Petersburg and the Rise of Modern Russia*），New York：Basic Books，2002，第1~3页。

② 罗杰·P. 巴特利特（Roger P. Bartlett）：《人类的首都：外国人在俄罗斯的拓殖历程》（*Human Capital: The Settlement of Foreigners in Russia*），Cambridge，Eng.：Cambridge University Press，1979，第1~2、94~95页。

③ 雷金纳德·E. 泽尼克（Reginald E. Zelnik）：《沙皇俄国统治下的劳工和社团：1855~1870年圣彼得堡的工厂工人》（*Labor and Society in Tsarist Russia: The Factory Workers of St. Petersburg, 1855-1870*），Stanford，Calif.：Stanford University Press，1971，第221页。

④ 雷金纳德·E. 泽尼克：《沙皇俄国统治下的劳工和社团：1855~1870年圣彼得堡的工厂工人》，Stanford，Calif.：Stanford University Press，1971，第23、27页；尼古拉斯·V. 雷萨诺维斯基：《俄国史》，New York：Oxford University Press，1963，第309页。

甚至在农奴制被废除之后，俄罗斯城市也仍然缺少大量独立的财产所有者阶层人士，而在英美国家城市增长方面这些人是非常关键的。大部分经济资源仍掌握在国家和贵族以及越来越多的外国投资人手中。中等阶层主要是小商贩、官吏、学者和其他服务于当权部门的专业人士。①

这种高流动性的阶级结构以及独裁性的政治体制，扩大了城市人口和当权者之间的鸿沟。渐进性改革毫无希望，国家的进步也遥不可及，中产阶级和工人阶级日益变得激进起来。②

通向革命之路

俄罗斯工人和中产阶级的愤懑有其充分的理由。自俄罗斯开始工业化以来，其市政体制和基本设施就在封建的历史中徘

---

① 丹尼尔·R. 布劳尔（Daniel R. Brower）：《1850～1900 年传统与现代之间的俄罗斯城市》（*The Russian City between Tradition and Modernity, 1850 - 1900*），Berkeley：University of California Press，1990，第 9、13～14、23、202、221 页；尼古拉斯·雷萨诺维斯基：《尼古拉斯一世和俄罗斯的民族性，1825～1855》（*Nichlas I and Official Nationality in Russia, 1825 - 1855*），Berkeley：University of California Press，1959，第134～135 页。

② 阿纳托尔·G. 曼殊（Anatole G. Mazour）：《1825 年第一次俄国革命：十二月党人运动的起源、发展和意义》（*The First Russian Revolution, 1825: The Decembrist Movement, Its Origins, Development, and Significance*），Stanford，Calif.：Stanford University Press，1961，第 261～272 页；雷金纳德·E. 泽尼克：《沙皇俄国统治下的劳工和社团：1855～1870 年圣彼得堡的工厂工人》，Stanford，Calif.：Stanford University Press，1971，第 17 页。

徊。莫斯科的这座古都依然是密密麻麻的，只有一层的木制建筑的杂乱堆积，简陋粗糙，连下水设施都没有；没有专业治安队伍和起码的医疗保障系统。

这些现实与统治阶级的奢侈生活之间的反差在圣彼得堡体现得最突出，在那里，如同格戈尔所注意到的，“每一件事情都是虚幻的，每一件事情都是梦境，每一件事情都不是它应该的样子”。从意大利高雅风格的冬宫向外几步之遥，就是工人居住的通风不良、臭气熏天的贫民窟，圣彼得堡是当时欧洲病态特征最明显的城市。

圣彼得堡的工业结构主要由大型制造业构成，这在客观上反而有利于工人创立群众性组织。在满足他们基本的食物供应和改善工作条件的要求失败后，工人组成了苏维埃或自治委员会，并很快将之转变成政权组织形式。① 1917 年 10 月，圣彼得堡工厂的工人在一个到处是农业人口、城市居民少而又少的国度里，催生了一个新的政权，成为除英美工业城市以外的第三种类型的城市。

① 劳拉·恩格斯坦（Laura Engelstein）：《1905 年莫斯科的工人阶级组织和政治冲突》（*Moscow 1905: Working-Class Organization and Political Conflict*），Stanford，Calif.：Stanford University Press，1982，第 13、27 页；W. 布鲁斯·林肯：《午夜阳光：圣彼得堡和现代俄罗斯的崛起》，New York：Basic Books，2002，第 9 页；雷金纳德·E. 泽尼克：《沙皇俄国统治下的劳工和社团：1855 ~ 1870 年圣彼得堡的工厂工人》，Stanford，Calif.：Stanford University Press，1971，第 240 ~ 241 页；尼古拉斯·V. 雷萨诺维斯基：《俄国史》，New York：Oxford University Press，1963，第 470 ~ 474 页。

苏维埃体制

如果有区别的话，获胜的布尔什维克政权被证明比沙皇政权更加独裁专制。它们对西方实利主义的抵制比之日本和纳粹更加广泛深入。小说家阿列克塞·托尔斯泰回忆："每一样事情都被取消了，包括级别、荣誉头衔、补助金、官员的肩章、字母表的第13个字母、上帝、私有财产，甚至人们希望生活的权利。"①

共产主义者欣赏彼得大帝试图产生一个高度城市化的俄罗斯的梦想。一位历史学家注意到，直至1917年，俄罗斯的城市也不过是"农民汪洋大海中的几个孤岛"，只有15%的人口居住在城市中心。随着共产党人权力的强化，他们决心改变历史，使这些孤岛变得更大、更有实力。②

作为苏维埃选定的首都，莫斯科重新获得有利地位。把莫斯科的人口保持在一个令人满意的程度上现在已是布尔什维克领导人的一个关键的政治任务。列宁注意到："把莫斯科的工人从饥饿中拯救出来就是拯救革命。"食物往往是用武力从农

① W. 布鲁斯·林肯：《午夜阳光：圣彼得堡和现代俄罗斯的崛起》，New York：Basic Books，2002，第242页。

② 威廉·J. 蔡斯（William J. Chase）：《工人、社会和苏维埃国家：1918～1929年莫斯科工人及其生活》（*Workers, Society, and the Soviet State: Labor and Life in Moscow, 1918－1929*），Urbana：University of Illinois Press，1987，第6～7页；保罗·E. 莱恩多夫（Paul E. Lydolph）：《苏联地理》（*Geography of the U. S. S. R*），New York：John Wiley，1964，第275页。

民手中夺过来，为这些新的统治阶级、城市无产者充饥。①

1917～1921年的内战使莫斯科人口剧减，但在20年代中期开始迅速增长，到20年代末达到200万人。随着统治秩序的稳固，死亡率下降，出生率飙升。每一年都有数以千计的雄心勃勃但又饥肠辘辘的人涌入这座城市，试图在这个新的权力中心找到工作。②

更具有世界性特征的圣彼得堡情况更糟，它于1924年被改名为列宁格勒，以纪念这位过世的苏维埃创立者。早在日本和德国的统治者之前，共产党人就发起了横扫西方城市文化的运动。任何人只要收到从国外来的信，都会被遣送到数量不断增加的集中营（gulag）中去。20世纪30年代的大清洗运动迫害了圣彼得堡大多数知识分子和文艺界的精英，包括赫米塔西国立博物馆的50个馆员。③

“磨快斧头”

苏维埃同样也不尊重城市在其演化过程中所发挥的神圣之地的作用。下诺夫格罗德市很快就被改名为高尔基市；查里津

① 威廉·J. 蔡斯：《工人、社会和苏维埃国家：1918～1929年莫斯科工人及其生活》，Urbana：University of Illinois Press，1987，第24～25页。

② 威廉·J. 蔡斯：《工人、社会和苏维埃国家：1918～1929年莫斯科工人及其生活》，Urbana：University of Illinois Press，1987，第73页。

③ W. 布鲁斯·林肯：《午夜阳光：圣彼得堡和现代俄罗斯的崛起》，New York：Basic Books，2002，第231～233页。

市变成斯大林格勒市；沙皇尼古拉二世及其家人被斩杀的城市叶卡捷琳堡市被改为一位苏维埃领导人的名字——斯维尔德洛夫斯克市。新近更名为列宁格勒的城市景观以成片的新住宅群落、办公楼群和商业用房为主，用一位作家的话说，呈现出“沉闷的新古典风格”。①

莫斯科经历了更剧烈的变化。斯大林这位从边远的格鲁吉亚来的乡巴佬并不看好城市的价值，在这一点上他都不如在维也纳和慕尼黑长大的希特勒，也比不上对本国城市历史有偏爱的日本的民族主义者。令大多数建筑界人士感到恐怖的是，苏维埃的这位独裁者竟下令拆除该城宏伟的、用俄罗斯信徒的钱建造的救世主大教堂，另建一个新的苏维埃宫殿，而且斯大林竟把这个建筑称为“数百万苏维埃民主的创造性理念”的纪念碑。

赫鲁晓夫继斯大林之后成为苏维埃民主的领导人，他对城市同样具有相似的复杂微妙的情感。他于 1937 年曾说：“在建造莫斯科的过程中，我们不在意搬走一棵树，一个小教堂或是某种教堂，诸如此类。”② 赫鲁晓夫下令拆毁原有的老城，包括它的凯旋门、老的塔楼和城墙。当建筑师们恳求他保留一些

---

① W. 布鲁斯·林肯：《午夜阳光：圣彼得堡和现代俄罗斯的崛起》，New York：Basic Books，2002，第 260 ~ 261 页；威廉·亨利·钱伯林（William Henry Chamberlin）：《俄罗斯的钢铁时代》（*Russia's Iron Age*），Boston：Little，Brown，1935，第 5 页。

② 德米特里·沃尔科古诺夫（Dmitri Volkogonov）：《斯大林的胜利与悲剧》（*Stalin：Triumph and Tragedy*），哈罗德·舒卡曼（Harold Shukman）译，New York：Grove Weidenfeld，1991，第 234 页。

有历史性纪念意义的建筑时，他的回答是让他手下的建筑人员继续“磨快斧头”。①

共产党人试图提高制造业生产能力，在城镇建设方面发起一次雄心勃勃的大跃进，到20世纪30年代，苏维埃政权的工业生产能力已远远超过沙皇时期的工业生产能力。马格尼托哥尔斯克崛起为干旷草原上的一个钢铁巨人，是苏维埃新城市的典型：没有清真寺、没有教堂、没有自由市场，主要人口构成是被一些狂热的青年共产党人组成的军团驱赶下的强制劳动力。像英国在资本主义工业化早期阶段的牺牲品一样，苏维埃国家的这些强制劳动力忍受着恶劣的工作环境，受各种流行病如伤寒、斑疹伤寒和其他传染性疾病的威胁。②

在某种意义上，苏维埃的城市政策确实是成功了：他们把一个以农村为主的国家完全转变成大部分是城市居民的国家。到20世纪30年代，莫斯科和列宁格勒等城市跻身于欧洲大城市之列，其他略小一些的，尤其是工厂城如斯维尔德洛夫斯克、高尔基、斯大林格勒和车里雅宾斯克等扩展得更快。1939～1959年，苏联的城市人口增加了3000万，而农村人口减少2000万。到1960年，50%的苏联公民是城市居民。③ 此

① 德米特里·沃尔科古诺夫：《为帝国验尸：创建苏联政权的七个领袖》（*Auto for an Empire*：*The Seven Leaders Who Built the Soviet Regime*），哈罗德·舒卡曼译，New York：Free Press，1998，第184～185页。

② 威廉·亨利·钱伯林：《俄罗斯的钢铁时代》，Boston：Little，Browm，1935，第51～53页。

③ 保罗·E. 莱恩多夫：《苏联地理》，New York：John Wiley，1964，第275页。

外，也有些闻名遐迩的建设成就，如莫斯科地铁和新的电气化系统。

共产主义的城市遗产

第二次世界大战以后，苏联城市的状况逐渐有所改善。食品丰富起来，长期的住房短缺问题也得到了缓解。然而，作为居家生活的地点，共产党人的城市依然昏暗呆滞，了无生气，自发的商业活动被限制在偶然为之的农民市场或者悄然兴起的地下经济的不轨行为中。社会生活很少集中在街道或公共场合，更多的是亲朋好友挤在狭小的公寓住宅里，自娱自乐。

最说明问题的是，苏维埃没能产生城市生活的标准，即使与西方城市相比差得很远的标准也没有，如果考虑到这种体制号称推崇“唯物主义”价值体系，就更说明问题了。赫鲁晓夫在 20 世纪 70 年代时还在自我吹嘘苏联的生活质量将“超过”美国的生活质量，这对于那些在舒适程度方面远远落后于不仅是西方甚至包括崛起中的亚洲国家的苏联城市居民而言，颇为尴尬。[①]

随着共产党政权在 20 世纪 80 年代后期步入四面楚歌的窘境，情况更糟糕。莫斯科和其他大城市的大批高层建筑开始渐渐破损。俄罗斯城市化程度很高的欧洲部分的城市有 2/3 供水

---

① N. S. 赫鲁晓夫：《社会主义与共产主义：1956 ~ 1963 年选集》(*Socialism and Communism: Selected Passages* 1956 - 1963), Moscow: Foreign Languages Press, 1963，第 18、43 页。

紧张，无法满足居民最低生活需要，大多数苏联城市空气污染的程度比西方任何城市的都严重。①

共产党人的城市主义本意是试图修补工业城市的缺损，但实际上在每一个方面都没有实现其初衷，尤其在道义问题上。尼古拉斯·别尔加耶夫（Nicolas Berdyaev）曾注意到，共产党人寻求培养一种有更高抱负的“新人”，但其“唯物主义”哲学最终把人转变成一种“平面的二维结构物体”。在城市和个人的神圣的特质及其历史被剥夺之后，苏维埃的实验留下了一份灰暗而贫乏的城市遗产。②

---

① 德米特里·沃尔科古诺夫：《为帝国验尸：创建苏联政权的七个领袖》，New York：Free Press，1998，第 280 页；《俄罗斯环境前景》（*The Environmental Outlook in Russia*），俄罗斯国家情报委员会，1999 年 1 月。

② 尼古拉斯·别尔加耶夫：《俄罗斯共产主义的起源》（*The Origin of Russian Communism*），Ann Arbor：University of Michigan Press，1960，第 182 页。

第六部分

现代大都市

第十四章
追求“更好的城市”

和许多在 19 世纪即将结束时到过洛杉矶的人一样，达纳·W. 巴特利特（Dana W. Bartlett）能够感觉到“沿西海岸蜿蜒分布的……一个伟大的城市”正在崛起。[①] 洛杉矶当时是一个人口不到10万的聚居地，开发商为了满足源源不断到来的东部移民的住房需求，你追我赶，大兴土木，新的建筑工地热闹非凡。

在这个一度沉寂的墨西哥村落，企业界领袖们憧憬着一个大都市，用铁路大亨亨利·亨廷顿的话说，这个大都市“如果不是世界最重要城市的话，也将注定成为本国最重要的城市”。[②] 作为新教牧师的巴特利特由衷地赞同这种信念，但同时他也渴望更多的东西——期盼一个健康且美丽的城市模式。

---

① 达纳·W. 巴特利特：《更好的城市：现代城市的社会学研究》（*The Better City*：*A Sociological Study of a Modern City*），Los Angeles：Neuner Company Press，1907，第 1 页。

② 凯里·麦克威廉（Carey McWilliam）：《南加利福尼亚乡村：陆地上的岛屿》（*Southern California Country*：*An Island on the Land*），New York：Duell，Sloan and Pearce，1946，第 213 页。

洛杉矶的愿景

来洛杉矶之前，巴特利特是圣路易斯的一名牧师，那里拥挤不堪的贫民窟和浓烟滚滚的工厂给居民的心灵和自然景观留下了创伤。洛杉矶则是一个气候温和、风景迷人、视野清新、地域开阔和工业经济略有发展的地方，巴特利特希望它成为“激发人们向往高贵生活的地方。”①

1907 年，巴特利特在其名为《更好的城市》的论著中展示了一个有规划的“美丽城市”的蓝图，它将为城市居民提供便捷的途径，得以享受海滩、绿地和青山。利用地理开阔的优势，制造业工厂可以被迁移到城市边缘，工人阶级的住房也可以向外扩展，以避免拥挤。工人不再被禁锢在沉闷的多户合住的廉价公寓里，而将住在整洁雅致的独门独户的住宅中。②

许多洛杉矶的政界和企业界精英都拥护这种更具扩张性的城市主义理念。城市的形式不是漫无目的随意发展的产物，而应当是精心设计的人造乐园。比如在 1908 年，洛杉矶制定了全国首例综合城市区划法令，该法律鼓励次中心、独户住房的

① 达纳 · W. 巴特利特：《更好的城市：现代城市的社会学研究》，Los Angeles：Neuner Company Press，1907，第 37、211 页。

② 达纳 · W. 巴特利特：《更好的城市：现代城市的社会学研究》，Los Angeles：Neuner Company Press，1907，第 191 页。

发展以及工业向城市外围扩散。①

亨廷顿的太平洋电气铁路的延伸为城市地理扩展开创了一个模式。随后，汽车的大量使用更加速了洛杉矶向外扩散。早在20世纪20年代，洛杉矶居民汽车拥有量就是全国平均拥有量的4倍，是芝加哥居民的10倍。同时，与同时代美国城市相比，在洛杉矶，作为区域经济和社会中心的传统的市中心区的重要性降低。②

满足贪欲与追逐权力是促动城市发展的一般动机，但在洛杉矶地区的官员和开发商中也有很多人认为，他们正在营造一个更加优质、健康的城市环境。1923年，城市规划部主任自豪地宣称，洛杉矶已经成功地避免了“美国东部大都市区发展中所犯的错误”。他声称洛杉矶这个崭新的西海岸大都市将向人们示范“城市究竟应当如何发展”。③

---

① 戴维·格布哈特、哈里特·冯·布雷顿（David Gebhard and Harriette von Breton）：《30年代的洛杉矶（1931～1941）》（*Los Angeles in the Thirties: 1931 - 1941*），Los Angeles: Peregrine Smith，1975，第28页；威托尔德·雷布金斯基：《城市生活：新世界的城市展望》，New York: Scribner's，1995，第143页。

② 约翰·D. 韦弗（John D. Weaver）：《伟大的古老城镇：洛杉矶从洋格那茅草屋走向现代都市摩天大楼》（*El Pueblc Grand: Los Angeles from the Brush Huts of Yangna to the Skyscrapers of Modern Megalopolis*），Los Angeles: Ward Ritchie Press，1973，第38～39页。

③ 格雷格·海斯（Greg Hise）：《魔力洛杉矶：规划20世纪的大都市》（*Magnetic Los Angeles : Planning the Twentieth-Century Metropolis*），Baltimore: Johns Hopkins University Press，1997，第10～11页。

当地的新闻界为了吸引新的城市居民和读者，大力宣传这种城市理念。《洛杉矶快讯》的编辑炫耀说，城市的铁路和交通线早在“需求之前”就已铺设完毕。带有后花园的独门独户住宅的流行将把城市变成“世界上所有美好、健康和令人亢奋的标志”。他接着说，洛杉矶“将保留鲜花、果园和草地，保留来自海洋的让人精力充沛的自由空气，保留明媚的阳光和宽敞的居室”。①

到了 20 世纪 30 年代，这个理念在很大程度上成为现实。独户住房占城市居民建筑的比例达 93%，几乎是芝加哥的 2 倍。这些住房向城外更广阔的地域蔓延，如按城市地域面积计算，洛杉矶将成为世界上最大的城市。②

但事实证明，洛杉矶在实现由巴特利特和他的同辈人所推崇的这些理念时，显然并不很成功。洛杉矶把 1930 年奥姆斯特德 - 巴塞洛缪③规划中的城市开阔地的具体设计方案搁在

---

① 约翰 · D. 韦弗：《伟大的古老城镇：洛杉矶从洋格那茅草屋走向现代都市摩天大楼》，Los Angeles：Ward Ritchie Press，1973，第 48 ~ 51 页。

② 戴维 · 格布哈特、哈里特 · 冯 · 布雷顿：《30 年代的洛杉矶（1931 ~ 1941）》，Los Angeles：Peregrine Smith，1975，第 26 页；理查德 · 朗斯特雷思（Richard Longstreth）：《从城市中心到地区性的购物商场：1920 ~ 1950 年洛杉矶的建筑、汽车和零售业》（*City Center to Regional Mall：Architecture，the Automobile，and Retailing in Los Angeles，1920 - 1950*），Cambridge，Mass.：MIT Press，1997，第 13 页。

③ 奥姆斯特德 - 巴塞洛缪是一个著名的自然景观设计公司，该公司曾规划了纽约、布鲁克林、波士顿、布法罗、芝加哥和华盛顿特区等城市的开阔地带。——译者注

一边，在其偌大的空地上只留出了小面积的公园空地。久而久之，洛杉矶市不仅缺乏早期城市所具有的大面积公共区域，而且其城市促进者所大力主张的小城镇氛围也在迅速地消失。①

然而，不能把洛杉矶看成是一个失败的例证而加以摒弃。它由太平洋向西扩展到圣贝纳蒂诺沙漠地带，沿海岸线由北向南一直延伸至圣迭戈，为数以百万计的人提供了“更好的城市”，城市居民虽不能具有开阔的公共空间，但可以享受到单独的社区、私家住宅和后花园。20 世纪后半期，随着大量移民的涌入，洛杉矶人口膨胀。这些大多来自拉美和亚洲的移民同早期移民一样，购置房产，开办实业，在洛杉矶地区开始新的生活。②

更为重要的是，洛杉矶向世界展示了一个新的城市发展模式——分散、多中心和大规模郊区化。对现代城市来说，不论是在美国、古老的欧洲，还是在正在崛起的亚洲，洛杉矶都代表着都市的流行模式，恰如一位观察家所言，它是现代城市应该效仿复制的原型。

---

① 格雷格·海斯、威廉·德弗雷尔（William Deverell）：《精心设计的伊甸园：洛杉矶地区 1930 年奥姆斯特德－巴塞洛缪规划》（*Eden by Design*：*The* 1930 *Olmsted-Barthlomew Plan for the Los Angeles Region*），Berkeley：University of California Press，2000，第 6～8、22、39～51 页。

② 希尔蒂·梅迪恩（Hildy Median）：《洛杉矶工作机会的增长对大多数主要城市的冲击》（“L. A. Job Growth Beats Most Major Cities”），摘自《洛杉矶商业杂志》（*Los Angeles Business Journal*），1997 年 5 月 26 日。

郊区短暂的历史

洛杉矶郊区模式的兴起意味着城市演变模式出现重大变化。纵观历史，城市向来以高楼林立的景观和公共场所的繁华而引以为荣。最庄严肃穆、高大的公共建筑都耸立在城市中心或其附近，无一例外。特里尔、迦太基和罗马等最有活力的古代城市由于人口膨胀，城市建筑物不得不呈纵向发展，以便把更多的居民塞进城市的中心区域。

工业革命的开始极大地加快了城市发展速度，给城市地理施加了前所未有的压力。到 1800 年，欧洲城市与中世纪相比人口密度至少增加了 2 倍；一些美国城市，最突出的是纽约，甚至更加拥挤。[①] 原本是安全的避难所的内城，也开始成为犯罪猖獗的地方。[②]

即便如此，在工业化时代早期，人们并不清楚城市的边缘是城市的未来。最初只有穷人才搬移到城市的边缘，用长距离的通勤换取低廉的房租。历史学家肯尼思·杰克逊注意到："甚至郊区这个词也表示低贱的行为、狭窄的视野和污浊不堪

---

① 伊曼纽尔·托布勒：《工业时代的曼哈顿商业区》，选自《权力、文化和场所：纽约随笔》，New York：Russell Sage Foundation，1988，第 78 页。

② 鲁道夫·哈透格（Rudolf Hartog）：《没有限制的增长：对 20 世纪城市化的个案研究》（"Growth without Limits：Some Case Studies of 20th Century Urbannization"），选自《国际规划研究》（*International Planning Studies*）1999 年第 4 卷第 1 期，第 98 页。

的物体。”① 郊区通常保留着奇形怪状、破败不堪、被城市所遗弃的土砖房屋。②

“一根绳子上的50头洋葱”

在管理城市发展方面，巴黎通常采用的一个解决办法是重新规划城市中心地带，使之恢复生机。19世纪中期，拿破仑三世和他的行政官员奥斯曼男爵就采取过这种办法。英国是世界上城市化程度最高的国家，却采取了截然不同的方法治理城市扩大问题，该办法最终在遥远的洛杉矶找到了完全的表达方式。

首先，伦敦在城市问题的次序上与巴黎不同。到1910年它已经是世界第一大城市，人口是法国首都巴黎的3倍。③即使对19世纪富裕的伦敦人来说，这座城市也因人口拥挤

---

① 肯尼斯·杰克逊（Kenneth Jackson）：《马唐草边疆：美国的郊区化》（*Crabgrass Frontier: The Suburbanization of the United States*），New York：Oxford University Press，1985，第16～19页。

② 克劳斯·P. 费希尔：《纳粹德国：新的历史》，New York：Continuum，1995，第25页；弗兰克·J. 波帕（Frank J. Poppa）：《前工业化城市》（“The Pre-Industrial City”），选自《转变中的城市》，第43～45页；约翰·黑尔：《文艺复兴时期的欧洲文明》，New York：Touchstone，1993，第143页；罗伯特·菲什曼（Robert Fishman）：《资产阶级乌托邦：郊区的盛衰》（*Bourgeois Utopias: The Rise and Fall of Suburbia*），New York：Basic Books，1987，第20～21页。

③ 海伦·梅勒：《19世纪90年代至20世纪30年代欧洲城市的历史、文化和环境》，New York：John Wiley，2001，第1、8页。

而显得令人窒息。上流社会的住宅区，如布鲁姆斯玻利、贝尔格雷维亚和雷根特花园，似乎越来越成为灰暗、拥挤、毫无吸引力的被工业贫民窟海洋所包围的优美的城市孤岛。①

在寻求“更好城市”的过程中，伦敦官方没有像巴黎那样动用大量资源，重新开发首都的中心区。相反，他们只是容许一直在发生着的事情顺其自然，让城市空间逐渐扩展而不做任何干预。最初，只是最富有的城市居民迁移到乡村，在19世纪，越来越多的成功的中产阶级和工人阶级人士也汇入了向城市外围大迁移的浪潮。如果说，在中心城市拥有一套可心的公寓是向上层社会爬升的巴黎人的梦想的话，那么，在城市边缘的某个地方拥有一套独体或两家分享的小别墅则是伦敦人的追求。一位观察家在1843年指出，伦敦周围“郊区连着郊区，如同一根绳子上的50头洋葱”。②

英国其他主要城市的演进模式大体相似。在兰开夏郡和英格兰中部的巨大的工业中心，上至工业家下到普通职员，每个人都寻求搬离浓烟滚滚的厂区和交通堵塞的商业区。19世纪60年代，一位考察曼彻斯特和利物浦的观察家指出：“城里人

---

① A. E. J. 莫里斯：《城市结构史：工业革命之前》，London：Longman，1994，第110页。

② D. A. 里德（D. A. Reeder）：《郊区的剧院：1801～1911年伦敦西区的一些发展模式》（“A Theater of Suburbs：Some Patterns of Development in West London，1801－1911”），选自H. J. 戴欧斯（H. J. Dyos）主编《城市史研究》（*The Study of Urban History*），New York：St. Martin's Press，1968，第253页。

试图在购置一套乡间住房，使那里成为城市的一个角落，想方设法地不当城里人。”①

一个新的城市视野

许多英国人把这种城市分散模式看成是解决长期以来英国城市病的理所当然的办法。H. G. 韦尔斯（H. G. Wells）预测说，交通与通信技术的改进，尤其是通勤铁路线的改进，将必然消除人口和工业集中在城市中心地区的局面。与“大量人口聚集城市中心”正好相反，韦尔斯预见“人口很可能将离开城市中心”，向外分散。他预言，英国南部的所有地区最终将成为伦敦的领地，而介于奥尔巴尼与华盛顿特区之间的广阔区域将为纽约和费城提供地理基础。②

这种设想受到了达纳·W. 巴特利特等对工业城市带来的负面影响感到恐惧的人的广泛拥护。弗里德里希·恩格斯预言，随着资本主义制度被推翻，巨型城市将走向末路，工业无产阶级将分散到乡下。分散的城市居民将“把农村人口从孤立与麻木状态中拯救出来”，并将最终解决工人阶级持久的房

① 罗伯特·菲什曼：《资产阶级乌托邦：郊区的盛衰》，New York：Basic Books，1987，第75页。

② H. G. 韦尔斯：《对于人类生活与思想上的机械和科学进步的反应的期望》（*Anticipations of the Reaction of Mechanical and Scientific Progress upon Human Life and Thought*），London：Chapman and Hall，1902，第33～62页。

荒危机。[1]

郊区化也引起了很多保守思想家的兴趣。托马斯·卡莱尔（Thomas Carlyle）的观点为后来的改革者搭建了施展的舞台。他认为，工业城市的发展破坏了工人和其家庭、社区以及教堂之间的传统关系。工人和城市中产阶级移居大城市的外围地带的“乡村”是“历史的回溯”，它将把人们带回到更加健康与亲密的氛围当中。他希望妇女和儿童在小城镇或村庄中得到保护，以免受到城市里妓院、酒馆和娱乐场所的不良影响。[2]

英国城市规划家埃比尼泽·霍华德可能是城市人口分散倡导者当中最具影响力的人物。出于对当时工业大都市混乱的秩序、疾病、犯罪的恐惧，他提倡在郊区边缘创建“花园城市”。这些功能完备的城镇人口大约有3万，它们有自己的就业基地，村舍周围环境优美，四周都是农村。霍华德鼓吹说：“城镇和乡村必须联姻，这个快乐的复合体将孕育着新的希望、新的生活和新的文明。”

霍华德决心让自己的理论变成现实，他成为英国最早的两个规划的城镇——1907年的莱奇沃思镇和1920年的韦尔维恩

---

① 卡尔·E. 斯库斯克（Carl E. Schorske）：《欧洲思想中的城市概念》（“The Idea of the City in European Thought”），选自奥斯卡·汉德林（Oscar Handlin）、约翰·伯查德（John Burchard）主编《历史学家与城市》（*The Historian and the City*），Cambridge，Mass.：MIT Press，1963，第105～106页。

② 托马斯·卡莱尔：《作品选》（*Selected Writings*），艾伦·谢尔顿（Alan Shelston）编，Middlesex，Eng.：Penguin，1971，第64～65页；罗伯特·菲什曼：《资产阶级乌托邦：郊区的盛衰》，New York：Basic Books，1987，第34～61页。

镇——强有力的推动者。他的“花园城市”发展模式不久影响了美国、德国、奥地利和日本等全世界的城市规划家。①

“六居室住房及大院落”

甚至在英国的第一个“花园城市”建设之前，美国人就开始信奉城市人口分散的理念。到了19世纪70年代，费城地位显赫的家族正在撤离威廉·佩恩所建造的拥挤的老城街道，向树木繁茂的城市西区和北部的德国城迁移。后来郊区铁路的发展将城市大多数商业和职业人士从里顿豪斯广场地区吸引到了栗子山住宅区和其他“交通主干线”沿线社区。②

在远西部和整个中西部工业地区，人口向郊区转移的势头

---

① 威廉·彼得森（William Peterson）：《不列颠新城镇的思想起源》（“The Ideological Origins of Britain's New Towns”），选自欧文·刘易斯·艾伦（Irving Lewis Allen）主编《新城镇与郊区梦》（*New Town and the Suburban Dream*），Port Washington，N. Y.：University Publications，1977，第62~65页；卡尔·E. 斯库斯克：《世纪末维也纳的政治与文化》，New York：Knopf，1979，第108页。

② A. 迪格比·巴尔泽（A. Digby Baltzell）：《费城绅士：美国上层阶级的形成》（*Philadelphia Gentlemen*：*The Making of a National Upper Class*），New Brunswick，N. J.：Transaction Press，1989，第196~209页；约翰·莫德尔（John Modell）：《家庭决定的生态学：1880~1920年费城的郊区化、学校教育和人口出生率》（“An Ecology of Family Decisions：Suburbanization，Schooling and Fertility in Philadelphia，1880 - 1920”），选自《城市史杂志》（*Journal of Urban History*）1980年8月第6卷第4期，第397~417页。

尤其强劲。这些地区土地价格便宜，城市文化发育很不成熟。工人阶层向城市郊区迁移的原因显而易见，例如在1920年，一位芝加哥割肉工人愿意用他的“一套二楼四居室公寓住房”，换取远在西部郊区牧场山谷的一套“六居室住房及大院落”。①

20世纪20年代，随着汽车用户注册数量激增，全国其他地区郊区化的速度也随之加快，其发展速度达到城市的两倍。《国家地理》杂志1923年的报道指出，城市“正在向外扩展”。② 大萧条暂时延缓了人口向外迁移的速度，但这并没有减轻美国人向郊区迁移的渴望。③ 1931年，当美国经济跌至最低谷时，赫伯特·胡佛总统指出：

> 拥有自己的住房几乎是我们国家每个人的希望和志向，不管他住在宾馆，公寓，还是多户分租住房里……《家，温馨的家》《我的肯塔基老家》以及《西部灰暗的小屋》等不朽的歌谣写的并不是公寓和多户分租住房……④

---

① 乔恩·C. 蒂福德：《心脏地带的城市：美国中西部工业的兴起和衰落》，Bloomington：Indiana University Press，1994，第238～242页。

② 肯尼斯·杰克逊：《马唐草边疆：美国的郊区化》，New York：Oxford University Press，1985，第176页。

③ 斯科特·唐纳森（Scott Donaldson）：《郊区神话》（*The Suburban Myth*），New York：Columbia University Press，1969，第3页。

④ 肯尼斯·杰克逊：《马唐草边疆：美国的郊区化》，New York：Oxford University Press，1985，第172页。

第十五章
郊区的胜利

第二次世界大战后，美国郊区化的速度又一次加快，20世纪50年代，郊区人口显著增长，占全国城市人口增长的84%。这其中很大的原因是因为通过了资助退伍军人的法律，拥有住房成为中产阶级甚至工人阶级生活不可或缺的一部分。到80年代中期，美国家庭中的2/3拥有自己的住宅，家庭住房拥有率是经济繁荣的德国、瑞士、法国、英国和挪威的两倍。近3/4的美国劳工联合会和产业工会联合会的会员和绝大多数结构完整的家庭拥有自己的住房。①

曾经以农场和城市为主的美国，正在向郊区为主的国家转变。人们不再被限定在老城区或离城市中心不远的“城市电车郊区”，越来越多的郊区居民住在更加分散的新开发的郊区，如20世纪40年代末50年代初在长岛平原地带上兴起的

① 肯尼斯·杰克逊：《马唐草边疆：美国的郊区化》，New York：Oxford University Press，1985，第7页；斯科特·唐纳森：《郊区神话》，New York：Columbia University Press，1969，第4页。

莱维敦。[1] 为了让莱维敦之类的开发计划切实可行，纽约规划大家罗伯特·摩西曾帮助设计了道路系统，他了解这些新社区巨大的吸引力：

> 那些只有房屋颜色和所种植物略有区别的火柴盒式的普通郊区住宅，是成功的标志，在其他大陆上数以百万计的居民对此闻所未闻。狭小的住宅分块不仅反映了开发商的贪婪，也反映了房屋主人不愿修剪太多的草坪和清除太多的积雪的谨慎——这些细节历史学家很难知情。[2]

历史学家乔恩·蒂福德（Jon C. Teaford）解释说，郊区不仅向人们展示了一排排没有尽头的草坪和车库，同时也反映了人们想“逃避现实又不得不面对现实的复杂心理”。[3] 郊区为从拥挤的城市归来和受原有的种族关系困扰的人们提供了临时休息的港湾。在那里，人们可以建立新的友谊和加入新的团体而不必顾及传统的社会习俗。小说家拉尔夫·马丁（Ralph

---

① 弗雷德·西格尔（Fred Siegel）：《未来在这里发生：纽约、哥伦比亚特区、洛杉矶和美国大城市的命运》（*The Future Once Happened Here*：*New York*，*D. C.*，*L. A.*，*and the Fate of America's Big Cities*），New York：Free Press，1997。

② 罗伯特·摩西（Robert Moses）：《城市死亡了吗？》（“Are Cities Dead?”），选自《大都市的价值冲突》（*Metroplis*：*Values in Conflict*），第 53 页。

③ 乔恩·C. 蒂福德：《后郊区时代：边缘城市的政府与政治》（*Post-Suburbia*：*Government and Politics in the Edge Cities*），Baltimore：Johns Hopkins University Press，1997，第 10 页。

G. Martin）说，郊区宽敞的庭院、崭新的学校和公园仿佛是“孩子们的天堂”。[①]

“死一般沉睡”

显而易见，郊区赢得了数百万普通居民的青睐，但在当时富有经验的社会批评家和城市学者们中不受欢迎。他们把新的城市边缘社区贬得一无是处，说它们不但破坏了自然景观，还造成了文化的荒漠。整个 20 世纪后半期，郊区使美国变成了“一个没有固定位置的小块土地的集合体”，“分裂了”国家的认同感并导致民族间界限的扩大。[②] 如 20 世纪 50 年代的诗人理查德·威尔伯的诗所写的那样：

在精神萎靡与麻木的夏日，上中郊区死一般沉睡。[③]

① 拉尔夫·G. 马丁：《新的生活模式》（“A New Life Style”），选自路易斯·H. 马苏迪、杰弗里·K. 哈登（Louis H. Masotti and Jeffrey K. Hadden）主编《转变中的郊区》（*Suburbia in Transition*），New York：New Viewpoints，1974，第 14～21 页；威廉·H. 怀特（William H. Whyte）：《组织人》（*The Organization Man*），Garden City，N. Y.：Doubleday，1957，第 331 页。

② 安德列斯·杜安尼、伊丽莎白·普雷特－赞贝特、杰夫·斯珀克（Andres Duany，Elizabeth Plater-Zybeck and Jeff Sperk）：《郊区国家：无序扩张的兴起和美国梦的衰落》（*Suburban Nation：The Rise of Sprawl and the Decline of the American Dream*），New York：North Point Press，2000，前言第 7 页，正文第 59 页。

③ 刘易斯·芒福德：《城市的前景》（*The Urban Prospect*），New York：Harcourt Brace，1968，第 221 页；斯科特·唐纳森：《郊区神话》，New York：Columbia University Press，1969，第 202 页。

当小块的郊区土地发展为成熟的、有建制的社区，尤其在东北部和中西部时，它们常常会破坏当地久已存在的经济和生活方式。一位观察家说，康涅狄格的一个历史悠久的工厂曾经是当地的经济支柱，现已倒闭，静静地荒废在那里。“山谷里，通勤者来回穿梭，从乏味的城市匆匆赶往郊区的家，他们的汽车前灯，让它感到了恐惧。”①

对郊区最尖刻的批评往往来自执著的城市规划家和情绪激昂的城市居民。刘易斯·芒福德认为，郊区是“城市对立面”，它抽取了老城区的精华。他认为，随着越来越多的居民和企业迁移到城市郊区，郊区正在把城市由创造性的中心变成令人唾弃的“杂乱无章而四分五裂的城市集合体”。

对于向郊区迁移最多的指责集中在日益扩大的种族分裂局面方面，即大多数白人居住在郊区，而越来越多的黑人滞留在中心城市。很明显，一些新的郊区居民和迎合他们需要的开发商存在着根深蒂固的种族主义偏见：1970 年，将近 95% 的郊区居民是白人。作家威廉·怀特抱怨说：“在一些郊区，（你）很难看到一个黑人、穷人或年龄在 50 岁以上的人。”②

---

① 威廉·M. 多布里恩（William M. Dobriner）：《郊区的阶级》（*Class in Suburbia*），Englewood Cliffs，N. J.：Prentice Hall，1963，第 140 页。

② 肯尼斯·杰克逊：《马唐草边疆：美国的郊区化》，New York：Oxford University Press，1985，第 42 页；威廉·H. 怀特（William H. Whyte）：《反城市》（“The Anti-City”），选自《大都市的价值冲突》，第 69 页；约翰·G. 克拉克、戴维·M. 凯兹曼、理查德·D. 麦金泽、西奥多·沃森：《20 世纪（转下页注）

过去多年居住在南部农村的非洲裔美国人，现在成为很多大城市主要的居民，尤其是北部和中西部大城市。到 20 世纪 60 年代，超过 51% 的非洲裔美国人居住在内城，而内城的白人人口仅为 30%。[①] 这种人口分布模式在底特律、纽瓦克、圣路易斯、克利夫兰和加利福尼亚的奥克兰等工业城市最明显。[②]

郊区和城市之间隔阂的日益扩大所引起的社会危机，有分裂国家的危险，并且加剧了中心城市的恶化。1968 年刘易斯·芒福德令人信服地写道，美国城市“正在解体”。[③] 当时许多城市似乎被违法、犯罪、吸食毒品等社会病症所吞噬。[④]

（接上页注②）美国的三代人：家庭、社区和国家》，Homewood，Ill：Dorsey Press，1977，第 469 页；塞缪尔·海斯：《工业主义的反应》，Chicago：University of Chicago Press，1957，第 7 页。

① 乔恩 C. 蒂福德：《心脏地带的城市：美国中西部工业的兴起和衰落》，Bloomington：Indiana University Press，1994，第 232 ~ 244 页；约翰·G. 克拉克、戴维·M. 凯兹曼、理查德·D. 麦金泽、西奥多·沃森：《20 世纪美国的三代人：家庭、社区和国家》，Homewood，Ill：Dorsey Press，1977，第 469 页。

② 约翰·J. 哈里根（John J. Harrigan）：《大都市中的政治变化》（*Political Changes in the Metropolis*），Boston：Little，Brown，1976，第 36 ~ 37 页。

③ 刘易斯·芒福德：《城市的前景》，New York：Harcourt Brace，1968，第 207 页。

④ 格特鲁德·希默尔法布：《社会的非道德化：从维多利亚女王时代美德到现代价值》，New York：Knopf，1995，第 225 ~ 233 页。

《纽约时报》在1968年指责说："社会混乱肆虐纽约。"[①]相比之下，郊区成为了白人躲避内城居高不下的犯罪率的避难所。

"摩天大楼美如烈焰"

面对大量居民向郊区迁移和贫困居民积怨日益加深，中心城市竭尽全力以保全它们的历史优势。有人提出，新的技术造成了城市的蔓延，也能促成人口以前所未有的程度向城市集中。他们坚持认为，如果能扫除阻碍城市发展的固有障碍，用更加现代的东西取而代之，古老的城市中心就会得救。

在瑞士出生的建筑设计师查尔斯·埃德亚·基纳瑞特是这一观点最明确的推崇者，该设计师以柯布西耶这个名字广为人知。他对当时城市小别墅、小公寓和多户分租住房这种大杂烩居住模式不屑一顾。相反，他试图在商用大楼林立的旁边，竖起16层高的公寓大楼。他发表在《郊区居民》杂志上的理想是将居住、商业、娱乐和交通的功能分开，让城市居民享受到足够的绿地空间。

柯布西耶非常讨厌以前城市那种浪费空间和反现代的装饰风格。为确保城市的将来，他力劝城市摧毁过时的一切。他甚至赞同苏联城市规划家拆除莫斯科多数历史建筑的举措，苏联在第二次世界大战后建造的那些超大建筑群反映了他的观点。

---

① 路易斯·M. 哈克（Louis M. Hacker）：《美国经济增长和发展的过程》（*The Course of American Economic Growth and Development*），New York：John Wiley，1970，第351页。

他对纽约古老的棕色石头、市中心狭窄的街道和混合的建筑风格没有任何兴趣，就如同对克里姆林宫尖顶蒜头建筑不感兴趣一样。对城市中大片租借公寓的肮脏、地铁里人流拥挤而造成的混乱，他感到惊骇。而曼哈顿大跨度的桥梁、高耸建筑的磅礴气势令他兴奋不已，他曾写道："当黎明的曙光照在玻璃上时，摩天大楼如同美丽的烈焰。"

在他看来，纽约应该向更高的空中发展。柯布西耶想看到这样的城市："玻璃幕墙的摩天大楼拔地而起，高耸入云，晶莹剔透，在繁茂的树木映衬下，显得更加清澈透亮。"柯布西耶理想当中的纽约，应当是一座"梦幻般的、几乎是神秘的城市……一座挺拔高耸的城市，一个新时代的标志"。

虽然他希望欧洲重新在城市设计方面引领时代潮流，并将它们的文明建立在"宏伟庄严的成熟之上"①，但对那些钟情于欧洲大陆 19 世纪的建筑风格的欧洲人而言，柯布西耶的城市理念没有多大的吸引力。斗转星移，他的部分想法不仅在美国，还在发展中国家的迅速发展的城市中找到了知音，如在巴西、韩国、日本、中国、马来西亚和新加坡等国家的城市中。

---

① 海伦·梅勒：《19 世纪 90 年代至 20 世纪 30 年代欧洲城市的历史、文化和环境》，New York：John Wiley，2001，第 16、51 页；李·科巴斯尔（Le Corbusier）：《明天的城市及其规划》（*The City of Tomorrow and Its Planning*），弗雷德里克·埃切尔斯（Frederick Etchells）译，Cambridge，Mass.：MIT Press，1971，第 1 ~ 7 页；威托尔德·雷布金斯基：《城市生活：新世界的城市展望》，New York：Scribner's，1995，第 158 ~ 159 页；李·科巴斯尔：《幻想中的灾难》（"The Fairy Catastrophe"），选自《帝国城市：穿越世纪的纽约》，第 611 ~ 613 页。

“伟大的成就”及其局限性

柯布西耶雄心勃勃的现代主义观点给美国的城市留下了深深的印记。1960～1972年，芝加哥中心的办公空间扩大了50%，而纽约的办公空间剧增74%，对城市高耸的建筑与天际背景勾勒出的轮廓，英国作家埃姆里斯·琼斯（Emrys Jones）曾这样描写：“其对比是如此的强烈，以至于有时候令人感到畏惧。”巍峨的塔楼也在其他城市，如波士顿、旧金山、休斯敦，甚至在洛杉矶耸立起来。[①]

世界首席现代建筑师之一的山崎建议说，恢弘的城市建筑折射了“我们这样一个规模巨大、成就超然的社会”。[②] 然而，这些混凝土与玻璃复合结构的“辉煌成就”要求现已存在的城市街区为此付出沉重的代价。由山崎设计并于1966～1977年兴建的命运多舛的世贸中心，不仅迫使周围原有的供电区里数千个小企业迁出，而且基本上把整个纽约西城与其他城区切割开来。[③]

---

① 埃姆里斯·琼斯：《大都市》，Oxford，Eng.：Oxford University Press，1990，第99页。

② 马里安纳·莫吉列维奇（Mariana Mogilevich）：《大而差的建筑》（“Big Bad Building”），选自《美国城市的未来》（*The Next American City*）；罗伯特·W. 吉尔默（Robert W. Gilmer）：《美国石油在城市的巩固：以休斯敦为例》（*The Urban Consolidation of American Oil: The Case of Houston*），美国联邦储备银行达拉斯、休斯敦分行，1998年6月6日。

③ 罗伯特·费奇（Robert Fitch）：《纽约的暗杀》（*The Assassination of New York*），London：Verso，1993，前言第6～9页。

显而易见，这种大规模的城区重建没能阻止人口与企业向郊区迁移。事实上，正如城市规划师简·雅各布指出的那样，它反而加速了向郊区的分散。在20世纪最后的几十年中，全国人口增长超过6000万，而中心城市的人口停滞不前，有些甚至出现负增长。到1990年，甚至连纽约人也似乎对其万人仰慕的地位丧失了信心。大约10个人当中有6个向民意测验调查员反映，如果可能，他们将选择在其他地方居住。[①]

工业城市最后的烦恼

20世纪行将结束之际，在世界主要城市中，每两个城市出现人口增长，就会有三个城市出现人口流失。人口下降最严重的是历史悠久的工业城市，如圣路易斯、曼彻斯特、莱比锡等。一个世纪以前，它们引领着世界城市发展的新潮流。在有些城市中，不仅中心城市出现空心化，其周围区域随之衰落，

① 威托尔德·雷布金斯基、彼得·利纳曼（Witold Rybczynski and Peter Linneman）：《收缩中的城市》（“Shrinking Cities”），摘自《沃顿房地产评论》（*Wharton Real Estate Review*），1997年秋季号；威廉·科恩布拉姆（William Kornblum）：《包围中的纽约》（“New York under Siege”），选自苏姗娜·麦格雷格、阿瑟·利波（Susanne Macgregor and Arthur Lipow）主编《另一个城市：纽约及伦敦的人们与政治》（*The Other City*: *People and Politics in New York and London*），Atlantic Highlands，N. J.：Humanities Press，1995，第37页；杰克·纽菲尔德、保罗·杜·布鲁（Jack Newfield and Paul Du Brul）：《权力的滥用：永久的政府和纽约的衰落》（*The Abuse of Power*: *The Permanent Government and the Fall of New York*），New York：Viking，1977，第18~24页。

而且城市原有的高度认同的意识已消退到令人难以辨识的地步。[①] 小说家乔纳森·弗莱泽写到他的家乡时问道：

> 是什么让城市中活着的人记不起逝者的年龄，并对他的去世没有遗憾？答案只有圣路易斯知晓。[②]

美国其他强大的世界级制造业中心——纽瓦克、克利夫兰、圣路易和底特律的个性，如果不是被来自纽约的城市形象与理念超过，就是被洛杉矶或硅谷这样的城市新贵所超越。虽然这些城市的郊区相对健康发展，但它们不能构成主要的城市中心。历史学家乔恩·蒂福德指出，中西部城市已被转变成了一个“文化的殖民地……如同不受人注意的衣衫褴褛的妇人，炫耀着她昨日拥有过的文化时装”。这些昔日引以为荣的、独树一帜的城市灯塔，随着斗转星移，“受到了来自有卫星城的大都市发出的强有力的挑战”。[③]

---

① 凯特·斯托尔（Kate Stohr）：《收缩中的城市综合征》（“Shrinking Cities Syndrome”），摘自《纽约时报》（*The New York Times*），2004 年 2 月 5 日；《伦敦恢复生机》（“London Comes Back to Life”），选自《经济学家》（*The Economist*），1996 年 11 月 9 日。

② 埃里克·桑德威斯（Eric Sandweiss）：“前言”（“Introduction”），选自提姆·福克斯（Tim Fox）主编《我们住在哪里：圣路易斯社区指南》（*Where We Live: A Guide to St. Louis Communities*），St. Louis: Missouri Historical Society Press，1995，第 2 页。

③ 乔恩·C. 蒂福德：《心脏地带的城市：美国中西部工业的兴起和衰落》，Bloomington: Indiana University Press，1994，第 244、255 页。

工业城市走向没落反映了一个世界范围内的普遍现象。在日本，大阪、名古屋和其他以制造业为主的城市流失了最有天分的都市居民，丧失了许多有别于东京的城市特征。与其相似，曼彻斯特这样曾经的世界制造业巨擘，与拥有世界级的文化机构、全球广泛联系、商业广告代理云集的伦敦相比，逊色了许多。欧洲其他老工业中心，如都灵和杜塞尔多夫，也陷入停滞状态并走向衰落。①

"普遍的渴望"

郊区在世界主要经济大国取得了胜利，也横扫了所有工业发达国家的每一个角落。与选择居住在拥挤的公寓大楼相比，更多的人似乎把他们心中"更好的城市"定义为有更多的个人空间和隐私，甚至还要有一块私家草坪。著名的洛杉矶城市规划家意大利移民埃德加多·孔蒂尼解释说：

> 郊区住宅是每个移民的梦想，如同仆人想拥有自己的城堡一样的梦想。到这里来的欧洲人对郊区感到非常兴

① 安娜·塞格雷（Anna Segre）：《20 世纪 80 年代的都灵》（"Turin in the 1980s"），选自休·克劳特（Hugh Clout）主编《20 世纪晚期的欧洲城市》（*Europe's Cities in Europe's Cities in the Late 20th Century*），乌得勒支：荷兰皇家地理学会，1994，第 106 页；冈特·格莱伯（Gunter Glebe）：《杜塞尔多夫：经济的重新构建与人口变化》（"Dusseldorf: Economic Restructuring and Demographic Transformation"），选自《20 世纪晚期的欧洲城市》，第 127 页。

奋。他们再也不要住在公寓里！拥有自己的住宅是所有人普遍的渴望。①

阿根廷和澳大利亚

拥有私人住宅的“普遍的渴望”早期出现在阿根廷和澳大利亚的前殖民城市。这些国家土地资源富足，城市居民利用土地优势很快地迁居城市边缘。到 1904 年，布宜诺斯艾利斯城市规模扩展得如此之大，以至于一位西班牙观察家评价说：“它简直不是一座城市，而是许多城市的连接组合。”在随后的整个 20 世纪，这种趋势没有减退。②

同样的情况也发生在澳大利亚。1930 年以后，随着农村人口的骤然下降，澳大利亚大城市周围郊区的发展和美国郊区一样迅速，在墨尔本和悉尼，这种情况尤为明显。和美国一样，澳大利亚的知识分子总体上反对郊区化趋势，但人口照样

---

① 杰克·罗森塔尔（Jack Rosenthal）：《外部城市：美国郊区骚动概览》（“The Outer City: An Overview of Suburban Turmoil in the United States”），选自马苏迪与哈登《转变中的郊区》，New York: New Viewpoints，1974，第 269 页。

② 詹姆斯·R. 斯科比（James R. Scobie）：《1870～1910 的布宜诺斯艾利斯：从广场到郊区》（*Buenos Aires: Plaza to Suburb, 1870－1910*），New York: Oxford University Press，1974，第 191 页；查尔斯·S. 萨金特（Charles S. Sargent）：《1870～1930 年阿根廷大布宜诺斯艾利斯的空间演进》（*The Spatial Evolution of Greater Buenos Aires, Argentina, 1870－1930*），坦佩拉丁美洲研究中心，亚利桑那州立大学，1974，第 123～125 页。

被吸引到了文化相对滞后的地区。一位作家善意地写道，请“澳大利亚人待在家里，和家人在一起”。①

英国和现代“花园城市”

在第二次世界大战的大摧毁之后，英国的城市规划人员有意识地寻求将伦敦市中心拥挤的工业及人口向郊区转移。1943年首次启动的阿伯克龙比计划，重点强调发展“新城”，城外绿地环绕，旨在扩展首都的周边面积。②

这个计划只是部分地得到了执行，但随后的数十年里，随着汽车使用量的增长，伦敦向郊区迁移的速度和其他地方一样迅速加快。1980～2000年，英国人口增长虽不明显，但建设面积增加了两倍以上。③ 可能最为明显的是，在2000年大约有70%仍然居住在城市中心的居民向调查者反映，他们更喜

① 杰弗里·博尔顿（Geoffrey Bolton）：《牛津澳大利亚史：中间路线（1842～1968年）》（*The Oxford History of Australia*：*The Middle Way*，*1842～1968*），Melbourne：Oxford University Press，1990，第121～124页。

② 刘易斯·芒福德：《城市的前景》，New York：Harcourt Brace，1968，第236页；鲁道夫·哈透格：《没有限制的增长：对20世纪城市化的个案研究》，选自《国际规划研究》1999年第4卷第1期，第103页。

③ 理查德·罗杰斯、理查德·伯德特（Richard Rogers and Richard Burdett）：《让我们把更多的东西添进城市》（“Let's Cram More into the City”），摘自《新政治家》（*New Statesman*），2000年5月22日。

欢住在其他地方。①

伦敦这个头号国际化都市和主要国际金融中心的郊区化趋势最为突出。第二次世界大战后，伦敦周围向不可能在城市中心拥有自己住宅的城市中产阶级，甚至工人阶级提供了住所。伦敦外城60%以上的居民拥有住房，是靠近城市中心人们拥有住房比例的两倍。②

寻找实现“普遍的渴望”改变了区域的基本地理状况。1960年以后，伦敦市中心人口开始流失，而整个地区尤其城市周边人口增长十分明显。③ 就像H. G. 威尔斯一个世纪以前预言的那样，英格兰南部的大部分，甚至是中部正在迅速地变成伦敦广阔而分散的郊区。以致像肯特郡和康沃尔郡这样的曾经距离遥远的农村地区，也异想天开地想成为伦敦的住房供应市场。并非所有到乡下的人都要每天通勤，有些人一周内通勤两到三次，平时在家里或卫星城的办公室里工作。④

---

① 帕特里克·科林森（Patrick Collinson）：《财产：减速意味着更稳定的市场》（“Property: A Slowdown Will Mean a Steadier Market”），摘自《卫报》（*The Guardian*），2000年10月28日；《大都市的音乐》（“The Music of the Metroplis”），摘自《经济学家》，1997年8月2日。

② 埃姆里斯·琼斯：《伦敦》（“London”），选自马太·杜甘、约翰·D. 卡萨达（Mattei Dogan and John D. Kasarda）主编《大都市时代》第2卷《大型城市》（*The Megacities*），Newbury Park, Calif.: Sage Publications，1988，第105页。

③ 鲁道夫·哈透格：《没有限制的增长：对20世纪城市化的个案研究》，选自《国际规划研究》1999年第4卷第1期，第121页。

④ 亨利·特里克斯（Henry Tricks）：《逃离城市》（“Escape from the City”），摘自《金融时报》（*The Financial Times*），2003年10月12日。

西欧的郊区化

尽管西欧的其他城市管理部门存在着强大的偏见，反对郊区发展和人口的低增长，但从这些城市也可以看出相似的城市人口分布模式。[①] 20 世纪 80 年代，马德里和杜塞尔多夫等城市人口下降，而这些城市的周边地区人口急剧膨胀。[②] 这种趋势在欧洲最大的经济强国德国非常流行。尽管德国的城市规划者对中心城市社区比较偏爱，但也无法阻挡郊区化势头。[③]

---

① 皮艾特罗·S. 尼沃拉（Pietro S. Nivola）：《风景的规则：政治如何塑造欧洲和美国的城市》（*Laws of the Landscape: How Politics Shape Cities in Europe and America*），Washington，D. C.：Brookings，1999，第27～28 页；彼得·马库塞、罗纳德·范·肯彭（Peter Marcuse and Ronald van Kempen）：《结论：已改变的空间秩序》（“Conclusion: A Changed Spatial Order”），选自彼得·马库塞、罗纳德·范·肯彭主编《全球化中的城市：新的空间秩序?》（*Globalizing Cities: A New Spatial Order?*），London：Blackwell Publishers，2000，第 260 页。

② 曼维尔·巴伦苏埃拉、阿纳·奥利维（Manuel Valenzuela and Ana Olivera）：《马德里首都城市与大都市区》（“Madrid Capital City and Metropolitan Region”），选自《20 世纪晚期的欧洲城市》，第 57～59 页；冈特·格莱伯：《杜塞尔多夫：经济的重新构建与人口变化》，选自《20 世纪晚期的欧洲城市》，第 126～132 页。

③ 杰弗里·M. 迪芬多夫（Jeffry M. Diefendorf）：《美国对西欧的影响：跨大西洋视角中的美国化与西方化》（*The American Impact on Western Europe: Americanization and Westernization in Transatlantic Perspective*），德国历史学会会议，华盛顿哥伦比亚特区，1999 年 3 月 25～27 日。

1970~1997年，德国的金融中心法兰克福中心城市人口下降，而人口密度较低的城市郊区人口急剧膨胀，向外延伸了30~50英里。就业随之向郊区迁移，导致中心城市就业机会减少，郊区地区就业人数增加。汉堡的发展模式与此类似。[①]

英国和美国一样，人口外迁反映了拥有住房是“普遍的渴望”，这一梦想只能在城市周边新开发的住宅区得以实现。正如一位德国学者指出的那样，在郊区拥有住房并不是抛弃大都市，只是人们“向幸福生活”迈出了一步。[②]

欧洲城市的隔都现象

对城市犯罪的恐惧等诸多负面因素，也开始加速了欧洲主要城市人口的分散。[③] 在一些城市，这种不安全感在很大程度上是由于移民涌入城市造成的，他们多数来自非洲和中东国家。这些新来者是20世纪五六十年代由于劳动力缺乏而招募来的劳工，其中大多数人留了下来，随着欧洲大陆经济的衰

---

① 鲁道夫·哈透格：《没有限制的增长：对20世纪城市化的个案研究》，选自《国际规划研究》1999年第4卷第1期，第110~116页。

② 《讨论》（“Discussion”），选自《城市史研究》（*The Study of Urban History*），New York：St. Martin's Press，1968，第278页。

③ 埃里·利尔（Eli Lehrer）：《逍遥法外》（“Crime without Punishment”），摘自《标准周刊》（*Weekly Standard*），2002年5月27日。

退，越来越多的人处于半失业或者失业状态。①

在许多地方，移民人口占当地人口的30%～40%，如鹿特丹和阿姆斯特丹。长期以来，这些城市地区非常平静，而现在这些移民的怨恨与日俱增，有时带有暴力成分。② 越来越多的外来移民聚集在中心城市，他们成为中心城市的主要居民，而许多土生土长的荷兰人开始向城市周边开发的富裕郊

---

① 简·拉思（Jan Rath）：《族裔音乐主持人的游戏？阿姆斯特丹移民企业和小环境的延续》（"A Game of Ethnic Musical Chairs? Immigrant Businesses and the Alleged Formation and Succession of Niches in the Amsterdam Economy"），选自索菲·鲍狄－杰德特、马科·马蒂内欧（Sophie Body-Gendrot and Marco Martiniello）主编《欧洲城市中的少数民族：社会融合与社会排斥的动力》（*Minorities in European Cities: The Dynamics of Social integration and Social Exclusive at the Neighborhood Level*），Houndmills，Basingstoke，Hampshire：Macmillan Press，2000；《欧盟需要外国劳工，但憎恨他们的成功》（"E. U. Needs Foreign Workers but Resents Their Success"），摘自《印度人》（*The Hindu*），2001年8月3日；《犯罪与政治》（"Crime and Politics"），摘自《商业周刊》（*Business Week*），2002年3月18日。

② 荷兰的埃德伍德·博默夫（Eduourd Bomhoff）和奈伯（Nyber）提供的一份研究报告；詹尼弗·埃里克（Jennifer Ehrlich）：《慷慨的荷兰对移民似乎不那么慷慨》（"Liberal Netherlands Becomes Less So on Immigration"），摘自《基督教科学箴言报》（*Christian Science Monitor*），2003年12月19日；菲利普·里斯、埃弗特·范·英霍夫、海伦·德拉姆、马奇·库匹泽斯基、戴伦·史密斯（Phillip Rees，Evert van Imhoff，Helen Durham，Marek Kupiszewski and Darren Smith）：《欧洲国内移民与地区性的人口动力学：对荷兰的个案研究》（*Internal Migration and Regional Population Dynamics in Europe: Netherlands Case Study*），欧洲议会，1998年8月。

区迁移。[①] 类似的人口分布模式同样发生在邻近的城市布鲁塞尔。[②]

甚至在巴黎

甚至在巴黎这个长期以来的城市集中化的堡垒，也开始出现了人口向外迁移的现象。尽管人们认为巴黎人“偏好”居住在人口稠密的地方，但许多巴黎居民似乎也像美国人一样，渴望郊区的生活方式。整个20世纪的最后几十年，中产阶级家庭和就业岗位一道迁离城市中心，跨过更为贫困的靠近城市中心的移民聚集的郊区，迁到首都最边缘的“大花园地带”。[③]

① 简·霍尔茨·凯（Jane Holtz Kay）：《在荷兰美国式城市扩张的压力》（“In Holland, the Pressures of American Style Urban Sprawl”），摘自《基督教科学箴言报》（*Christian Science Monitor*），2002年10月3日。

② 克里斯琴·凯斯里特（Christian Kestletoot）：《布鲁塞尔：后福特时代中福特空间背景中的两极分化》（“Brussels: Post Fordist Polarization in a Fordist Spatial Canvas”），选自《全球化城市》，第186~210页。

③ 马蒂内·伯杰（Martine Berger）：《生活空间的道路，就业与住房设备：以20世纪八九十年代巴黎的大都市为例》（“Trajectories in Living Space, Employment and Housing Stock: The Example of the Parisian Metropolis in the 1980s and 1990s”），摘自《国际城市与地区研究杂志》（*International Journal for Urban and Regional Research*），1996，第240~254页；琼·罗伯特（Jean Robert）：《巴黎和拉得方斯新区：国家的首都，世界的城市》（Paris and the Ile de France: National Capital, World City），选自《20世纪晚期的欧洲城市》，乌得勒支：荷兰皇家地理学会，1994，第17~22页。

日本的“花园城市”

第二次世界大战之前，日本的城市规划人员被英国“花园城市”理念所吸引，虽然他们开发“花园城市”的努力由于第二次世界大战时经济的需求半途而废。第二次世界大战后，随着经济的复苏，城市郊区地价便宜，可供开发的空间易于得到，城市居民、部分企业向城市周边地区迁移的趋势凸显。到了20世纪70年代中期，日本第二大城市大阪的人口开始流失，周边社区的人口迅速增长。小型重工业城市人口外流现象非常严重，这些城市的经历同欧洲和北美的同类城市如出一辙。①

20世纪70年代，东京这个发达国家中的最大都市向外扩展的势头强劲。第一步是修建新宿、涩谷和池袋等新的城市次中心，以缓解原有核心区的压力。起初这些大规模开发是依照石川秀明的基本规划进行的，其城市分散理念也是在首都周围创建绿色环绕带。

随着时间的推移，这些次中心发展成为繁华都市的一部

① 安德烈·索伦森（Andre Sorensen）：《次中心区和卫星城市：东京20世纪规划多中心主义的经历》（“Subcentres and Satellite Cities: Tokyo's 20th Century Experience of Planned Polycentrism”），选自《国际规划研究》（*International Planning Study*）2001年9月第1期，第6页；A. E. J. 莫里斯：《城市结构史：工业革命之前》，London：Longman，1994，第263～264页。

分，这里有许多日本最高的建筑，像阳光塔、东京都厅等。① 在远离城市中心的边缘地带开发更多的绿色环绕带的计划没能成功。如同洛杉矶的奥姆斯特德规划一样，石川秀明的“花园城市”宏伟计划成为了经济私利和土地拥有者的政治权利的牺牲品。②

东京城市中心地价日益飞涨，促使城市大规模向外扩展。到了20世纪70年代，中产阶级梦想拥有自己的住房，甚至是拥有只能放一张床位的公寓的想法也难以实现。为了能买得起住房，1970~1995年，有将近1000万人不得不居住在环绕中心城市的关东平原的郊区。③

① 爱德华·塞登斯蒂克（Edward Seidensticker）：《上升中的东京：大地震以来的城市》（*Tokyo Rising: The City since the Great Earthquake*），New York：Knopf，1990，第290~303页。

② 卡罗拉·海因：《梦想的计划与计划者：日本的传统与西方的影响》，选自《历史视角中的日本首都》，第309~342页。

③ 安德烈·索伦森：《次中心区和卫星城市：东京20世纪规划多中心主义的经历》，选自《国际规划研究》2001年9月第1期；理查德·蔡尔德·希尔、藤田训子：《世界经济中的日本城市》，第11页；爱德华·塞登斯蒂克：《上升中的东京：大地震以来的城市》，New York：Knopf，1990，第336~337页。

第十六章
后殖民时代的窘境

卡洛斯·富恩特斯的第一部小说《那里的空气是清新的》(*Where the Air Is Clear*)中的人物戈兰蒂斯·加西亚生活在混凝土蔓延、“空气污浊令人窒息的城市，它如同油污，无休止地向外扩散”。这位鸡尾酒女招待吸入鼻腔的不是昔日墨西哥城遍地开放的花的香味，而是后街陈腐的垃圾、被人丢弃的烟头和动物腐尸发出的刺鼻气味。可见，这部小说的名字颇具讽刺意味。

墨西哥城向外扩展了620多平方英里，其范围之广超出了阿兹特克建造者和西班牙征服者的想象。在这个世界人口第二大城市，居民被杂乱无章的交通所吞噬，这里的烟雾使他们窒息，恶臭将他们降伏，犯罪使他们提心吊胆。①

加西亚对古老城市周围壮美的自然风景一无所知。“她既不懂得什么是海，也不知道什么是山，不知道芥菜开什么花，

① 《城市集落：2003年》(*Urban Agglomerations 2003*)，联合国经济与社会事务部人口司。

太阳与地平线相会时会产生什么样的壮观景象，欧楂果熟了会是什么味道，也不知任何淳朴之美。”①

殖民地的遗产

如同发展中国家的许多城市一样，当时的墨西哥城既要加快发展，又要克服昔日殖民地的影响。在16世纪早期被西班牙占领时期，人们把这座城市叫做特诺奇蒂特兰，人口大约在8万至30万之间，超过西班牙②，甚至欧洲的任何一座城市。这座阿兹特克人的首都在城市清洁、公共卫生和总体社会秩序方面，都超过了疾病肆虐、规划无序的欧洲城市。③ 根据一些跟随科尔特斯探险的士兵说，特诺奇蒂特兰的姊妹城市特拉特洛科的市场，不论规模还是商品的种类方面都超过了君士坦丁堡、罗马或西班牙的任何城市。

如同征服其他发展中国家的城市一样，西班牙人对墨西哥的征服摧毁了这座古老城市的文化、宗教、政治和经济生活方式。被征服几年之后，一位阿兹特克的诗人如是

① 卡洛斯·富恩特斯（Carlos Fuentes）：《那里的空气是清新的》，萨姆·希尔曼（Sam Hileman）译，New York：Farrar，Straus and Giroux，1971，第7页。

② 亨利·卡门：《1469～1714年的西班牙：冲突的社会》，London：Longman，1991，第13页；特蒂斯·钱德勒、杰拉尔德·福克斯：《城市发展三千年》，New York：Academic Press，1974，第15页。

③ G.C. 瓦里安特：《墨西哥的阿兹特克人》，New York：Doubleday，1944，第127、138页。

写道：

> 折断的长矛躺在路上……
>
> 房屋空徒四壁；
> 墙壁被鲜血染红。
> 我们的城市，我们的遗产
> 就这样消失，消亡了；
> 勇士们的盾牌
> 也不能拯救它。[①]

无论欧洲征服者们多么粗暴地蹂躏古老文明，他们都无法彻底毁灭被征服的城市，只是根据他们的城市形象来重塑它。伟大的征服者科尔特斯懂得被他摧毁的城市在政治上的重要性。他邀请城市的原有居民返回城市居住，并有意将主要的行政大楼建在中心宫殿的遗址上，现在名为索卡洛。[②] 以同样的方式，他们的教会将大教堂建在了特诺奇蒂特兰宗教祭祀中心的遗址上，如同此前他们把大教堂建在充满仇恨的摩尔人所建

① 引自大约 1523 ~ 1528 年那瓦特人法律（From Nahuatl Codices, Composed Circa 1523 – 1528），第 146 页。

② 乔根·E. 哈道伊：《拉丁美洲文明两千年》，选自乔根·E. 哈道伊主编《拉丁美洲城市化道路与问题》，Garden City，N. Y.：Anchor Books，1975，第 21 页；路易斯·B. 赖特：《黄金、光荣和福音：文艺复兴时期探索家的冒险生活和时代》，New York：Atheneum，1970，第 199 ~ 200 页。

的清真寺遗址之上一样。①

事实证明，取代古代神权创始者远比复兴大都市要容易得多。科尔特斯向国王查理一世发誓，他要在那里创造一个伟大的城市，但墨西哥的复兴之路是如此的漫长。征服之后的两个多世纪，墨西哥的西班牙城市在经济上基本停滞不前，城市人口不到特诺奇蒂特兰时期的一半。②

最后，直到 20 世纪初，墨西哥城的人口才超过了被征服之前的数量。城市先通过火车和陆路，最后借助空中运输与世界其他地方建立了广泛的经济联系，到了 1930 年，墨西哥城的居民人数达到 100 万。新的大规模供水系统，如 1951 年建设完工、用尽了城市周围所有湖泊的蓄水的勒玛给水工程，使得城市开始向全球最大的都市中心之一

---

① G.C. 瓦里安特：《墨西哥的阿兹特克人》，New York：Doubleday，1944，第 172、257 页；W.W. 科林斯（W. W. Collins）：《西班牙的大教堂城市》（*Cathedral Cities of Spain*），New York：Dodd，Mead and Company，1909，第 19 页。

② 乔根 · E. 哈道伊：《拉丁美洲文明两千年》，选自乔根 · E. 哈道伊主编《拉丁美洲城市化道路与问题》，Garden City，N. Y.：Anchor Books，1975，第 22 ~ 25 页；亨利 · 卡门：《1469 ~ 1714 年的西班牙：冲突的社会》，London：Longman，1991，第 95 页；马克 · D. 苏茨曼（Mark D. Szuchman）：《幻想中城市——拉丁美洲城市文化的发展》（"The City as Vision——The Development of Urban Culture in Latin America"），选自吉尔伯特 · M. 约瑟夫、马克 · D. 苏茨曼（Gilbert M. Joseph and Mark D. Szuchman）主编《我看见一个不可征服的城市：拉丁美洲的城市肖像》（*I Saw a City Invincible*：*Urban Portraits of Latin America*），Wilmington，Del.：SR Books，1996，第 5 页。

迈进。[1]

然而，现代城市发展到巨大规模，常常是以无序和痛苦的方式进行的。当数以百万计的人口从小的合作农场和村镇涌向城市时，城市中心就变得拥挤不堪和更加龌龊。到20世纪20年代，城市的富足家庭开始向城市周边地区迁移，紧步北美城市流动性大、以汽车为主导的生活方式的后尘。

许多贫困的家庭和工人阶层聚集在非法占有的居住点。其中一个名为休达·涅扎华尔考伊泰尔的贫民区在一个干涸的湖基上铺开，这个地方的碱性大，即使生命力最顽强的灌木和树种都难以存活。这个荒凉的地方在1960年是6.5万人的家，10年后这个数字翻了10倍。到了2000年，大约有200万人在涅扎华尔考伊泰尔艰难地维持着生计。还有更多的以百万计的人生活在类似环境的其他地方。

一位社会学家指出，这种地方居民的生活无异于“前农

---

① 乔根·E. 哈道伊：《拉丁美洲文明两千年》，选自乔根·E. 哈道伊主编《拉丁美洲城市化道路与问题》，Garden City，N. Y.：Anchor Books，1975，第46～53页；莱斯利·伯德·辛普森（Lesley Byrd Simpson）：《许多墨西哥》（*Many Mexicos*），Berkeley：University of California Press，1974，第362～363页；《城市调查》（“Cities：A Survey”），摘自《经济学家》，1995年7月19日；亚历山德罗·波茨（Alejandro Portes）：《拉丁美洲城市从上到下的政治状况》（“Urban Latin America：The Political Condition from Above and Below”），选自珍妮特·阿布-卢格霍德、小理查德·海（Janet Abu-Lughod and Richard Hay，Jr.）主编《第三世界的城市化》（*Third World Urbanization*），Chicago：Maaroufa Press，1977，第67～69页。

业社会的原始捕猎者和果实采摘者”，他们寻找临时工作和富人阶层“扔掉的所有东西”。[①] 到2000年，首都的犯罪率高出墨西哥第二大城市瓜达拉哈拉2.5倍，是北部迅速发展的首府蒙特雷的8倍。[②] 卡洛斯·富恩特斯观察到，新来的移居者不得不放弃“他们的思乡之情”和传统的道德约束。他警告说：“削尖你的刀，不要相信任何人，不要手软，不要讨价还价，甚至连看都不要看。”[③]

“农村的城市化”

这些地方反映了目前世界上多数城市的现实。1960～2000年，世界上发展中国家占世界人口的比重从20%增长到40%。随着欧洲和美国城市人口的缓慢增长，世界上城市人口的多数

---

① 珍妮·X. 卡斯珀森、B. L. 特纳（Jeanne X. Kasperson and B. L. Turner）主编《危险地区：危险环境的比较》（*Regional at Risk: Comparisons of Threatened Environment*），New York: United Nations University Press，1995；乔纳森·坎德尔（Jonathan Kandell）：《墨西哥的大都市》（“Mexico's Megalopolis”），选自《我看见一个不可征服的城市》，第189页；约瑟夫·古格勒（Josef Gugler）：《过度城市化的再思考》（“Overurbanization Reconsidered”），选自约瑟夫·古格勒（Josef Gugler）主编《发展中世界的城市：事务、理论与政策》（*Cities in the Developing World: Issues, Theory and Policy*），London: Oxford University Press，1977，第120页。

② 《世界年鉴和事实汇编》（*The World Almanac and Book of Facts*），2003，第166页。

③ 卡洛斯·富恩特斯：《那里的空气是清新的》，New York: Farrar, Straus and Giroux，1971，第4页。

和超过 90% 的新城市居民居住在拉美、亚洲和非洲的城市里。① 到 2007 年，这些地方人口的增长将首次决定城市人口占世界总人口的绝对多数。

这些巨大的发展将明显地改变世界最大的超大型城市的花名册。1950 年，世界上只有伦敦和纽约两座城市的人口超过 1000 万，半个世纪之后，人口超过 1000 万的城市有 19 个，只有 3 个在发展中国家。根据联合国的统计，到 2015 年，将有 23 个这样的城市庞然大物，其中 19 个在发展中国家。同年，发展中国家的城市居民和发达国家的城市居民之比将达到 3∶1。②

这一进程反映了一个更广泛、更长远的历史趋势，卡尔·马克思将其称为“农村的城市化”。在他所处的时代，马克思指出，欧洲的资本主义发展产生的“社会革命”，摧毁了亚洲、南美和非洲古老的、以农村为主体的社会。目前，发展中国家的超大型城市的发展代表了这次革命的最终结果。③

---

① 《1996 年世界各国人口状况》（*The State of the World's Population, 1996*），联合国人口基金会（United Nations Population Fund）。

② 小理查德·海（Richard Hay Jr.）：《城市化的模式和社会经济发展》（“Patterns of Urbanization and Socio-Economic Development”），选自《第三世界城市化》（*Third World Urbanization*），第 71 页；《2001 年世界各国人口状况》（*The State of the World's Population, 2001*），联合国人口基金会。

③ 艾伦·吉尔伯特、约瑟夫·古格勒（Alan Gilbert and Josef Gugler）：《城市、贫困与发展：第三世界的城市化》（*Cities, Poverty and Development: Urbanization in the Third World*），London：Oxford University Press，1991，第 13 页；爱德华·W. 萨义德（Edward W. Said）：《东方主义》（*Orientalism*），New York：Vintage，1979，第 153 页。

随着欧洲人的到来，长期以来与西方城市平起平坐甚至超过西方的东方城市，被转变和屈尊到二流城市的行列。亚洲、南美和非洲城市的命运不再由国王、苏丹或地方当权者左右，而是由欧洲的银行家和政府官员决定。许多保留下来的过去的首都，如北京、伊斯坦布尔和德里，其重大影响受到极大的削弱。①

“欧洲的缩影”

大批相对较新的城市——雅加达、新加坡、孟买、加尔各答、上海、香港、开普敦、约翰内斯堡和拉格斯，如同“欧洲的缩影”，在亚洲和非洲崛起。这些城市与一个半世纪以前的特里尔、安条克、亚历山大里亚和马赛等城市在罗马帝国遍布的城市网络中所扮演的次要角色非常相似。这些殖民中心城市从欧洲各国首都得到物资和指令。散居在外的各地商人，不管是阿拉伯人、黎巴嫩人、中国人，还是印度人，都能够分享这些城市发展带来的好处，但并未达到那些与大都市核心区有密切联系者所享有的程度。②

① 威廉·H. 麦克尼尔：《瘟疫与人》，Garden City，N. Y.：Anchor Books，1974，第151页；罗兹·墨菲：《变革中心的城市：西欧和中国》，选自《第三世界城市》，New York：Barnes and Noble Books，1974，第65页。

② 菲利普·D. 柯廷：《世界历史中跨文明贸易》，Cambridge，Eng.：Cambridge University Press，1984，第170～178页；罗兹·墨菲：《变革中心的城市：西欧和中国》，选自《第三世界城市》，New York：Barnes and Noble Books，1974，第55页；罗伯特·W. 朱利：《非洲人民史》，New York：Scribner's，1970，第57～60、275～276、347～348页；菲利普·D. 柯廷：《世界历史中跨文明贸易》，Cambridge，Eng.：Cambridge University Press，1984，第212页。

这类城市中有一些发展得十分迅速。1690 年，英国东印度公司代理乔布·查诺克创建了加尔各答市，它从一个小村庄发展成次大陆最大的城市，并成为英国殖民地印度首都长达 140 年之久。加尔各答和 1665 年由英国人接管的孟买以及南部主要港口城市马德拉斯①，主导着次大陆的经济。

加尔各答是最后一座殖民地大都市，它从英国进口工业产品到国内市场，然后向英国输出它的蚕丝、棉花、大米、蔗糖以及其他各类产品。一小撮欧洲的精英伙同当地商人阶级秘密地操纵着这个巨大的城市。休闲族周末飙车的壮观的大道、新建筑，如高级法院、渣打银行、东方大宾馆，都在诉说着一种永恒的权力。②

上海、香港和拉各斯等受到殖民者垂青的城市也迅速崛起，成为区域经济的主宰。这些受英国精英掌控、居住着大量的当地人口或来自其他属地的移民的城市发展得十分迅速。而更多传统的中心城市，如非洲的卡诺和廷巴克图、北京以及德里等城市的经济力量和重要地位相对下降。

那些至少在名义上独立于外国殖民者直接控制之外的城

① 达摩·库玛：《剑桥印度经济史，卷二：1757 ~ 1970》，Hyderabad：Orient Longman，第 492 ~ 493 页。

② 塔潘·雷伊查德福瑞、伊尔凡·哈比比：《剑桥印度经济史，卷一：1200 ~ 1750》，New Delhi：Cambridge University Press，1982，第 437 ~ 439 页；J. H. 帕里：《探索的时代》，New York：Mentor，1963，第 272 ~ 274 页；罗兹·墨菲（Rhoads Murphey）：《季风亚洲的城市史》（“The History of the City in Monsoon Asia”），选自约瑟夫·古格勒主编《发展中世界的城市变迁》（*The Urban Transformation of the Developing World*），London：Oxford University Press，1996，第 23 页。

市，依然能感觉到欧洲对它们的影响。由于受到法国和英国的影响，埃及全境的欧洲人口和其他种族的少数民族人口不断增长。到20世纪30年代，有1/4的亚历山大里亚的居民来自主流阿拉伯穆斯林人口之外的群体。开罗也发生了变化。到20世纪30年代，16%的开罗人是少数民族和外国人，而1800年，他们只占开罗人口的10%。

从表面上看，像开罗这样的城市越来越彰显出现代特征与欧洲风格。宽阔的道路与能停放小汽车的主街道，常常穿过迷宫一般弯弯曲曲的狭窄小街道。来自欧洲的新的城市规划理念，如强调发展郊区“花园城市”和宽敞的购物大街之类的观念，给传统的穆斯林城市模式带来巨大的冲击。①

然而到后来，却形成了两个开罗。一个受到了欧洲的巨大影响，发展成一个现代化的、商业氛围和世俗色彩浓厚的大都市。另一个却停滞不前，紧紧地受到穆斯林社会与宗教传统的束缚。一位19世纪后期的观察家评价：“开罗就如同一个破成两半的花瓶，两部分永远无法对接在一起。”②

---

① 艾伯特·豪瑞理：《阿拉伯人民史》，Cambridge，Mass.：Harvard University Press，2002，第295~298、439~442页；珍妮特·阿布-卢格霍德：《阿拉伯世界以及国际体系的城市化》（“Urbanization in the Arab World and the International System”），选自《发展中世界的城市变迁》（*The Urban Transformation of the Developing World*），第25页。

② 斯蒂法诺·比安卡：《阿拉伯世界的城市结构：过去与现在》，New York：Thames and Hudson，2000，第170~171页；珍妮特·阿布-卢格霍德：《开罗：城市胜利1001年》，Princeton，N. J.：Princeton University Press，1971，第98~99页。

发展中国家的许多城市，都经历过同样的分裂：成为一个西化的现代大都市和更加贫困与传统的都市的复合体。在这里，难以言表的贫困、肮脏和疾病与巨大的财富和特权共生。此外，许多伊斯兰和其他传统的道德体系施加的约束不再发挥作用。甚至主要的殖民主义者也常常对他们所创造的社会和物质现实感到吃惊。例如，18 世纪的帝国主义者罗伯特·克莱夫把加尔各答描绘成“世界上最邪恶的地方”——到处是贫民窟、犯罪、半奴隶关系以及普遍的腐败。①

也许，没有一个城市像崛起中的中国工业首都上海那样名誉遭受过侮辱。1900 年，上海人口只有 3.7 万，而北京的居民人数超过 100 万。到了 1937 年，上海居民数超过 350 万，是首都人口的 2 倍。② 上海除了是欧洲人繁华的商业中心之外，它也因滋生黑社会帮派、贩毒和妓院而闻名于世。一位牧

① 马太·杜甘、约翰·卡萨达：《导论：大城市比较》（“Introduction：Comparing Giant Cities”），选自《大都市时代》第 2 卷《大型城市》（*The Metropolis Era*，*Megacities*），第 23 页。

② 艾尔弗雷德·克罗夫茨、帕西·布坎南（Alfred Crofts and Percy Buchanan）：《远东历史》（*A History of the Far East*），New York：Longmans，Green and Company，1958，第 142～152 页；艾尔弗雷德·欣兹：《中国城市》，Berlin：Gebruder Borntraeger，1989，第 18 页；陈祥明（Xiangming Chen）：《中国大城市和城市等级》（*Giant Cities and the Urban Hierarchy of China*），见马太·杜甘、约翰·卡萨达《大都市时代》第 1 卷《大城市林立的世界》（*A World of Giant Cities：The Metropolis Era*），Newbury Park：Sage，1989，第 230～232 页。

师曾经这样说："如果上帝让上海长期存在下去，他就得向撒旦和蛾摩拉[①]道歉。"[②]

"太平的日子"

20世纪五六十年代，殖民统治的结束给城市新的掌权者出了一道难题。他们继承下来的是一个受欧洲影响的"城市缩影"，既有现代化的城市基础设施，又有难以改变的严重的社会不平等。接受过欧洲教育的一小部分社会精英与庞大的继续着传统价值观和生活方式的普通大众共同生活在一起。

最初，人们希望这些城市能够作为重要的现代化中心成长起来，同时在政治、经济和文化复兴方面成为人们引以为荣的象征。用珍妮特·阿布－卢格霍德的话说，对阿拉伯和穆斯林地区的城市来说，20世纪60年代是一个"太平的日子"。[③]这对于其他发展中国家的城市领导者来说也是如此。

许多情况下，接受过欧洲教育的当地社会精英搬进了以前欧洲人居住过的优雅的住处。为了使他们的城市能与欧洲和北

① 蛾摩拉，《圣经》中因居民罪恶深重被神毁灭的古城。——译者注

② 罗兹·墨菲：《变革中心的城市：西欧和中国》，选自《第三世界城市》，New York：Barnes and Noble Books，1974，第55～61页；斯德拉·董（Stella Dong）：《上海：一个堕落城市的沉浮》（*Shanghai：The Rise and Fall of a Decadent City*），New York：William Morrow，2000，第1页。

③ 珍妮特·阿布－卢格霍德：《阿拉伯世界以及国际体系的城市化》，选自《发展中世界的城市变迁》，第190页。

美的城市进行竞争，他们通常牢牢地控制了城市的主要企业，并同时扩大他们的政府官僚机构。

新的巨大的发展前景使这些城市不仅吸引了大企业家和职业精英进驻城市，同时还有日益增加的由无家可归的农民、小城镇工匠组成的移居者。在殖民者统治时期，孟买、加尔各答、德里、拉合尔、拉各斯、开罗和马尼拉等城市的规模增长了数倍。例如，1941 年孟买的人口不足 150 万，到 20 世纪末达到 1500 万。[①]

城市历史的致命断裂

很多情况之下，城市的巨大扩展并没有促成财富和权利的相应增加。城市的如此发展代表着城市历史悲剧性的致命断层。无论在希腊—罗马世界、中国或穆斯林帝国时代、意大利城市复兴时期，还是在北欧的工业化时代，大城市的发展往往是由于经济和政治财富的加速增长促成的结果。

当人们迁入规模正在扩大的城市时，他们要么能够在扩张的工业中找到工作，要么从帝国的征服者那里得到少许施舍。相反，当今世界许多大城市在持续的经济停滞和社会政治功能失常中变得更加庞大。如一位分析家所说，在更多情形之下，

① 《1996 年世界各国人口状况》；阿兰 · R. A. 杰奎明（Alain R. A. Jacquemin）：《城市发展与第三世界的新城镇：新孟买的经验》（*Urban Development and New Towns in the Third World: Lessons from the New Bombay Experience*），Aldershot，Eng.：Ashgate，1999，第 5 页。

这些城市区域已经丧失了“它们作为现代化和历史发展发动机的功能”。

表面上看，许多这样的城市依然保留着殖民地时期遗留下来的西方特征。城市里有数量可观的跨国公司的办公大楼、一流的酒店和优雅的住宅区。但实际上，绝大多数这类城市依然深陷发育不完善的泥潭，在很大程度上，它们的命运由欧美和越来越多的东亚国家的大公司控制。[①]

由于缺乏可依赖的经济动力推动其发展，这些城市地区常常由于缺乏必要的资金用来维持最基本的城市基础设施，根本谈不上扩大基础设施建设。整个发展中国家有30%～50%的城市垃圾无人收集，洁净的城市用水短缺现象已经司空见惯，致命的空气污染与许多欧洲和北美国家拥挤的城市相比有过之而无不及。

擅自占住者城市的兴起

21世纪早期，在发展中国家至少有6亿城市居民挣扎在擅自占用的居住区（对其称呼名目不同，如城市平民区、简陋棚户区、贫民窟、贫民区、棚屋区等）中。联合国的一项

① 罗伯特·B. 波特（Robert B. Potter）：《城市、集中、分裂和第三世界发展》（“Cities, Convergence, Divergence and Third World Development”），选自罗伯特·B. 波特、阿德莫拉·T. 沙罗（Robert B. Potter and Ademola T. Salau）编《第三世界的城市和发展》（*Cities and Development in the Third World*），London: Mansell, 1990，第1～2页。

研究显示，这些贫民居住区占发展中国家城市新增面积的一半以上。这些居民将微薄收入的3/4用于购买食物，许多贫民窟居民生活在主流经济的边缘。①

尽管生存环境险恶，移居者还是继续涌入这些城市，因为他们居住的农村生活环境更加恶劣。② 在许多国家，干旱、植被破坏加上商品价格飞涨使他们不得不在被饿死与移居他乡之

---

① 贾尼斯·E. 珀尔曼（Janice E. Perlman）：《边缘神话：里约热内卢的城市贫困和政治》（*The Myth of Marginality: Urban Poverty and Politics in Rio de Janeiro*），Berkeley: University of California Press，1976，第12页；约翰·维达尔（John Vidal）：《疾病逼近新兴大城市》（"Disease Stalks New Megacities"），摘自《卫报》，2002年3月23日；《1996年世界各国人口状况》；《40个世界城市的空气污染》（"Air Pollution for 40 Selected World Cities"），世界卫生组织；乔治·E. 哈道伊：《在永恒危机下建设与管理城市》（*Building and Managing Cities in a State of Permanent Crisis*），威尔逊中心，拉丁美洲项目，第187号，第16页；卡尔帕那·沙马（Kalpana Sharma）：《管理我们的城市：人们将为工作提供动力吗》（*Governing Our Cities: Will People Power Work*），London: Panos Institute，2000。

② 戴维·扎卡基斯－史密斯（David Drakakis－Smith）：《第三世界城市》（*The Third World City*），New York: Methuen，1987，第8、38页；迈克尔·F. 洛夫奇（Michael F. Lofchie）：《非洲城市发展政策的兴起与终结》（"The Rise and Demise of Urban Based Development Policies in Africa"），选自《发展中世界的城市》（*Cities in the Developing World*），第23页；罗纳德·麦克吉尔（Ronald McGill）：《制度发展：第三世界城市管理展望》（*Institutional Development: A Third World City Management Perspective*），London: I. B. Tauris & Co.，1996，第21页；艾伦·吉尔伯特、约瑟夫·古格勒：《城市、贫困与发展：第三世界的城市化》，London: Oxford University Press，1991，第25页。

间做出选择。在巴西，一个干旱肆虐的地区流传着这样一句话："在赛尔唐，离家外迁等于遭受更大的痛苦，留下来就只有死路一条。"①

对这些农民来说，在城市中心，尤其是在有政治影响的首都城市，他们至少可以得到最基本的公共服务，便于得到国际援助的食物，并有可能找到临时就业的机会。② 如在墨西哥城，这些来自农村的难民占新来者和非正式贫民窟人数的多半。

到 2000 年，工业城市圣保罗在世界大都市中排名三至四位，擅自占用的贫民区的扩展促使城市以前所未有的速度

---

① 约翰·M. 香德拉、布鲁斯·伦敦、约翰·B. 威廉姆森（John M. Shandra, Bruce London and John B. Williamson）：《发展中世界的环境恶化、环境承受力和过度城市化》（"Environmental Degradation, Environmental Sustainability and Overurbanization in the Developing World"），选自《社会学角度的展望》（*Sociological Perspective*）第 46 卷第 3 号，第 309 ~ 329 页；艾珀迪逊·A. 拉奎因（Aprodicio A. Laquian）：《亚洲城市和政治进程》（"The Asian City and the Political Process"），选自 D. J. 德怀尔（D. J. Dwyer）编《作为亚洲变迁中心的城市》（*The City as a Centre of Change in Asia*），Hong Kong：Hong Kong University Press，1972，第 50 页。

② 艾伦·吉尔伯特、约瑟夫·古格勒：《城市、贫困与发展：第三世界的城市化》，London：Oxford University Press，1991，第 85 页；艾伦·C. 凯利、杰弗里·G. 威廉姆森（Allen C. Kelley and Jeffrey G. Williamson）：《什么推动了第三世界城市的发展？一种动态均衡方法》（*What Drives Third World City Growth? A Dynamic General Equilibrium Approach*），Princeton，N. J.：Princeton University Press，1984，第 5 页。

发展。[①] 它虽然宣称拥有数量相当可观的中产阶级人口，但也免不了上演贫富两重天的城市现实，巴西社会学家特雷莎·卡尔代拉称之为“城市墙”。

非洲城市的悲剧

在整个发展中国家，与之类似甚至更差的情况仍在继续。一直是世界上城市化程度最低的地区之一的非洲，1960～1980年，城市人口增加两倍以上，其比重达到40%。由于农产品出口日益萎缩，又缺乏大规模的工业，再加上传染病的肆虐和持续不断的政治动乱，非洲城市根本没有能力容纳城市人口的大量增长。[②]

这些城市病在拉各斯大规模流行开来，自1960年英国殖民者撤出之日算起，在以后的40年里其人口增加了9倍。只有一少部分人生活在设备齐全的社区里，而大部分居民则在拥挤的环境中勉强维持生计，平均3.5人才能分享一间房屋，且常常是在城市的边缘地带。几乎5个人当中就有1个人居住在

---

① 罗里·E. 波普诺（Rollie E. Poppino）：《巴西：土地与人民》（*Brazil: The Land and People*），New York: Oxford University Press，1968，第113～117页；《世界都市化展望：2003年修订本》（*World Urbanization Prospects: The 2003 Revision*），联合国人口司；《城市的世界》（“A World of Cities”），摘自《经济学家》，1995年7月29日。

② 《2001年世界各国人口状况》（*State of the World's Population, 2001*）。

非法占地的贫民区。①

在许多非洲城市，富有阶层逃离城市的拥挤，跑到郊区更加舒适的家里。大规模开发的西式风格的郊区正在南非开普敦、德班和约翰内斯堡等城市以外的乡村地区发展，它们吸引着白人和向社会阶梯上层攀爬的黑人。如同早期北美城市所发生的一样，人口迁往郊区之后，随之而来的是企业向郊区的迁移。②

“社会的定时炸弹”

中东这个长期以来城市文明的中心，自 20 世纪 50 年代起

---

① S. I. 阿布米里（S. I. Abumere）：《尼日利亚》（“Nigeria”），选自詹姆斯·D. 拓沃（James D. Tarver）编《非洲城市化便览》（*Urbanization in Africa*：*A Handbook*），Westport，Conn.：Greenwood Press，1994，第262～277 页；波林·H. 贝克（Pauline H. Baker）：《都市化与政治变革：拉各斯的政治，1917～1967》（*Urbanization and Political Change*：*The Politics of Lagos*，*1917－1967*），Berkeley：University of California Press，1974，第32～34 页。

② 戴维·扎卡基斯－史密斯：《第三世界城市》，New York：Methuen，1987，第 8、38 页；迈克尔·F. 洛夫奇：《非洲城市发展政策的兴起与终结》，选自《发展中世界的城市》，第 23 页；威廉·H. 麦克尼尔：《瘟疫与人》，Garden City，N. Y.：Anchor Books，1974，第 21 页；艾伦·吉尔伯特、约瑟夫·古格勒：《城市、贫困与发展：第三世界的城市化》，London：Oxford University Press，1991，第 25 页；艾伦·马宾（Alan Mabin）：《都市化进程中南部城市中的郊区与种族隔离：21 世纪前期大都市政府面临的挑战》（“Suburbs and Segregation in the Urbanizing Cities of the South：A Challenge for Metropolitan Government in the Early 21st Century”），Lincoln Institute of Land Policy，2001；《黑色的航程》（“Black Flight”），摘自《经济学家》，1996 年 2 月 24 日。

经历了其他国家无法比拟的爆炸式城市大发展，但很少有城市取得过成功。该地区最大城市开罗，其城市面积在1900年的基础上扩大了15倍，人口增长到1000多万。20世纪40年代，人口只有50万的巴格达，到60年代，城市面积扩大了3倍，人口急剧膨胀，到20世纪末人口已达200万。曾经默默无闻的城市，如阿曼、科威特城和利雅德，城市人口增长速度甚至更快。①

由于该地区拥有丰富的能源资源，本来可以期望中东城市有足够的资金解决城市的人口膨胀问题。原本以为，伊斯兰世界早期以城市为依托的宗教的成功，可以为建设切实可行的城市道德秩序提供凝聚力。② 可悲的是，即便在20世纪70年代和

① 伯纳德·刘易斯：《问题何在？伊斯兰教与现代性在中东的冲突》，New York：Perennial，2002，第34页；阿里·马丹尼波尔（Ali Madanipour）：《德黑兰：大都市的形成》（*Tehran：The Making of a Metropolis*），New York：John Wiley，1998，第5、9页。

② 艾伯特·豪瑞理：《阿拉伯人民史》，Cambridge，Mass.：Harvard University Press，2002，第373～374页；珍妮特·阿布－卢格霍德：《阿拉伯世界以及国际体系的城市化》，选自《发展中世界的城市变迁》，第189页；萨拉·S. 艾尔－萨克斯、胡尚·阿米拉马地（Salah S. El-Shakhs and Hooshang Amirahmadi）：《阿拉伯世界的人口动态、城市化与大城市的规划》（"Population Dynamics，Urbanization，and the Planning of Large Cities in the Arab World"），选自萨拉·S. 艾尔－萨克斯、胡尚·阿米拉马地编《穆斯林世界的都市发展》（*Urban Development in the Muslim World*），New Brunswick，N. J.：Rutgers University Press，1993，第21～23页；胡尚·阿米拉马地、阿里·基阿法（Hooshang Amirahmadi and Ali Kiafar）：《德黑兰从要塞到大主教城市的转化：一个迅速增长与不均匀发展的故事》（"The Transformation of Tehran from Garrison Town to a Primate City：A Tale of Rapid Growth and Uneven Development"），选自《穆斯林世界的都市发展》，第120～121页。

80 年代石油业发展的鼎盛时期，这些城市也没有能够创办大规模的制造业和具有世界水平的服务产业，来解决各阶层大批城市居民的就业问题。到如今，伊斯兰教显然没有像其他信仰体系那样，能够成功地解决因城市化的巨大发展而带来的负面影响。

中东地区巨型城市的经济远景，如同发展中国家的大多数城市一样，被历史学家曼纽尔·卡斯特（Manuel Castells）称为被崛起的“信息主义”进一步侵蚀。科学技术重要性的凸显和全球经济网络的发展，损害了那些没有能力或不愿意成功地参与到全球经济活动当中的大多数城市人口的利益。[①]

很明显，除了世俗化的土耳其和被遗弃的以色列，没有几个近东地区的城市拥有高水平的计算机和科学技术素养。比如，2000 年近东其他国家的互联网使用者几乎不到人口的 1%。叙利亚学者萨米·克亚米指出，在信息时代，中东地区正站在“被甩在后面”的危险边缘，如同在工业时代落在后面那样。[②]

---

① 曼纽尔·卡斯特：《千年终结》（*End of Millennium*），Oxford, Eng.：Blackwell Publishers，1998，第 78～83 页；约翰·D. 卡萨达、阿兰·M. 帕乃尔（John D. Kasarda and Allan M. Parnell）：《简介：第三世界城市发展问题》（“Introduction：Third World Urban Development Issues”），选自约翰·D. 卡萨达、阿兰·M. 帕乃尔编《第三世界城市：问题，政策与展望》（*Third World Cities：Problems，Policies and Prospects*），Newbury Park，Calif.：Sage Publications，1993，前言第 6 页。

② 格雷·E. 伯克哈特、苏珊·欧德（Grey E. Burkhart and Susan Older）：《中东与北非的信息革命》（“The Information Revolution in the Middle East and North Africa”），选自《给国家信息委员会的一份报告》（*Report Prepared for the National Intelligence Council*），Santa Monica，Calif.：RAND，2003，前言第 4 页，正文第 2、53 页。

同样至关重要的是，这些城市的企业家和受过良好教育的人已经大批地流失了。他们正在北美与欧洲寻找出路。大批流失的人在城市化程度很高的族裔和宗教少数民族当中尤为明显。① 自20世纪60年代起，许多族群，如阿拉伯基督教徒和犹太人，离开了开罗、巴格达和德黑兰等城市，即使他们是那里世世代代的老居民。②

这部分人外迁之后，留下来的大体上是贫困和没有技术的人口，他们无法成为能够为城市基础设施提供必要的资金支持的现代经济的基础。当大多数阿拉伯国家城市人口超过50%时，下水和供水系统就赶不上城市发展的节奏。住房也供不应求。在开罗、卡萨布兰卡和亚历山大里亚，三四个人挤在一所

① 斯蒂法诺·比安卡：《阿拉伯世界的城市结构：过去与现在》，New York：Thames and Hudson，2000，第170～171页；珍妮特·阿布－卢格霍德：《开罗：城市胜利1001年》，Princeton，N. J.：Princeton University Press，1971，第98～99页。

② 萨拉·S. 艾尔－萨克斯、胡尚·阿米拉马地：《阿拉伯世界的人口动态、城市化与大城市的规划》，选自《穆斯林世界的都市发展》，New Brunswick，N. J.：Rutgers University Press，1993，第234页；伯德特：《面向21世纪》，1996；艾伯特·豪瑞理：《阿拉伯人民史》，Cambridge，Mass.：Harvard University Press，2002，第374页；乔纳森·埃里克·刘易斯（Jonathan Eric Lewis）：《伊拉克的基督徒》（"Iraq's Christians"），摘自《华尔街日报》（*The Wall Street Journal*），2002年2月19日；雷切尔·波默兰（Rachel Pomerance）：《伊拉克辉煌的过去》（"Iraq's Glorious Past"），摘自《犹太电报服务》（*Jewish Telegraphic Service*），2003年2月9日；埃米尔·塔瑞（Amir Taheri）：《萨达姆·侯赛因的错觉》（"Saddam Hussein's Delusion"），摘自《纽约时报》（*The New York Times*），2002年11月14日。

房子里。多数主要城市被非法占地的居民区所包围，埃及城市新房的一半以上集中在那里。联合国的一项研究估测，在20世纪90年代，有84%的开罗人带有贫民窟居民的特征。[①]

伊朗首都德黑兰是另一个失败的典型。这个相对较新的城市——1788年成为国家的首都，是统治者伊朗王的家。在20世纪，该城市发展速度惊人。国家的石油财富，膨胀的中产阶级，接受过教育的人口都足以确保把它建成一个伟大的现代化城市。

遗憾的是，频繁的腐败和独裁统治没有让日益增长的城市人口分享到国家繁荣所带来的好处。随着经济的发展，德黑兰的贫困率在20世纪40年代至70年代增长了两倍多。[②] 随着新来的人口涌入本已拥挤不堪的街道社区，犯罪和卖淫嫖娼等社会问题进一步恶化，用一位伊朗城市规划家的话说，将德黑兰变成了一个“陌生人的城市”。

这些被异化的、贫困不堪的城市居民，就像欧洲19世纪的工人阶级一样，对极端的意识形态越来越感兴趣，包括宗教激进主义。1979年，这些“被边缘化的德黑兰人”和受到严

① 艾伯特·豪瑞理：《阿拉伯人民史》，Cambridge，Mass.：Harvard University Press，2002，第438页；萨拉·S.艾尔－萨克斯、胡尚·阿米拉马地：《阿拉伯世界的人口动态、城市化与大城市的规划》，选自《穆斯林世界的都市发展》，New Brunswick，N. J.：Rutgers University Press，1993，第240页；阿兰·R. A.杰奎明：《城市发展与第三世界的新城镇：新孟买的经验》，Aldershot，Eng.：Ashgate，1999，第35页。

② 阿里·马丹尼波尔：《德黑兰：大都市的形成》，New York：John Wiley，1998，第21、95页。

重压迫的商人涌向街头去推翻伊朗王的统治，把政权移交到激进组织手里。

还不曾受伊斯兰教徒控制的其他国家的城市也遭遇到了同样的经济和社会问题。从北非到巴基斯坦，这些庞然大物般的城市经常酝酿一些强大的反现代主义倾向的暴力运动。一位联合国高级官员说，这个地区的城市现在所代表的是“社会定时炸弹，而非别的”，它有摧毁整个全球秩序的危险。①

① 伯德特：《面向 21 世纪》；胡尚·阿米拉马地、阿里·基阿法：《德黑兰从要塞到大主教城市的转化：一个迅速增长与不均匀发展的故事》，选自《穆斯林世界的都市发展》，第 130 ~ 131 页；马萨德·克拉巴地（Masoud Kheirabadi）：《伊朗城市的形成与发展》（*Iranian Cities: Formation and Development*），Austin: University of Texas Press，1991，第 60 页；阿里·马丹尼波尔：《德黑兰：大都市的形成》，New York：John Wiley，1998，第 23 页；马瑟拉特·埃米尔－艾伯拉希米（Masserat Amir-Ebrahimi）：《1986 年德黑兰的社会地理志》（“L'image socio-geographique de Teheran in 1986”），选自卡瑞·阿德、伯纳德·豪克德（Chahryar Adle and Bernard Hourcade）编《德黑兰：两百周年的首都》（*Teheran: Capitale Bicentenzire*），Paris：Institut Français de Recherche en Iran，1992，第 268 页。

第十七章
“远东的皇后”

以绝对数字计算，亚洲在 20 世纪后半期经历了世界上规模最大的城市人口迁移。[①] 与中东、拉美大部分地区和非洲的城市发展相比，亚洲的都市发展大体上更多发生在具有悠久历史的地带。这些城市不仅有数量上的进展，而且经济增长显著。与此同时，政治和社会秩序也常常经历更大程度的变化。

许多城市真正地实现了像一位 19 世纪的殖民者所称的“远东的皇后”的期盼，而非后殖民时代统治的窘境。[②] 当然，这种乐观的图景并不普遍。在新千年即将拉开序幕之际，卡拉奇 1000 万人口中将近 40% 的人仍居留在非法占地的居住区。政治动荡，尤其是反西方和反现代的伊斯兰运动的发展，减缓

---

① 《2001 年世界各国人口状况》。

② C. M. 特布尔（C. M. Turnbull）：《新加坡的历史（1819 ~ 1875）》（*A History of Singapore*：*1819 - 1875*），Kuala Lumpur：Oxford University Press，1977，第 1 ~ 45 页。

了巴基斯坦城市成功地加入世界经济一体化的进程。①

亚洲其他的主要城市——雅加达、曼谷和马尼拉已经饱受了政治动乱的苦难。多数城市的经济发展了，但经常难以支撑它们自身增长的人口。虽然不及非洲和近东城市贫困人口之众，但这些城市多半的居民依然非常贫困。

印度的城市革命

20 世纪的最后几十年，印度重新成为全球都市生活的主要中心。与“圣雄”甘地倡导的以乡村为中心的国家理念相反，印度的经济体系从以农村和农业为主转变为以工业化（甚至是后工业化）和城市化为主。受国家带头投资制造业和现代基础设施的刺激，1950 ~ 1995 年，印度城市在国民生产总值中占的份额翻了两番还要多。② 印度改革了过去一直抑制

① 卡尔帕那·沙马：《管理我们的城市：人们将为工作提供动力吗》，London：Panos Institute，2000；多纳德·N. 威尔伯（Donald N. Wilber）：《巴基斯坦：人民、社会与文化》（*Pakistan：Its People，Its Society and Its Culture*），New Haven：HRAF Press，1980，第 373 页；安东尼·金（Anthony King）：《殖民地都市化进程：文化、社会力量与环境》（*Colonial Urban Development：Culture，Social Power and Environment*），London：Routledge and Kegan Paul，1976，第 273 页；达摩·库玛：《剑桥印度经济史，卷二：1757 ~ 1970》，Hyderabad：Orient Longman，第 520 页。

② 尼格尔·哈里斯（Nigel Harris）：《城市、阶级与贸易：第三世界社会与经济的变革》（*City，Class and Trade：Social and Economic Change in the Third World*），London：I. B. Tauris & Co.，1991，第 30 页；巴内特·E. 鲁宾（Barnett E. Rubin）：《通往东方之路：印度的工业化与中国的经验》（“Journey （转下页注）

企业投资的准社会主义体制，从而进一步促进了城市的发展。

新的城市发展多数并没有集中在老殖民中心加尔各答，而是发生在首都新德里和另一个帝国主义的主要殖民据点孟买（1995年孟买由英语习惯拼写 Bombay 改为规范罗马拼写 Mumbai）。与许多发展中国家的城市发展相比，孟买的城市发展前景可谓差强人意。在整个工业体系中，孟买的金融服务、制造业和娱乐业已经居主导地位。孟买计划到 2015 年成为仅次于东京的世界第二大城市。20 世纪 90 年代末，孟买努力建设诸如“新城市”之类的新的发展极点，有助于吸引日益扩大的中产阶级。①

更重要的是，大量接受过教育、技术熟练的工人构成了印度大都市区发展至关重要的优势。到 2000 年，印度软件工程师约占全世界总数的 30%。在像班加罗尔这样规模较小的印度城市，这种优势尤为明显。②

到了 20 世纪 80 年代，班加罗尔成为印度发展最快的城市。1960 年，其人口还不足 100 万，到 20 世纪末猛增到 450 万。该城

（接上页注②）to the East: Industrialization in India and the Chinese Experience"），选自底里普·K. 巴素、理查德·西珊（Dilip K. Basu and Richard Sisson）编《重新评估印度社会与经济的发展》（*Social and Economic Development in India: A Reassessment*），New Delhi: Sage Publications，1986，第 69 页。

① 《丰富的空间，更少的占有者》（"Plenty of Space, Few Takers"），摘自《商务干线》（*Businessline*），1999 年 5 月 24 日。

② 卡尔帕那·沙马：《管理我们的城市：人们将为工作提供动力吗》，London: Panos Institute，2000；艾瑟·贾奇·阿鲁瓦利阿（Isher Judge Ahluwalia）：《印度的工业增长：从 60 年代中期以来的停滞》（*Industrial Growth in India: Stagnation since the Mid-Sixties*），Delhi: Oxford University Press，1985，第161～187 页。

市拥有900多家软件公司，被普遍视为印度的"硅谷"。它的发展大体上是其美国原型的翻版——这里城市蔓延扩散，汽车成为生活的中心，拥有大量的自主发展的、以研发为主的工业园区。①

紧随其后的是印度其他城市，如海得拉巴，它建成了有利于先进工业发展的新的办公园区、科研机构、高速公路和飞机场。20世纪90年代末，海得拉巴所在的安得拉邦拥有1.5万名软件开发工人，软件专家的人数增加了26倍。

随着全球人才需求的扩大，技术与服务业甚至开始扩展到加尔各答这样的落后的巨型城市之中。② 这并没有结束后来被更名为Kolkata的加尔各答③和印度其他城市的贫困状况。即

---

① 阿里·撒拉夫、莱斯利·格林（Ali Sharaf and Leslie Green）：《加尔各答》（"Calcutta"），选自威廉·A. 罗宾森、D. E. 里根（William A. Robson and D. E. Regan）编《世界上伟大的城市：他们的政府，政治与规划》（*Great Cities of the World: Their Government, Politics and Planning*），Beverly Hills，Calif.：Sage Publications，1972，第299页；蒂姆·麦克唐纳（Tim McDonald）：《美国技术不再眷顾亚洲》（"U. S. Tech Bust a Boon for Asia"），《新闻代理人网络》（News Factor Network），2001年6月7日；阿文德·辛格哈尔、埃弗雷特·M. 罗杰斯（Arvind Singhal and Everett M. Rogers）：《印度的信息革命》（*India's Information Revolution*），New Delhi：Sage Publications，1989，第163~165页。

② 凯莉·艾斯琛（Kyle Eischen）：《印度的高科技奇迹让抽象变为现实》（"India's High-Tech Marvel Makes Abstract Real"），摘自《圣琼斯墨丘利新闻》（*San Jose Mercury News*），2000年5月19日；乔安娜·斯拉特：《购物中心技术性工作的流入把现代性带给加尔各答》（"Influx of Tech Jobs Ushers in Malls, Modernity to Calcutte"），摘自《华尔街日报》2004年4月28日。

③ 印度政府于2000年12月23日将加尔各答的英语习惯拼写Calcutt改为规范罗马拼写Kolkata。——译者注

使在经济最具活力的中心，大量没有工作和极度贫困的工人为了赚得可怜的工资而辛勤地工作，其中包括数百万的童工。与此同时，这些城市的中产阶级日益壮大。①

东亚打破了旧有模式

毫无疑问，亚洲的远东城市发展最引人注目，其中不少城市直接或间接地受到了中国丰富的城市文化的影响。早在印度城市经济表现出成熟迹象之前，亚洲城市追随大阪和东京早期走过的路，利用经济的快速发展所取得的成果为城市扩展提供经济支持。

20 世纪 60 年代，大多数亚洲城市被看成像开罗、拉各斯或加尔各答一样，是没有明显特征的、贫困的“发展中世界”的一部分。到 20 世纪末，汉城、台北、新加坡和香港的发展令人刮目相看。如同腓尼基和古希腊充满活力的贸易城邦或文艺复兴时期的意大利的现代亚洲版，这些城市驰骋于世界舞台，寻找可以征服的新工业和新市场。②

---

① 曼纽尔·卡斯特：《千年终结》，Oxford：Blackwell Press，1998，第 151 ~ 155 页；艾米·沃尔德曼（Amy Waldman）：《印度经济的快速增长中缺乏低技术和高技术工作》（“Low-Tech or High, Jobs Are Scarce in India's Boom”），摘自《纽约时报》2004 年 5 月 6 日。

② 彼得·约翰·马克托里欧（Peter John Marcotullio）：《亚太地区城市的全球化，城市构成和环境条件》（“Globalization, Urban Form and Environmental Conditions in Asia-Pacific Cities”），摘自《城市研究》（*Urban Studies*）2003 年第 2 号。

汉城的崛起

直到1876年，汉城依然是朝鲜“隐士王国”的首都，它几乎全然与其他经济大国断绝联系。它只是在日本商业利益的强烈刺激之下，迫于外界压力向世界敞开大门。20世纪初，日本彻底占领朝鲜。在日本的残暴统治之下，汉城屈尊于大阪和东京之下，如同孟买和加尔各答屈从于伦敦、伯明翰和利物浦那样。日本像印度和其他地方的欧洲殖民者一样，促使汉城从一个古老的帝国首都转变成一个拥有制造业、有轨电车和专业人士阶层日增的现代化城市。

1945年日本战败之后，汉城获得了独立，成为了大韩民国的首都和最主要的城市。5年之后，共产党控制的朝鲜发动突然袭击，摧毁了这座城市。在随后长达3年的对抗中，这座城市和它的郊区成为了联合国军和共产主义力量交战的主要战场。

韩国的首都从战争的创伤——47%的建筑被摧毁——和极度贫困中东山再起。同发展中国家的许多城市一样，来自农村的移民的涌入使汉城人口迅速膨胀；20世纪六七十年代，每年大约有超过30万人迁移到这座大部分依然是废墟的首都城市。

随着农村人口大量涌入城市，汉城的人口增长毫不逊色于开罗、圣保罗、孟买和其他一大批发展中国家的城市。1960年，这座城市的人口为300万，到2000年，城市人口超过1100万，这还不包括居住在大都市区周围的900多万人口。①

① 金珠春、崔相哲（Joochul Kim and Sang-Chuel Choe）：《汉城：大都市的形成》（*Seoul: The Making of a Metropolis*），West Sussex，Eng.：John Wiley，1997，第3、8～11页。

最初，汉城也同样反映了城市发展所带来的并不陌生的负面影响——摇摇欲坠的非法占地者居住区、永远超负荷的交通、不合格的卫生和健康设施。[①] 最大的不同是，汉城的经济发展比世界上任何其他城市都要快。

汉城财富的增长为其快速膨胀的人口所带来的诸多挑战提供了资金支持。新公路、新住房、办公大楼和研究园区出现在整个地区。为了给城市中心区域的发展鸣锣开道，汉城在 20 世纪 60 年代拆除了蔓延的非法占地者居住区。为了准备 1988 年奥运会，它在 20 世纪 80 年代又拆除了一部分同样的非法居住区。虽然有许多人流离失所，贫困问题还是得到了有效的遏制。[②] 联合国的一项研究表明，到了 1988 年，汉城只有 14% 的人口居住在贫民窟，贫困人口只相当于开罗的 1/6。[③]

此时，韩国首都与拥挤、交通不畅、物价昂贵的东京和现

① 阿兰 · R. A. 杰奎明：《城市发展与第三世界的新城镇：新孟买的经验》，Aldershot，Eng.：Ashgate，1999，第 35 页；A. S. 欧伯罗伊（A. S. Oberoi）：《第三世界百万人口城市人口增长、就业与贫困的分析与政策问题》（*Population Growth，Employment and Poverty in Third-World Mega-Cities：Analytical and Policy Issues*），New York：St. Martin's Press，1993，第 11 页；金珠春、崔相哲：《汉城：大都市的形成》，West Sussex，Eng.：John Wiley，1997，第 11 ~ 12、26 ~ 29、191 ~ 192 页。

② 哈道伊：《在永恒危机中建造与管理城市》，第 21 页。

③ 艾尔 - 萨克斯、胡尚 · 阿米拉马地：《阿拉伯世界的人口动态、城市化与大城市的规划》，选自《穆斯林世界的都市发展》，New Brunswick，N. J.：Rutgers University Press，1993，第 240 页；阿兰 · R. A. 杰奎明：《城市发展与第三世界的新城镇：新孟买的经验》，Aldershot，Eng.：Ashgate，1999，第 35 页。

代西方城市更为相似，与中东和非洲贫困的城市中心差别较大。汉城对韩国经济的影响胜过东京对日本经济的影响；汉城是全国50家最大企业当中48家的公司总部、主要政府机构和许多外国公司总部所在地。[①] 像法兰克福和大阪等传统商业中心一样，汉城也成了许多大型公司的大本营。[②] 鉴于汉城对经济有如此强大的辐射作用，因此，有人建议到21世纪初将韩国首都迁移到南部的农村地区。[③]

英国的成功后裔

汉城的崛起部分地代表了东亚城市在20世纪后半期广泛出现的一个引人注目的发展模式。在现代城市历史中，此事件源起于新加坡和香港这两个商业城市的演变，它们是大英帝国权威和经济实力培育下的产物。

香港在1841年被完全割让给英国。在英国的帮助下，这个新出现的欧洲城市的“缩影”，取代广州成为中国南部最主

---

① 理查德·蔡尔德·希尔、金俊宇（Richard Child Hill and June Woo Kim）：《全球性城市与发展状况：纽约、东京与汉城》（“Global Cities and Development State: New York, Tokyo and Seoul”），摘自《城市研究》2000年第12期，第37页。

② 约翰·瑞尼·肖特、金永勋（John Rennie Short and Yeong-Hyun Kim）：《全球化与城市》（*Globalization and the City*），London: Longman，1999，第26、57页。

③ 巴巴拉·戴米克（Barbara Demick）：《韩国计划迁都》（“South Korea Proposes a Capital Change”），摘自《洛杉矶时报》（*Los Angeles Times*），2004年7月9日。

要的贸易港口。香港逐渐地培育了强大的中国经济文化，不久之后，这种文化很快传播到了整个东亚地区。这个融会了中国和欧洲双重影响的新型城市社会发展迅速，人口从20世纪初的仅仅几千猛增到1937年的100多万。

10年之后，共产主义革命迟滞了中国内地的经济中心的发展。香港自立自强，成为仅次于东京的亚洲第二大经济之都。随着毛泽东时代内地移民涌入香港，到20世纪80年代，香港的人口增长了3倍还要多。香港的崛起不仅依靠激增的人口，还得益于来自内地的企业家和专业人才，其中最为引人注目的是来自上海的金融界和产业界精英人士。[①]

新加坡：亚洲的模范城市

新加坡是1819年由斯坦福·拉弗尔斯爵士创建的一个帝国贸易据点，到1867年，它发展成英国的一个成熟的殖民地。由于远距中国大陆南部，这座城市吸引了大批的中国移民。为数众多的印度人、马来人、阿拉伯人、犹太人以及殖民地代表使新加坡成为一个充满活力的国际性大都会，它不仅与伦敦，也和巴格达、雅加达、广州和上海有联系。新加坡被约瑟夫·

① 杰拉德·瑟加（Gerald Segal）：《香港的命运》（*The Fate of Hong Kong*），New York：St. Martin's Press，1993，第1～27页；小罗伊·霍夫海因茨、肯特·E. 考尔德（Roy Hofheinz，Jr. and Kent E. Calder）：《东亚的边缘》（*The East Asia Edge*），New York：Basic Books，1982，第103页。

康拉德[①]形容为“喧闹而有生机”的城市，到处是商人、船员，主要是来自中国的工人阶层。[②]

第二次世界大战期间日本的占领使这个殖民地社会遭受了严重的破坏。英国受到亚洲强国日本的羞辱，失去了至高无上的霸主地位。在日益增长的要求独立的压力之下，英国于1965年最终离开了这个古老的殖民地城市。

起初，这个只有225平方英里的狭小共和国的前景令人担忧。这座城市遇到了所有发展中国家遇到的问题——巨大而拥挤的贫民窟、黑社会帮派和技术水平较低的人口。同时，新加坡还要面对人口更多的穆斯林邻国马来西亚的敌意，它就是从该国独立出来的。

新加坡的巨大成就是后殖民世界罕见的。它没有利用自己新的国家主权为少数腐败精英服务，而是谱写了发生在20世纪后半期一个令人难以置信的成功的城市神话。在接受过牛津大学教育的李光耀的威权主义领导下，新加坡彻底告别了殖民主义的过去，打造了一个亚洲城市发展的新的模式。有规划的公寓大楼替代了廉价的公寓和低矮的商店；现代的公路体系和先进的地铁系统取代了堵塞的街道；一度猖獗的犯罪活动几乎销声匿迹。

同汉城和香港一样，大规模的经济增长是城市成功的关键。李光耀和他的政府兢兢业业，充分利用了新加坡作为跨亚洲贸易

---

① 约瑟夫·康拉德（1857～1924），英国著名小说家。——译者注

② C. M. 特布尔：《新加坡的历史（1819～1875）》，Kuala Lumpur：Oxford University Press，1977，第1～45页；潘翎（Lynn Pan）：《炎黄子孙：华人移民史》（*Son of the Yellow Emperor*：*A History of the Chinese Diaspora*），Boston：Little，Brown，1990，第110页。

的港口和交通枢纽的天然优势。新加坡迅速地完成了从纺织这样的低薪工业向高科技和服务业的转型，到20世纪末，新加坡自称是世界上人口受教育程度最高、经济生产力最强的国家之一。虽然阶级分野依然存在，但绝大多数人口现在已经达到了其他后殖民世界城市难以想象的生活水平和富裕程度。1964年新加坡人均年收入水平仅有800美元，到1999年则超过了2.3万美元。[①]

新加坡人口的教育程度、说英语的中产阶级、廉洁的政府和现代化的基础设施建设也吸引了大批的跨国集团公司到这里投资。李光耀不仅仅对提高城市国家的短期经济前景感兴趣，他还要建设一个新的亚洲都市文化，使其在21世纪同样具有全球竞争能力。他的一个部长宣称："我们给了市民一个环境整洁的城市、现代的生活福利设施和强大的经济。现在，我们所想的是给予他们一种什么样的文化。"[②]

---

① 珍妮特·W. 萨拉夫（Janet W. Salaff）：《新加坡国家与家庭：重新构建一个发展的社会》（*State and Family in Singapore: Restructuring a Developing Society*），Ithaca，N. Y.：Cornell University Press，1988，第3、226～227页；林崇椰（Lim Chong Yah）：《新加坡25年来转型一瞥》（"The Transformation of Singapore in Twenty-five Years: A Glimpse"），选自杨宝森与林崇椰编（You Poh Seng and Lim Chong Yah）《新加坡：25年的发展》（*Singapore: Twenty-five Years of Development*），新加坡，南洋星洲联合早报，1984，第6～7页；黄玉玲（Giok-Ling Ooi）：《国家在新加坡自然保护中的角色》（"The Role of the State in Nature Conservation in Singapore"），摘自《社会与自然资源》（*Society and Nature Resources*），2002年第15期，第445～460页。

② T. J. S. 乔治（T. J. S. George）：《李光耀的新加坡》（*Lee Kuan Yew's Singapore*），Singapore：Eastern Universities Press，1984，第109页。

儒家思想的复兴

到了20世纪80年代中期，李光耀已经决定要给予他的人民何种的“文化类型”——一种建立在亚洲尤其是中国的价值体系基础之上的城市文化。李光耀自称为亲英派，并且曾经暗示他的中国情结并不比美国总统肯尼迪的爱尔兰情结更深。现在他却提倡一种基本的儒家文化精神，其根基在于对睿智而强大的知识界精英的权威的尊重。他说如果没有这种文化，新加坡将会很快地退化成他所苛刻地称为的“另一个第三世界社会”。[①]

儒家精神的复兴，不仅逐渐影响了新加坡的思维模式，而且对国民党统治下的以中国人为主导的台湾经济乃至香港产生了影响。[②] 儒家思想的“集体主义”与西方以及传统的个人和家庭进步的观念结合起来，提供了一种道德秩序和集体意志的意识，此状况在其他发展中世界的许多地方是不明显的。

到20世纪80年代，长期以来对有资本主义思维观念的海外同胞持蔑视态度的中共领导人，甚至也转而支持这种观念。1992年，中国杰出的领导人邓小平公开表示了对新加坡“社会秩序”的羡慕，支持这个城市国家领导人对

① 潘翎：《炎黄子孙：华人移民史》，Boston：Little，Brown，1990，第264～265页；T. J. S. 乔治：《李光耀的新加坡》，Singapore：Eastern University Press，1984，第16页。

② T. J. S. 乔治：《李光耀的新加坡》，Singapore：Eastern University Press，1984，第16、109页。

待资本主义的方式，认为它就是中国城市迅速发展的最佳蓝图。①

毛泽东时代的中国城市

在中国共产党革命胜利后的早期，有这种想法简直是不可想象的。中共取得政权主要依靠农民的支持。国民党这个被打败的对手的强大后盾则是沿海城市和那里的大都市精英。②

1949 年取得大陆统治权之后，中共领导人毛泽东谋求改变国家的发展模式，发展的重点由“腐败”的沿海商业中心城市转向农村和内陆城镇。他想通过限制人口迁移，有意识地遏制大城市的发展。在 20 世纪 60 年代后半期的“文化大革

---

① T. J. S. 乔治：《李光耀的新加坡》，Singapore：Eastern University Press，1984，第 28 页；戴维 · S. G. 古德曼（David S. G. Goodman）：《邓小平与中国革命：一份政治传记》（*Deng Xiaoping and the Chinese Revolution：A Political Biography*），London：Routledge，1994，第 120 页；霍伊曼 · 陈、兰司 · P. L. 李（Hoiman Chan and Rance P. L. Lee）：《香港家庭：处在现代主义与传统主义的十字路口》（“Hong Kong Families：At the Crossroad of Modernism and Traditionalism”），摘自《比较家庭研究》（*Journal of Comparative Family Studies*），1996 年春季号；马克托里欧：《全球化》；曼纽尔 · 卡斯特：《千年终结》，Oxford：Blackwell Press，1998，第 292 页；杜维明（Weiming Tu）：《超越启蒙心态：对伦理、移民和全球性工作的儒家解读》（“Beyond Enlightenment Mentality：A Confucian Perspective on Ethics，Migration and Global Stewardship”），选自《国际移民评论》（*International Migration Review*），1996 年春季号。

② 罗兹 · 墨菲：《变革中心的城市：西欧和中国》，选自《第三世界城市》，New York：Barnes and Noble Books，1974，第 62 ~ 63 页。

命”期间，共产党定期把大批的城市青年“下放”到农村去接受农村教育，为社会主义大发展计划提供劳动力。

结果，与东亚和其他发展中国家相比，中国的城市化进程速度缓慢。在香港、孟买、墨西哥等城市人口快速增加之时，中国许多原有的商业中心，如广州、天津和上海，人口增长幅度有限。与之相反，北京这个共产党的权力中心的人口持续增长，从1953年到1970年，北京增加的人口是上海的2倍。

在毛泽东时代的所有城市，许多传统的城市生活被压制。古老的寺庙不是被荒置就是被捣毁。公共市场是千百年来中国城市重要的组成部分，受到了限制。虽然犯罪、卖淫嫖娼、公开的贪污腐败等行为基本上绝迹，但曾经“喧闹而有生机”的中国商业城市都变成了单调乏味的地方。①

① 艾伦·吉尔伯特、约瑟夫·古格勒：《城市、贫困与发展：第三世界的城市化》，London：Oxford University Press，1991，第187页；杜维明：《超越启蒙心态：对伦理、移民和全球性工作的儒家解读》，选自《国际移民评论》，1996年春季号；杨汝万（Yue-Man Yeung）：《东亚的大城市》（“Great Cities of Eastern Asia”），选自《大都市时代》第1卷《大城市林立的世界》，第158页；马丁·金·怀特（Martin King Whyte）：《都市中国的社会控制与复原》（“Social Control and Rehabilitation in Urban China”），选自《第三世界的都市化》，第264～270页；西德尼·戈尔茨坦（Sidney Goldstein）：《中国的城市化水平》（“Levels of Urbanization in China”），选自《大都市时代》第1卷《大城市林立的世界》，第200～221页；陈祥明：《中国大城市和城市等级》，选自《大城市林立的世界》，Newbury Park：Sage，1989，第230～232页；黛博拉·戴维斯（Deborah Davis）：《1949年以来中国大都市的社会转型》（“Social Transformation of Metropolitan China since 1949”），选自《发展中世界的城市》，第247～252页。

四个现代化与中国城市的复兴

自1976年毛泽东去世以后，中国城市发生了巨大的变化。在邓小平“四个现代化”的指引下，北京逐渐放松了对城市的严格管制。地方官员开始鼓励私人的积极性和外来投资。创建经济特区，例如在香港和广州之间的深圳，吸引了巨额的外来资金，这些资金多数来自香港、台北和新加坡。在15年的时间里，珠三角地区变成了像19世纪中期英国的中部地区那样，不仅成为“中国的工厂”，也很快发展成世界工厂。①

可以确定地说，中国城市成为国民生活的中心，这在中国历史上任何时候都是没有过的。由于对人口的流动和寻找新的机会取消了严格管制，数以千万计的农村人口如潮水一般涌向了城市。

在不到一代人的时间里，城市的街道生活发生了翻天覆地的变化。以前塞满自行车的街道，如今到处是汽车。新的现代化办公大楼、酒店和高耸的公寓大楼使街道两侧斯大林风格的国有老建筑变得如此的矮小。公共市场重见天日，为不断增多的富裕群众提供品种日益繁多的肉类、蔬菜和水果。

上海的复兴

毛泽东时期一直受到扼杀的大都市文化又一次回到了城

① 詹姆斯·金奇（James Kynge）：《工业化水电站在滨水地区蓬勃发展》（“An Industrial Powerhouse Emerges by the Waterfront”），摘自《金融时报》2003年1月23日。

市，尤其是沿海城市。① 这一现象在古老的殖民地要塞上海尤为突出，它逐渐对香港和东京的亚洲首要经济中心和外国投资场所的地位提出挑战。

上海也启动了世界上最具雄心的基础设施建设工程项目，包括新的地铁系统和飞机场改造。跨越上海黄浦江最大的建设项目浦东新区于1990年动工；10年之内，一座崭新的城市拔地而起，并配备了绿化带、豪华酒店、140多层高的办公大楼、平整的公路、现代化的轮渡终点站、地铁和地下人行隧道。②

---

① 黛博拉·戴维斯：《1949年以来中国大都市的社会转型》，选自《发展中世界的城市》，第294～254页；《中国能否保持中心地位?》（“China：Can the Centre Hold”），摘自《经济学家》，1993年11月6日；林友素（Lin You Su）：“前言”（“Introduction”），选自加文·W. 琼斯、普拉唯·维萨瑞亚（Gavin W. Jones and Pravin Visaria）编《发展中大国的城市化：中国，印度尼西亚，巴西与印度》（*Urbanization in Large Developing Countries：China，Indonesia，Brazil and India*），Oxford，Eng.：Clarendon Press，1997，第26～44页；杜文彬（Ben Dolven）：《中国城市的经济吸引力在增长》（“Economic Lure of China's Cities Grows”），摘自《华尔街日报》2003年2月26日。

② 《香港的衰落》（“The Decline of Hong Kong”），摘自《华尔街日报》2003年7月1日；《上海：2004》（“Shanghai：2004”），摘自《经济学家》，2004年1月15日；沙希德·尤素夫、吴卫平（Shahid Yusuf and Weiping Wu）：《通往世界城市的道路：上海在全球化时代中崛起》（“Pathways to a World City：Shanghai Rising in an Era of Globalization”），选自《城市研究》（*Urban Studies*），2002年第7期，第39页；赵宾、竹村延和、陈家宽、孔龄易（Zhao Bin，Nobukazu Nakahoshi，Chen Jia-Kuan and Kong Ling-yi）：《中国上海浦东的土地使用与保护的城市规划》（“The Impact of Urban Planning on Land Use and Land Cover in Pudong of Shanghai，China”），摘自《环境科学》（*Journal of Environment Sciences*），2003年第2期，第15页。

中国城市的迅速崛起同时也带来了与快速发展相伴生的许多新的挑战。数百万的流动劳动力——“流动人口”——重蹈贫困的兰开夏农夫、爱尔兰农民和欧洲移民在芝加哥或纽约的覆辙。他们住进了拥挤狭小的公寓，却要支付高昂的房费。数以百万计的中国城市居民不得不在肮脏、危险和常常不安全的地方工作。卖淫嫖娼、赤裸裸的贪污腐败、小偷小摸和其他旧中国时期滋生的“邪恶”返回到城市，严重程度有时令人吃惊。[①]

郊区出现在东亚

尽管所有这些与过去的老工业城市颇为相似，亚洲中心城市的崛起主要还是城市分散时代的产物。不像欧洲或北美那些高度集中的城市中心，这些地区是在汽车、电子通信和工业技术圈定了城市地理轮廓的时代里发展。

随着高楼大厦在上海、香港和汉城的拔地而起，城市向外

① 戴维·拉格（David Lague）:《中国最重要的群众运动》（“China's Most Critical Mass Movement”），摘自《华尔街日报》2003 年 1 月 8 日；戴维·墨菲（David Murphey）:《中国盛宴的被遗弃者：百万下岗工人正变得愤怒》（“Outcasts from China's Feast: Millions of Laid Off Workers Are Getting Angry”），摘自《华尔街日报》2002 年 11 月 6 日；《中国上海文化种类的性别》（“Sex of a Culture Sort in Shanghai, China”），摘自《经济学家》，2002 年 7 月 13 日；尤金·林登（Eugene Linden）:《发展中世界城市的爆炸性发展》（“The Exploding Cities of the Developing World”），摘自《外交季刊》（*Foreign Affairs*），1996 年 1 月；戴维·克拉克（David Clark）:《城市化的世界，全球化城市》（*Urban World/Global City*），London: Routledge，1996，第 175 页。

扩展的压力越来越大。东亚一些城市日益增多的中产阶级对纽约或东京快节奏的城市生活青睐有加，许多城市新住宅、工厂和购物商城搬迁到了城市郊区。这一现象在亚洲的其他城市如雅加达、吉隆坡、曼谷和马尼拉都能看到，这些城市优雅的郊区吸引着富裕的城市居民和工业企业。[①]

许多在新的办公园区、工厂和科研机构工作的人，期盼着移居到舒适的和快速蔓延、依赖汽车的郊区社区，有时候人们会把这些社区误认为是人口密度比洛杉矶或圣何塞更为密集的郊区的翻版。[②] 这些亚洲城市居民像西方城市居民那样，发现他们的“更好的城市”出现在城市正在扩展的众多类似岛屿的郊区。[③]

---

① 尼格尔·哈里斯：《城市、阶级与贸易：第三世界社会与经济的变革》，London：I. B. Tauris & Co.，1991，第73页；艾伦·马宾：《都市化进程中南部城市中的郊区与种族隔离：21世纪前期大都市政府面临的挑战》，Lincoln Institute of Land Policy，2001；杨汝万：《东亚的大城市》，选自《大都市时代》第1卷《大城市林立的世界》，第158、181页；彼得·约翰·马克托里欧：《亚太地区城市的全球化，城市构成和环境条件》，摘自《城市研究》2003年第2号，第219～247页。

② 伊利斯贝丝·罗森塔尔（Elisbeth Rosenthal）：《北京北部，加利福尼亚的梦实现了》（“North of Beijing, California Dreams Come True”），摘自《纽约时报》2003年2月3日；《上海计划大规模的郊区发展》（“Shanghai Plans Massive Surburban Development”），摘自《人民日报》2003年5月18日。

③ 托马斯·坎贝拉（Thomas Campenella）：《让100个住宅小区茁壮成长》（“Let a Hundred Subdivisions Bloom”），摘自《大都市》（*Metropolis*），1998年5月；艾伦·马宾：《都市化进程中南部城市中的郊区与种族隔离：21世纪前期大都市政府面临的挑战》，Lincoln Institute of Land Policy，2001；诺顿·金斯伯格（Norton Ginsburg）：《未来亚洲城市的规划》（“Planning the Future of the Asian City”），选自《作为亚洲变革中心的城市》，第277页。

结 论

城市的未来

结　论
城市的未来

城市兴衰的进程既源于历史，也被历史所改变。今天成功的城市化区域也必定是古老原则的体现——神圣、安全和繁忙的地方。的确如此，5000 年前的城市只不过是少数人聚集之所，当今时代城市已首次成为大多数人生活的地方。①

1960 年，世界城市人口仅为 7.5 亿，到了 2002 年则达到 30 亿，有望在 2030 年超过 50 亿。各个阶层城市居民数量都在膨胀，他们所面临的环境截然不同，而且仍在变化之中，这种环境使得都市大邑不仅要与其他大的城市区域进行竞争，甚至还要与为数众多的小型城市、郊区以及城镇竞争。②

---

① 《世界人口展望：2000 年修订本》（*World Population Prospects: The 2000 Revision*），联合国人口司。

② 《世界人口展望：人口数据库》（*World Population Prospects: Population Date Base*），联合国人口司，2000；《世界都市化展望：2003 年修订本》（*World Urbanization Prospects: The 2003 Revision*），联合国人口司。

巨型城市的危机

发展中国家的巨型城市尚处在不断扩展的进程中，更能感受到这些强烈的变化。过去，城市的规模有助于使城市成为内陆腹地的经济主导，而今天，大多数人口密集的巨型城市，如墨西哥城、开罗、拉各斯、孟买、加尔各答、圣保罗、雅加达、马尼拉等，其规模与其说是城市的优势，毋宁说是城市的负担。①

在一些地方，这些城市巨无霸已经输给了规模较小、管理更好以及社会包袱较小的新开发的区域。在东亚，21 世纪城市化重要的摇篮新加坡，广义上也包括吉隆坡，已经比人口众多的曼谷、雅加达和马尼拉更成功地融入全球一体化之中。②

---

① 萨拉·S. 艾尔－萨克斯、胡尚·阿米拉马地：《阿拉伯世界的人口动态、城市化与大城市的规划》，选自《穆斯林世界的都市发展》，New Brunswick，N. J.：Rutgers University Press，1993，第 237 页；萨利·E. 芬德里（Sally E. Findley）：《第三世界城市：发展政策与观点》（“The Third World City: Development Policy and Issues”），选自《第三世界城市》（*Third World Cities*），第 7、11 页；《2001 年世界各国人口状况》；尼格尔·哈里斯：《城市、阶级与贸易：第三世界社会与经济的变革》，London：I. B. Tauris & Co.，1991，第 49 页。

② 阿里·巴萨（Ali Parsa）、瑞敏·凯法尼（Ramin Keivani）、卢李新（Loo Lee Sin）、王索恩（Seow Eng Ong）、阿希德·艾加威（Asheed Agarwai）、巴瑟姆·尤内斯（Bassem Younes）：《全球化城市的兴起：新加坡与阿拉伯联合酋长国的比较》（转下页注）

同样，如一位观察家指出的那样，膨胀的城市规模“削弱了墨西哥城的经济威力”。[1] 该首都由于受到犯罪、交通堵塞、人口压力的困扰，企业家和有抱负的工人常常避开这个城市而到发展迅速、管理有方的城市如瓜达拉哈拉和蒙特雷，或者穿过边界到其他城市区域定居或发展。[2]

（接上页注②）（*Emerging Global Cities*：*Comparison of Singapore and the Cities of the United Arab Emirates*），伦敦，RICS（The Royal Institution of Chartered Surveyors）基金会，2003；苏龙·穆罕默德（Sulong Mohammad）：《马来西亚的地区发展规划中作为都市化策略的新城镇》（“The New Town as an Urbanization Strategy in Malaysia's Regional Development Planning”），载于罗伯特·B. 普特、亚丁诺拉·T. 萨劳（Robert B. Putter and Adenola T. Salau）《第三世界城市和发展》（*Cities and the Development in the Third World*），London：Mansell，1970，第127～128页。

① 乔纳森·坎德尔：《墨西哥的大都市》，选自《我看见一个不可征服的城市》，第187页；马克·D. 苏茨曼：《幻想中城市——拉丁美洲城市文化的发展》，选自《我看见一个不可征服的城市：拉丁美洲的城市肖像》，第187页。

② 乔治·马丁、克雷里奥·坎伯林娜·迪尼茨（George Martine and Clelio Campolina Diniz）：《发展中大国的都市化进程》（“Urbanization in Large Developing Countries”），引自《巴西经济与人口统计：最近对历史模式的倒置》（*Economic and Demographic Concentration in Brazil*：*Recent Inversion of Historical Patterns*），第205～227页；特里萨·P.R. 卡德拉（Teresa P. R. Caldeira）：《墙之城：圣保罗的犯罪、种族隔离与公民权》（*City of Walls*：*Crime*，*Segregation and Citizenship in Sao Paulo*），Berkeley：University of California Press，2000，第233页；《世界都市化展望：2003年修订本》（*World Urbanization Prospects*：*The 2003 Revision*）；萨利·E. 芬德里：《第三世界城市：发展政策与观点》，选自《第三世界城市》，第27页；哈里·W. 理查德森（Harry W. Richardson）：《不发达国家中大城市（转下页注）

在近东，像开罗和德黑兰这样的巨型城市为了应付爆炸性增长的城市人口吃尽了苦头，而较小的、更加紧凑的中心如迪拜和阿布扎比却兴盛一时。1948 年，迪拜是一个仅有 2.5 万人口的尘土飞扬的居民点，50 年之后，人口接近 100 万。然而，如何避免经济停滞问题一直困扰着大多数阿拉伯国家的城市。①

同迪拜一样，兼容并蓄的态度和积累的独特技术仍然对城市的成功起着决定性的作用。相对而言，接纳不同文化和雇佣一流人才才能帮助小城市发挥比其规模更大的作用，例如当年的特里尔、佛罗伦萨和阿姆斯特丹等城市做到了这一点。无独有偶，21 世纪的小型世界性城市，如卢森堡、新加坡或特拉维夫，它们的经济影响往往超过了人口在 1000 万或 1500 万、无规则蔓延的巨型城市。②

（接上页注②）的效率与福利》（“Efficiency and Welfare in LDC Megacities”），选自《第三世界城市》，第 37 页；拉里·罗特（Larry Rohter）：《第三世界城市的研究模型的兴起》（“Model for Research Rises in a Third World City”），摘自《纽约时报》2001 年 5 月 1 日；《芝兰哥的天堂》（“Chilango Heaven”），摘自《经济学家》，2004 年 5 月 1 日。

① 巴萨等：《全球化城市的兴起》；图金·内伊肯 - 雷冯特（Tuzin Naycan-Levent）：《伊斯坦布尔的全球化与发展策略：地区政策与大型都市交通工程》（“Globalization and Development Strategies for Istanbul: Regional Policies and Great Urban Transportation Projects”），第 39 次 IsoCa 大会，2003。

② 约瑟夫·W. 孔威茨（Josef W. Konvitz）：《全球化城市与经济增长》（“Global Cities and Economic Growth”），摘自《经济合作与发展组织观察家》（*OECD Observer*），Paris: Organization for Economic Cooperation and Development, 1994。

当代城市复兴的局限

在20世纪落下帷幕之时，发达国家巨型城市的经济前景似乎更加光明一些。有统计表明，甚至长期以来被人放弃的城市中心区的人口也有所增加，尽管幅度很小。目前有一些人预测，大多数国际化的“世界城市”，如伦敦、纽约、东京和旧金山等城市，事实上已经渡过了困难期。[①] 敏锐的观察家、历史学家彼得·霍尔（Peter Hall）表示，“西方文明和西方城市都没有”“表露出任何衰退的迹象”。[②]

这种乐观的态度大多是基于对全球一体化的影响和世界范围内经济由以制造业为主向以信息为主转型的认识。理论家萨斯基亚·萨森（Saskia Sassen）指出，像纽约、伦敦和东京这样的城市占据“新的地理中心”，它们为世界经济管理提供了

---

① 苏珊·S. 费恩斯坦、迈克尔·哈罗伊（Susan S. Fainstein and Michael Harloe）：《前言：当代世界的纽约与伦敦》（“Introduction: New York and London in the Contemporary World”），选自苏珊·S. 费恩斯坦、艾恩·哥登（Ian Gordon）、迈克尔·哈罗伊编《分裂的城市：当代世界的纽约与伦敦》（*Divided Cities: New York and London in the Contemporary World*），London: Blackwell Publishers，1992，第7页。

② 曼纽尔·卡斯特：《信息化城市》（*The Informational City*），Oxford: Blackwell Press，1989，第146～152页；彼得·霍尔：《文明世界的城市》，New York: Pantheon Books，1998，第7、23页；埃里·利尔：《逍遥法外》（“Crime without Punishment”），摘自《标准周刊》（*Weekly Standard*），2002年5月27日。

战略基点。① 这些巨型城市之后，她认为还有一组第二梯队的世界经济中心，它们包括洛杉矶、芝加哥、法兰克福、多伦多、悉尼、巴黎、迈阿密和香港。

显然，这些城市比技术日益落伍、遭受发展中国家巨大竞争压力的曼彻斯特、利物浦、莱比锡、大阪、都灵或底特律等巨型工业城市的前景光明得多。萨森指出："全球性城市生产的是服务和金融产品。"普遍的观点认为，这些消费品需要用独特的技术和能力来支持，而这些技术和能力只存在于"全球性城市"当中。②

"距离的摧毁"

以上的评价可能会让人产生较大的乐观情绪，从而替代20世纪60年代以来过度悲观的观点。甚至最发达的"全球性

---

① 萨斯基亚·萨森：《世界经济中的城市》（*Cities in a World Economy*），Thousand Oaks，Calif.：Pine Forge Press，2000，第5、21页。

② 苏珊尼·麦克格雷格、亚瑟·里波（Susanne MacGregor and Arthur Lipow）：《将人口带回：纽约与伦敦的经济与社会》（"Bring the People Back In：Economy and Society in New York and London"），选自《另一个城市》（*The Other City*），第5页；彼得·霍尔：《西欧城市的发展与衰落》（"Urban Growth and Decline in Western Europe"），选自《大都市时代》第1卷《大城市林立的世界》，第113页；约翰·R. 洛根（John R. Logan）：《还是一个全球化城市：纽约的种族与族裔隔离》（"Still a Global City：The Racial and Ethnic Segmentation of New York"），选自《全球化城市》，第158～161页。

城市”的规模优势也正在被崛起的新技术所破坏，用人类学家罗伯特·麦克·亚当斯的话说，“技术摧毁了距离，这实在让人敬畏”。①

全球范围跨越巨大空间处理和传输信息的能力破坏了原来城市中心的许多传统优势。整个20世纪后30年的发展趋势是，人口甚至大公司的总部继续向郊区或小型城市迁移，美国尤为如此。② 1969年，美国最大的公司中只有11%将总部设在郊区，1/4个世纪后，近一半的公司将总部迁到城市边缘地区。③

这种发展趋势与少数巨型城市在全球经济中起最终“支配和控制”作用的理念相矛盾。很多一流的服务和金融公司

① 罗伯特·麦克·亚当斯（Robert McC. Adams）：《文明崩塌的背景》（“Context of Civilizational Collapse”），选自《古老国家与文明的崩塌》（*The Collapse of Ancient States and Civilization*），第20页。

② 托马斯·克里尔、威廉·特斯塔（Thomas Klier and William Testa）：《20世纪90年代大公司总部选址趋势》（“Location Trends of Large Company Headquarters during the 1990s”），摘自《经济展望》（*Economic Perspectives*），芝加哥联邦储备银行，2002；罗恩·马丁、彼得·珊雷（Ron Martin and Peter Sunley）：《解构链：创造性概念或万能的政策》（“Deconstructing Clusters: Creative Concept or Policy Panacea”），摘自《经济地理杂志》（*Journal of Economic Geography*），2002年6月6日。

③ 彼得·穆勒（Peter Muller）：《美国全球化城市郊区的转型》（“The Suburban Transformation of the Globalizing American City”），摘自《美国政治与社会科学年刊》（*Annals of the American Academy of Political and Social Science*），1997年5月；约翰·弗里德曼（John Friedmann）：《城市展望》，Minneapolis: University of Minnesota Press，2002，第41页。

毅然留在已有的经济中心，如波士顿、纽约或旧金山，而“电话掌控业务”的运营商很可能远在西雅图、休斯敦、亚特兰大的郊区或国外遥控业务。①

甚至被认为是“全球性城市”关键因素的高端服务也继续向郊区或小型城市分散。在对新增长贡献最大的公司即创业部门中，这一特点尤为明显。② 通信技术的进步预示了将来经济活动的空间更加畅通无阻，人们能够选择到远郊地区或到像法戈、得梅因、苏福尔斯等那样的小城市工作。③ 迁移的一个

---

① 李·伯德特（Lee Burdet）:《不可思议的运动不再持续》（“The Unthinkable Move Not Any Longer”），摘自《南部企业与发展》（*Southern Business and Development*），2004 年 2 月 6 日。

② 彼得·穆勒:《美国全球化城市郊区的转型》，摘自《美国政治与社会科学年刊》，1997 年 5 月；约翰·瑞尼·肖特、金永勋:《全球化与城市》，London：Longman，1999；《引擎抛锚》（“Engine Failure”），选自《未来都市的中心》（*Center for an Urban Future*），2003 年 9 月；伯德特:《面向 21 世纪》；汤姆·萨奇曼（Tom Shachtman）:《街区周围：社区的商务》（*Around the Block: The Business of a Neighborhood*），New York：Harcourt Brace，1997，第 5 页。

③ 包含在 Inc.《最好的地点》调查报告之内，2004 年 3 月，由经济学家戴维·弗里德曼做的研究《利兹：黄铜铺就的城市》（“Leeds: Cities Paved with Brass”），摘自《经济学家》，1998 年 8 月 29 日；保罗·福克斯、雷切尔·安史沃斯（Paul Fox and Rachael Unsworth）:《住在利兹城里的城市——2003》（“City Living in Leeds——2003”），利兹大学，2003；乔纳森·蒂拉佛（Jonathan Tilove）:《2000 年人口普查发现美国的新城镇都位于远郊并且白人占压倒性多数》（“2000 Census Finds America's New Mayberry Is Exurban and Overwhelmingly White”），纽斯豪斯新闻服务（Newhouse News Sevice），2001 年 11 月 26 日。

结果是郊区景观发生变化，郊区的办公园区比熠熠发光、高耸的大楼更惹人喜爱。①

例如，全球证券业曾经不可阻挡地云集于纽约和伦敦繁华的商业区，现在它们已经逐渐将更大份额的业务转移到两城市外围的郊区、其他小城市和海外去了。公司总部或许还留在城市中心高耸的公司办公大楼里，但更多的公司活动和业务在其他地方进行。②

一个最突出的例子是零售业。20 世纪的大部分时间里，纽约在绝大部分零售业中都居主导地位，到 2000 年，零售业中最大的 20 家公司没有一家的总部设在纽约。而以纽约为依托的时装设计师、广告策划执行董事、贸易展览组织者和投资银行家继续起着重要的辅助作用。全球最具影响力的零售业公司都将总部设在别处，如沃尔玛零售公司在阿肯色的本顿维尔有效地经营着公司业务。③

纽约现在仍然是发达世界中最重要的巨型城市，但是很明显，分散的趋势使其经济上的重要性日益受到威胁。在全美国就业机会膨胀的 20 世纪后 30 年，纽约的私营部门实际上没有创造出真正的新的就业机会。纽约虽然保有强大的服务性经

---

① 《亚洲危机是否会使市郊宽松》（"Will Asian Crisis Spare the Suburbs"），摘自《实业论坛》（*Real Estate Forum*），1998 年 11 月，第 101 页。

② 曼纽尔·卡斯特：《信息化城市》，Oxford：Blackwell Press，1989，第 151 页；彼得·穆勒：《美国全球化城市郊区的转型》，摘自《美国政治与社会科学年刊》，1997 年 5 月；《引擎抛锚》，包含在 Inc.《最好的地点》调查报告之内。

③ 国家零售联盟（National Retail Federation），2003，来自网页。

济，但正如历史学家弗雷德·西格尔所说，就长远趋势来看，纽约在“每一轮新的发展周期中”会进一步下滑到国内其他城市的后面。①

甚至在工业高度集中于中心城市的日本，软件和其他以技术为主的经营活动已经从大阪和东京主要城市中心开始向城市周围的辖区转移。同样，香港占优势的高技术制造业和工程技术大量转移到其周边的中国大陆地区。“电信城市”的兴起预示着新的高端工业独立区域的崛起，包括法国、比利时和韩国等国内城市化欠发达的地区。

家庭通信办公的逐步推广进一步减弱了城市区域所发挥的特有的传统功能。目前，虽然以家庭为中心的经济现在处于萌芽状态，但它表明，拥有精良技术的工人可以随心所欲地选择他们的工作和居住地点。②

---

① 查尔斯·V. 巴格里（Charles V. Bagli）：《曼哈顿办公用房不足危及经济增长》（“Office Shortage in Manhattan Imperils Growth”），摘自《纽约时报》2000 年 9 月 9 日；弗雷德·西格尔：《未来在这里发生 ：纽约、哥伦比亚特区、洛杉矶和美国大城市的命运》，New York：Free Press，1997，第 253 页；《引擎抛锚》；肯尼斯·杰克逊：《马唐草边疆：美国的郊区化》，New York：Oxford University Press，1985，第 185 页；约翰·诺基斯特（John Norquist）：《城市财富：美国生活中心的复兴》（*The Wealth of Cities：Revitalizing the Centers of American Life*），New York：Perseus Books，1999，第 60 页；安迪·纽曼（Andy Newman）：《纽约城市郊区的温和的衰退》（“Recession Seen as Gentler for New York City's Outer Boroughs”），摘自《纽约时报》2004 年 2 月 6 日。

② 约瑟夫·N. 佩尔顿（Joseph N. Pelton）：《电信城市的崛起：全球化社会的分散》（“The Rise of Telecities：Decentralizing （转下页注）

昙花一现的城市

在此情形之下，甚至那些地理位置优越的城市地区也面临着人口和经济的挑战。许多20岁左右的年轻人被吸引到城市之中，他们常常在成家立业之时又离开中心城市。在社会阶梯中向上爬的移民曾是城市复兴的主要推动者，他们现在也越来越多地加入到向外迁徙的大军之中。欧洲和日本城市中心面临着更为严峻的人口危机。大城市对年轻人有很大的吸引力，而现在低出生率减少了各阶层年轻人的人口比例，这样从乡下到城市的传统人口来源被堵死

（接上页注②）the Global Society"），摘自《未来学家》（*The Futurist*），2004年1～2月号；威廉·J. 米切尔（William J. Mitchell）：《比特城市：空间、位置与信息高速公路》（*City of Bits: Space, Place and the Infobahn*），Cambridge，Mass.：MIT Press，1995，第94～98页；道·巴塞洛缪（Doug Bartholomew）：《你的地方，还是我的地方?》（"Your Place or Mine?"），摘自《首席财务官》（*CFO magazine*），2004年3月15日；谢里丹·塔特苏诺（Sheridan Tatsuno）：《高科技城市的策略：日本、高科技与对21世纪的控制》（*The Technopolis Strategy: Japan, High Technology and the Control of the 21st Century*），New York：Prentice Hall，1986，前言第15～16页；布鲁斯·斯特克斯（Bruce Stokes）：《一号广场》（"Square One"），摘自《国家杂志》（*National Journal*），1997年5月24日；阿尔温·托夫勒（Alvin Toffler）：《第三次浪潮》（*The Third Wave*），New York：William Morrow，1980，第204～207页。

了。①

随着经济的发展，甚至高端服务业也转移到城市之外的其他地方，许多发达国家主要城市日后的发展只有靠城市的文化和娱乐中心的功能加以维持。如 H. G. 韦尔斯一个世纪前预测的那样，这些城市正在经历着一场变异，从以前引领经济生活的中心向“大集市、各种各样的商店、中央广场和聚会地”的暂时性角色过渡。②

从产生之初城市就发挥着集聚作用。长期以来，中心广

---

① 罗伯特·菲什曼：《资产阶级乌托邦：郊区的盛衰》，New York：Basic Books，1987，第 187 页；《威廉·弗里所做的美国人口普查分析》（U. S. Census Analysis by William Frey），布鲁金斯学会；《技术重塑美国》（*Technological Reshaping of America*），第 93 页；萨拉·B. 米勒（Sara B. Miller）：《成本上涨时大城市努力保持新的移民输入》（“Big Cities Struggle to Hold On to New Immigrants as Costs Rise”），摘自《基督教科学箴言报》（*Christian Science Monitor*），2003 年 10 月 9 日；《美国城市有了更少的孩子和更多的单身》（“U. S. Cities Have Fewer Kids, More Singles”），来自 News Max. com，2001 年 6 月 13 日；威廉·H. 弗里（William H. Frey）：《大都市对国内外移民的吸引力》（“Metropolitan Magnets for International and Domestic Migrants”），布鲁金斯学会，2003 年 10 月；马蒂内·伯杰：《生活空间的道路，就业与住房设备：以 20 世纪八九十年代巴黎的大都市为例》，摘自《国际城市与地区研究杂志》，1996，第 42 页；约翰·弗里德曼：《城市展望》，Minneapolis：University of Minnesota Press，2002，第 40 ~ 41 页。

② 罗伯特·M. 弗格森：《1880 ~ 1950 年闹市区的兴衰》，New Haven：Yale University Press，2001，第 2 页；H. G. 韦尔斯：《对于人类生活与思想上的机械和科学进步的反应的期望》，London：Chapman and Hall，1902，第 32 页。

场、寺庙、教堂和清真寺附近是商人出售商品的最佳地点。城市作为天然的舞台，它向周围的广大农村人口提供了许许多多全新的人生体验，这一点在远离大都市或文化中心的地区是无法获得的。第一个巨型城市罗马淋漓尽致地发挥了城市的这种功能。罗马人吹嘘拥有当时世界最大的购物广场、多层建筑梅尔卡图斯·特拉伊尼和罗马圆形大剧场，这是罗马城的娱乐场所，不论从规模还是性质上看，在当时都是空前的。

法国哲学家雅克·埃吕尔（Jacques Ellul）指出，在工业时代，“娱乐技术”越来越成为“人们忍受城市病不可或缺的原因”。到了20世纪，出版物、电影、收音机和电视等大众娱乐方式已被产业化，成为城市居民生活中的重要组成部分。生产影像产品的重要城市，如洛杉矶、纽约、巴黎、伦敦、香港、东京和孟买，与媒体相关的企业在经济中所占份额日益攀升。①

到21世纪初，许多城市经济政策开始偏重于文化产业。城市地区一改过去努力留住中产阶级家庭、工厂，或与城市周边地区进行经济竞争等做法，转而关注流行、“时髦”等短暂性的概念作为振兴城市的关键。②

---

① 雅克·埃吕尔：《技术社会》（*Technological Society*），约翰·威尔金森（John Wilkinson）译，New York：Vintage，1967，第113~115页；诺曼·本鲍姆（Norman Birnbaum）：《工业化社会的危机》（*The Crisis of Industrial Society*），New York：Oxford University Press，1969，第113~114页。

② B. 约瑟夫·派恩二世、詹姆斯·H. 吉尔摩（B. Joseph Pine II and James H. Gilmore）：《经验经济：工作是剧场，每项业务是舞台》（*The Experience Economy：Work Is Theater and*（转下页注）

旅游业在罗马、巴黎、旧金山、迈阿密、蒙特利尔和纽约等城市已经成为最大、最具潜力的产业之一。一些城市，如拉斯维加斯和奥兰多，通过提供戏剧性的“经历”以及吸引眼球的个性建筑和全天候娱乐服务设施而实现其快速的经济发展。

甚至在一些人们认为是不可能的城市，如曼彻斯特、蒙特利尔和底特律，政治和企业领导人也希望通过创建“超酷城市”来吸引同性恋者、放荡不羁的文化界人士和年轻的“创新人才”到他们的城市定居和工作。[①] 在一些城市，高级社区，上流酒店俱乐部，博物馆与数量巨大、随处可见的同性恋和单身人口的出现，让一度荒凉凋敝的城市中心开始复兴，但

（接上页注②）*Every Business a State*），Cambridge，Mass.：Harvard Business School Press，1999，第1~3页；《关于作为现代都市范例的拉斯维加斯的很好的讨论》（“A Good Discussion of Las Vegas as Modern Urban Paradigm”），选自罗伯特·冯图瑞、丹尼斯·斯科特·布朗、史蒂文·伊兹诺（Robert Venturi，Denise Scott Brown and Steven Izeenour）编《向拉斯维加斯学习》（*Learning from Las Vegas*），Cambridge，Mass.：MIT Press，1977。

① 基思·施奈德、沙琳·克罗威尔（Keith Schneider and Charlene Crowell）：《格兰霍尔姆斯的城市理论》（“Granholm's Urban Theory”），《五大湖新闻服务报》（*Great Lakes News Service*，2004年5月6日）；理查德·佛罗里达（Richard Florida）：《创造性阶层的崛起》（“The Rise of the Creative Class”），摘自《华盛顿月刊》（*The Washington Monthly*），2002年5月；拉里·所罗门（Larry Solomon）：《加拿大的外包活动》（“Canada's Outsourcing”），摘自《金融邮报》（*Financial Post*），2004年3月31日；佩吉·柯恩（Peggy Curan）：《蒙特利尔光明的一面》（“Montreal's Bright Side”），摘自《政府公报》（*The Gazette*），2000年9月25日。

这些都不能使人们联想起城市过去强劲的经济活力。①

欧洲大陆的城市——最明显的如巴黎、维也纳和后冷战时期的柏林，更青睐以文化为依托的经济产业。当柏林无力挽回它作为世界经济中心的地位时，便把奔放不羁的文化界人士社区作为摇钱树。对城市的实力衡量逐渐地不以商品出口和服务为标准，而是依据城市招牌性的陈列馆、独特的商店、生气勃勃的街道文化和旅游贸易的增长。②

社会分层的前景与局限

在21世纪，如果能以暂时性的流行经济为基础，且得到

① 艾伦·科威尔（Alan Cowell）:《曼彻斯特的崛起》（"Manchester Rising"），摘自《纽约时报》2001年6月24日；布鲁斯·韦伯（Bruce Weber）：《艺术的树苗在美国闹市区结出了果实》（"Arts Sapling Bears Fruit in Downtown U.S."），摘自《纽约时报》1997年11月19日；本·克拉弗特（Ben Craft）:《兄弟之爱城市在艺术上下赌注》（"City of Brotherly Love Bets on the Arts"），摘自《华尔街日报》1998年6月24日；《在伦敦的阴影下》（"In London's Shadow"），摘自《经济学家》，1998年8月1日；尤素夫、吴卫平:《通往世界城市的道路》。

② 理查德·伯恩斯坦（Richard Bernstein）:《维也纳的伟大没能掩饰失落感》（"Vienna's Grandeur Fails to Mask a Sense of Loss"），摘自《纽约时报》2003年8月3日；阿金·奥尤姆（Akin Ojumu）：《逃离柏林》（"Escape: Berlin"），摘自《观察家》（*Observer*），2001年7月15日；约翰·伯格斯（John Burgess）:《反传统的复兴》（"A Renaissance of Counterculture"），摘自《华盛顿邮报》（*The Washington Post*），2004年3月9日；戴维·威瑟尔（David Wessel）：《如果一个城市没有阳光与空调，应该是明智的》（"If a City Isn't Sunny and Air Conditioned, It Should Be Smart"），摘自《华尔街日报》2004年2月26日。

仍然占主导的传媒产业、更广泛的世界市场的支持，那么，一些城市或城市的某些部分可能会幸存下来，甚至发展壮大。受到普遍肯定的城市技术区的快速兴起——如 20 世纪 90 年代后半期网络繁荣期间纽约出现的“硅巷”或旧金山的“多媒体峡谷”——导致一些人立刻认定，流行时尚和城市的前卫性是信息时代发展的主要催化剂。①

随着互联网产业的缩小和走向成熟，这两个地区最终失去了活力，然而，新的住房市场需求依然扩大。这种需求部分地归功于年轻的专业人士，同时还有年龄较大的富裕人口的增多，其中包括那些希望体验“一种更加多元化的生活方式”的人。这些现代的漂泊族经常部分时间住在城市，或者体验城市的文化生活，或者在那里进行重要的商业交易。在一些城市，这些不经常居住的漂泊族占城市人口的 1/10，巴黎就是其中一例。②

许多“全球性城市”急迫地将古老的货栈、工厂甚至办公大楼改造成优雅的住宅区，这说明以前的城市经济中心在向

---

① 彼得·霍尔：《正在改变的地理：技术与收入》（“Changing Geographies: Technology and Income”），摘自唐纳德·A. 斯科恩、比什·珊亚尔、威廉·J. 米切尔（Donald A. Schon, Bish Sanyal and William J. Mitchell）编《高技术与低收入者：对积极运用高级信息技术的展望》（*High Technology and Low-Income Communities: Prospects for the Positive Use of Advanced Information Technology*），Cambridge，Mass.：MIT Press，第 52～53 页。

② 琼·戈特曼（Jean Gottmann）：《互动城市的到来》（*The Coming of the Transactional City*），College Park：University of Maryland Press，1983，第 28～43 页。

住宅休闲区逐渐转变。建筑史学家罗伯特·布吕格曼指出，曼哈顿下城衰落中的金融中心似乎不可能作为技术中心再度繁荣，但可以把原来商业中心建筑外壳巧妙地改造成住宅区，使其成为希望享受城市休闲舒适生活的“富有的世界公民”长期或临时的家。①

长远来看，这种以文化为依托的发展模式可能不会自我维持下去。过去，艺术成就的发展紧随政治和经济发展之后。雅典首先是一个商业中心，且拥有强大的军事力量，之后其他领域才取得令世界惊叹的成就。其他大城市，包括从亚历山大里亚、开封到威尼斯、阿姆斯特丹、伦敦以及20世纪的纽约等，它们非凡的文化产品同样取决于审美艺术与世俗世界之间的紧密联系。②

更加广泛的人口流动趋势也给这些城市带来了长期而严峻的问题。城市中产阶级家庭的流失——在罗马帝国晚期和18世纪的威尼斯都能看到这一人口流动模式——剥夺了城市地区至关重要的经济资源和社会活力。在年轻工人数量下降的欧洲

① 罗伯特·布鲁格曼（Robert Bruegmann）：《美国城市：都市失常或未来一瞥》（“The American City: Urban Aberration or Glimpse of the Future”），选自迈克尔·A. 科恩（Michael A. Cohen）、布莱尔·A. 卢布（Blair A. Ruble）、约瑟夫·S. 塔琴（Joseph S. Tulchin）、阿里森·加兰德（Allison Garland）编《为都市的未来做好准备：全球压力与本地推动力》（*Preparing for the Urban Future: Global Pressures and Local Forces*），Baltimore: Johns Hopkins University Press，1996，第59页。

② 泰勒·科文（Tyler Cowen）：《赞扬商业文化》（*In Praise of Commercial Culture*），Cambridge, Mass.: Harvard University Press，1998，第31、83~96、108~110、120页。

和日本，这些问题尤为明显。在与中国的同等城市竞争时，日本城市因赶不上时代的发展而面临越来越大的压力，中国城市因有抱负的年轻家庭从农业腹地移居城市而不断得到扩充。①

这种情形之下，随着城市年轻人口的不断减少，很难想象意大利时装产业能继续保持主导优势，或日本还能在亚洲大众文化中继续鹤立鸡群。② 随时间的推移，全球范围内经济腾飞的城市，如休斯敦、达拉斯、菲尼克斯、上海、北京、孟买或

---

① 戴维·克拉克：《城市化的世界，全球化城市》，London: Routledge，1996，第 161 ~ 163 页；泰赤·萨凯亚（Taichi Sakaiya）：《知识价值革命，或未来的历史》（*The Knowledge-Value Revolution, or, A History of the Future*），乔治·菲尔德、威廉·马什（George Fields and William Marsh）译，Tokyo: Kodansha，1985，第 348 页；《人口下降影响东京政策》（"Population Drop to Affect Tokyo Policy"），摘自《读卖日报》（*Daily Yomiuri*），1997 年 1 月 31 日；尤素夫、吴卫平：《通往世界城市的道路》；《出生率下降再次引发关于移民的 E. E. 争论》（"Falling Birth Rates Revive E. E. Debate on Immigration"），摘自《印度人》（*The Hindu*），2001 年 5 月 31 日；《1999 年世界各国人口状况》（*The State of the World's Population, 1999*）。

② 塔玛拉·西森（Tamara Theissen）：《婚姻，墨索里尼失去了在意大利的统治地位》（"Marriages, Mussolini Losing Their Grip in Italy"），摘自《政府公报》（*The Gazette*），2000 年 8 月 6 日；苏珊·H. 格林伯格（Susan H. Greenberg）：《独生子女的增加》（"The Rise of the Only Child"），摘自《新闻周刊》（*Newsweek*），2001 年 4 月 23 日；戴维·霍里（David Holley）：《意大利的正在长大的小男孩》（"Italy's Aging Bambini"），摘自《洛杉矶时报》（*Los Angeles Times*），2002 年 9 月 14 日；《人口下降影响东京政策》（"Population Drop to Affect Tokyo Policy"）；《全球婴儿潮终结》（"Global Baby Bust"），摘自《华尔街日报》2003 年 1 月 24 日。

者班加罗尔，似乎注定要开拓它们自己的以艺术审美为依托的产业。①

最后，一度兴盛的城市很可能要经常面对深远的社会冲突。以娱乐、旅游和注重“创造”功效为导向的经济只能向一小部分城市人口提供进入社会更高阶层的机会。由于将过多的精力集中在促进文化和建造威严的建筑上面，城市政府很可能会忽视传统工业、基础教育或基础设施。如果按照这个路子发展，他们的城市很可能会发展成“二元化城市”：一部分是少数世界公民的精英人口，另一部分是为他们服务的为数众多的低收入阶层。②

为了避免繁荣期短暂的缺陷，城市必须要注重那些长久以来对形成商业中心至关重要的基本因素。繁华的城市不应该仅仅为漂泊族提供各类消遣，城市还应当有尽职尽责的市民，他们的经济和家庭利益与城市命运密不可分。一个成功的城市不

① 《住宅区，闹市区》（“Uptown, Downtown”），《达拉斯早报》广告增刊，1999年4月14日；尤素夫、吴卫平：《通往世界城市的道路》；韦伯：《艺术的树苗在美国市区结出了果实》。

② 朱里安·沃伯特（Julian Wolpert）：《中心城市是低收入者的避难所，还是陷阱：高级信息技术潜在的影响》（“Center Cities as Havens or Traps for Low Income Communities: The Potential Impact of Advanced Information Technology”），选自《高技术与低收入者》，第78~94页；理查德·蔡尔德·希尔、金朱伍：《全球化城市与发展状况》（“Global Cities and Development States”）；约翰·R. 洛根：《还是一个全球化城市：纽约的种族与族裔隔离》，选自《全球化城市》，第158~159页；曼纽尔·卡斯特：《信息化城市》，Oxford: Blackwell Publishers，1989，第172~228页。

仅仅是新潮俱乐部、展览馆和酒店的所在地，也应当是专门化的产业、小企业、学校以及能够为后代不断创新的社区的所在地。

安全与城市的未来

长久以来，在持续的混乱中没有任何城市体系能够长存。只有在强有力的法律和秩序统治之下，城市才能兴旺发达。城市居民至少要有某种程度的人身安全感。他们也需要一个负责而有能力的政府来监管合约并监督执行基本的商业行为法规。

维持一个强有力的安全制度对城市地区的复兴起很大的作用。在 20 世纪末一些美国城市尤其是纽约复兴的关键因素，是城市犯罪率的明显下降。之所以有此番成就，是因为城市警察采用了新的执勤方法以及众志成城地将维护公共安全作为政府工作的重中之重。20 世纪 90 年代无可辩驳地代表了美国历史上犯罪率降低的一个伟大的时代，这一点为某些大城市旅游业的发展甚至城市人口适度回流提供了极为重要的先决条件。[①] 在经历了 1992 年灾难性的城市骚乱之后，洛杉矶不仅设法遏制了犯罪，而且明显地完成了经济和人口的复原。[②]

---

① 埃里·利尔：《重新审视突破的窗口》（“Broken Windows Reconsidered”），摘自《公众利益》（*Public Interest*），2002 年夏季号；约翰·弗里德曼：《城市展望》，Minneapolis：University of Minnesota Press，2002，第 40～41 页。

② 弗雷德·西格尔：《美国城市的死亡与生活》（“The Death and Life of American Cities”），摘自《公众利益》（*The Public Interest*），2002 年夏季号。

虽然美国的城市安全问题有所改善，但在发展中国家对城市未来的新威胁又浮出水面。① 到20世纪末，像里约热内卢和圣保罗这样的巨型城市，正如一位执法者所言，城市犯罪演变成了“城市游击战”。毒品走私、黑帮势力和普遍的无政府状态也同样困扰着墨西哥城、蒂华纳、圣萨尔瓦多和其他城市的诸多区域。②

基本安全感的丧失不可避免地损毁了城市生活。对犯罪以及对政府反复无常的恐惧延缓了外国资本的流入，有时候城市周边的安全区域成为外国投资的理想选择。甚至在相对和平的国家，强盗式的官僚机构迫使商业投资不得不转向相对安全和政府贪污腐败较少的地区。

也许，许多发展中国家的城市环境污染以及与健康相关的问题的日益增长更令人担忧。世界范围内至少有6亿城市居民得不到最基本的医疗卫生保障。③ 这部分人口自然成了致命性

---

① 伯德特：《面向21世纪》。

② 拉里·罗特（Larry Rohter）：《里约热内卢犯罪与政治的碰撞，城市在恐惧中退缩》（“As Crime and Politics Collide in Rio, City Cowers in Fear”），摘自《华尔街日报》2003年5月8日；乔纳森·佛里德兰（Jonathan Friedlan）：《墨西哥伤口中的生活：办公室，商店和饭店现金需要安全的保障》（“Living a Cut above Mexico: Offices, Shops and Restaurants Cash in Need for Safer Ground”），摘自《华尔街日报》1998年6月24日。

③ 尤金·林登：《发展中世界城市的爆炸性发展》；威达尔（Vidal）：《疾病威胁新兴大城市》（*Disease Stalks New Megacities*）；托马斯·H. 马夫（Thomas H. Maugh）：《人类开始了土地战利品的抢夺》（“Plunder of Earth Began with Man”），摘自《洛杉矶时报》1994年6月12日。

传染病滋生的土壤，外国公民和富人对这种疾病同样没有免疫力。这些威胁不仅迫使当地的专业人士，还有外国投资者都寻求到国外或者更健康的郊区工作或投资。[①]

恐怖分子的威胁

信奉伊斯兰教的中东地区对全球城市的安全构成了最致命的直接威胁。在这里，发展中国家常见的灾难由于巨大的社会经济和政治动荡而更加恶化。在 20 世纪，许多尝试采用西方国家城市建设模式的伊斯兰城市，只是削弱了社区和周围地区的传统纽带，却没有用现代和全社会可以接受的东西取而代之。

历史学家斯蒂法诺·比安卡提出，这种转型“正慢慢地侵蚀着促成文化认同的决定性力量”，把一个逐渐被西方环境异化了的人口抛弃在现代社会的后面。[②] 政治冲突尤其是与经

① 戴维·扎卡基斯－史密斯：《第三世界城市》，New York：Methuen，1987，第 8、38 页；迈克尔·F. 洛夫奇：《非洲城市发展政策的兴起与终结》，选自《发展中世界的城市》，第 23 页；威廉·H. 麦克尼尔：《瘟疫与人》，Garden City，N. Y.：Anchor Books，1974，第 21 页；艾伦·吉尔伯特、约瑟夫·古格勒：《城市、贫困与发展：第三世界的城市化》，London：Oxford University Press，1991，第 25 页；艾伦·马宾：《都市化进程中南部城市中的郊区与种族隔离：21 世纪前期大都市政府面临的挑战》《黑暗的航程》，摘自《经济学家》，1996 年 2 月 24 日。

② 斯蒂法诺·比安卡：《阿拉伯世界的城市结构：过去与现在》，London：Thames and Hudson，2000，第 329～330 页。

济和军事发达的以色列的争斗进一步加剧了这种异化。伊斯兰尤其是阿拉伯城市的雄心，不仅遭受了社会、经济和环境的失败造成的永久性打击，而且被战场上一次又一次的羞辱所挫伤。

在很大程度上，伊斯兰世界没有能适应全球经济竞争所需的国际性标准。贝鲁特是阿拉伯城市中最成功的国际性城市，由于连续不断的国内冲突使其一蹶不振，只是到了 20 世纪 90 年代末，贝鲁特才开始付出巨大努力重建城市。其他有成功潜力的伊斯兰城市，如德黑兰和开罗，依然缺乏安定的社会环境和透明的法制体系，而这些对外国投资者来说十分重要。甚至运作良好的阿拉伯联合酋长国这样的阿拉伯国家，与西方或者亚洲城市，如新加坡、台北、汉城以及东京相比，也仍因其政治和法律制度有较大随意性而受到困扰。①

从这些困境中，滋生出了对现代城市未来构成的更严峻的威胁——伊斯兰恐怖主义。这种现象与作家法农联想到的激进的民族主义有所不同。这位来自马提尼克岛的黑人精神病专家受到阿尔及利亚独立战争的影响，认为发展中国家的斗争“开启了人类的新历史”，但他们依然赞同西方的城市文明。②相比之下，伊斯兰恐怖主义分子认为，西方尤其是西方大城市

---

① 阿里·巴萨：《全球化城市的兴起》；罗伯特·鲁尼（Robert Looney）：《贝鲁特：复兴黎巴嫩的过去》（“Beirut: Reviving Lebanon's Past”），摘自《第三世界研究》（*Journal of Third World Studies*），2001 年秋季号。

② 佛朗茨·法农：《大地的不幸者》（*The Wretched of the Earth*），康士坦茨·法林顿（Constance Farrington）译，New York: Grove Press，1965，第 315 页。

是邪恶的、剥削性的和非伊斯兰的。

一位阿拉伯学者把伊斯兰运动的领导人称为“失败一代的愤怒子孙”，他们眼看着阿拉伯联盟的世俗梦想在腐败、贫困和社会动荡中化为泡影。很大程度上，他们的愤怒不是来自沙漠或小乡村，而是开罗、吉达、卡拉奇或科威特这样的伊斯兰大城市。他们中的一些人甚至长期居住在纽约、伦敦或汉堡这些西方中心城市。[①]

国外经历似乎只是加深了他们对西方城市的仇恨。早在1990年，一位居住在纽约的埃及恐怖主义分子已经扬言要“摧毁西方人引以为荣的社会柱石，如旅游性质的基础设施，以及他们引以为豪的世界性高大建筑”。[②] 11年后，那股仇恨从根本上震撼了城市世界。

自2001年纽约受到攻击以来，个人和公司都开始重新审视在城市中心地带设立办公地点是否明智，因为这些地点极可能是恐怖分子实施攻击的潜在目标。面对因经济和社会变化趋势而带来的挑战，世界范围内的城市现在不得

① 佛德·阿加米（Fouad Ajami）：《阿拉伯人自作自受》（“Arabs Have Nobody to Blame but Themselves”），摘自《华尔街日报》2001年10月16日；丹尼尔·本杰明、史蒂文·西蒙（Daniel Benjamin and Steven Simon）：《神圣恐怖时期》（*The Age of Sacred Terror*），New York：Random House，2002，第79页。

② 约斯·克来因·哈勒威（Yossi Klein Halevi）：《伊斯兰过时的统治神学》（“Islam's Outdated Domination Theology”），摘自《洛杉矶时报》2002年12月4日；丹尼尔·本杰明、史蒂文·西蒙：《神圣恐怖时期》，New York：Random House，2002，第5页。

不做好准备，与随时可能发动的毁灭城市的恐怖威胁进行对抗。①

神圣的地方

回顾历史，城市曾面对许多对其兴衰存亡构成的挑战。即使是现在所面临的最直接的威胁——如来自松散组织的暴徒而非某个国家——也并不新鲜。历史上有些对城市造成的极大的破坏并不是由有组织的国家实施的，而是由游牧民族甚至是一小撮歹徒造成的。

尽管存在这样的威胁，城市因为它蕴含的理想显示出一股非凡的恢复力。恐惧很少能够阻挡城市创造者们的决心。尽管有些城市被战争、瘟疫和自然灾害永久地摧毁了，然而还有更多城市，包括迦太基、罗马、伦敦和东京都实施了重建，而且

---

① 《一年后：纽约人有更多的麻烦，华盛顿人更加紧张》（*One Year Later：New Yorkers More Troubled，Washingtonians More on Edge*），Pew 人类与出版研究中心（Pew Research Center for the People and the Press），2003 年 9 月；《"9·11"对工作地点安全性以及商业持续性规划的影响》（"The Impact of 9/11 on Workplace Security and Business Continuity Planning"），摘自《商业持续规划》（*Business Continuity Planning*），2002 年 10 月；丹尼尔·本杰明：《1776 年的目标》（"The 1776 Foot Target"），摘自《纽约时报》2004 年 3 月 23 日；乔纳森·D. 格拉特（Jonathan D. Glater）：《对旅行的恐惧促进网上交流》（"Travel Fears Cause Some to Commute Online"），摘自《纽约时报》2003 年 4 月 7 日，《创新摘要》（*Innovation Briefs*），城市流动性协会（Urban Mobility Corporation），2002 年 7～8 月号。

不止一次。的确，即使在日趋严重的恐怖威胁下，纽约、伦敦、东京、上海和其他主要城市的官员和开发者继续规划着新的办公大楼和其他蔚为壮观的高楼大厦。①

对城市未来而言，比建造新的大楼更为重要的是人们对城市经历所给予的重视。宏伟的建筑物和城市基本的物理属性——沿河、靠海、接近贸易通道，吸引人的绿色空间，或高速公路交叉要道——这些都有助于促成一个伟大城市的产生，或可以帮助城市的发展，但不能够维持城市的长久繁荣。

最终，一个伟大城市所依靠的是城市居民对他们的城市所产生的那份特殊的深深眷恋，一份让这个地方有别于其他地方的独特感情。② 最终必须通过一种共同享有的认同意识将全体城市居民凝聚在一起。伟大的社会学家罗伯特·以斯拉·帕克认为："城市是一种心灵的状态，是一个独特的风俗习惯、思想自由和情感丰富的实体。"③

---

① 丹尼尔·本杰明：《1776年的目标》；佩尔顿：《电信城市的崛起：分散全球化社会》；詹森·辛格（Jason Singer）：《东京为盖新高楼大厦的势头做好准备》（"Tokyo Braces for Tsunami of New High-Rises"），摘自《华尔街日报》2002年11月11日；查尔斯·V. 巴格里（Charles V. Bagli）：《改变西部的37亿美元计划被披露》（"$ 3.7 Billion Plan to Alter Far West Side Is Revealed"），摘自《纽约时报》2004年2月12日；玛格丽特·赖安（Margaret Ryan）：《摩天大厦改变城市地平线》（"Skyscrapers Transforming City Skyline"），BBC在线新闻，2004年3月24日。

② 简·加克伯（Jane Jacobs）：《城市经济》（*The Economy of Cities*），New York：Random House，1969，第141页。

③ H. J. 戴奥斯（H. J. Dyos）：《城市史议程》（"Agenda for Urban History"），选自《城市史研究》；赖安：《摩天大厦改变城市地平线》。

无论是在传统的城市中心，还是在新的发展模式下正在扩展中的城市周边地区，认同感和社区意识等问题很大程度上仍然决定着哪些地方将取得最后的成功。在这一点上，今天的城市居民与早期世界所有地方的城市开拓者一样，都被相同的问题所困扰。

最早的城市居民是全人类活动的开先河者，他们发现，他们面临着与史前游牧部落和农业村庄截然不同的诸多问题。这些早期的城市居民不得不学会如何与他们部落和氏族之外的陌生人共处和交流。这就要求他们寻找新的方法来规范人的行为，并探讨何种形式的家庭生活、商业活动和社会交往才能让所有的人接受。

在最早的时候，神职人员经常就这些话题进行说教。由于他们的权威来自上帝，因此，他们有权给具体城市中心形形色色的居民制定行为规则。统治者往往通过宣称他们所在的城市是上帝的特殊住所而取得统治地位。城市的神圣性是与城市作为人们朝拜的中心紧密相连的。

几乎在所有的地方，传统上的伟大城市都充满着宗教色彩并遵守宗教的教义。古代历史学家富斯特尔·德·库朗日指出："城市居民丝毫不会质疑他们所采用的制度是否有用，因为宗教希望城市如此。"①

在有关当代城市环境的讨论中，城市的神圣作用经常被忽

① 努马-丹尼斯·富斯特尔·德·库朗日：《古代城市：对于宗教，法律和希腊罗马体制的研究》，Baltimore：Johns Hopkins University Press，1980，第310页。

视。在当代，许多出版的书籍和公共讨论中只谈及城市所面临的困境。这不仅会让古罗马、古希腊或中世纪的城市居民感到奇怪，而且对于维多利亚时代晚期的许多城市改革者来说是不可思议的。

比如，“新城市主义”的建筑师、规划师和开发商侃侃而谈城市绿化空间、保护历史古迹和环境的必要性。然而，与持类似观点的维多利亚时代的进步主义者不同的是，他们很少提及建设一种让城市中的人凝聚在一起的强大的道德理念的必要性。①

这个缺陷自然反映了当代的城市环境，它们一味强调时尚、城市风格和彰显个性，而忽视家庭和社区稳定。当代后现代主义城市观成为多数学术论著的主导观点，他们甚至更加固执地置人们公认的道德价值于不顾，如一位德国教授所称的那样，他们认为这些道德价值不过是“基督教资产阶级微观世界”的虚幻的外表而已。②

---

① 迈克·比德夫（Mike Biddulph）：《乡村不会变成城市》（“Villages Don’t Make a City”），摘自《城市设计》（*Journal of Urban Design*）2000年第1卷，第5页；威廉·J. 斯特恩（William J. Stern）：《戴格·约翰如何保护纽约的爱尔兰语》（“How Dagger John Saved New York’s Irish”），摘自《城市杂志》，1997年春季号。

② 埃里·利尔：《重新审视突破的窗口》；查尔斯·茨威曼、玛利亚、菲斯特－阿蒙德（Charles Zwingmann，Maria and Pfister-Ammende）：《拔根以后》（*Uprooting and After*），New York：Springer－Verlag，1973，第25页；卡尔·E. 斯库斯克：《世纪末维也纳的政治与文化》，New York：Knopf，1979，第109～111页。

如果这种虚无主义态度被广泛地采纳，那么，它对城市未来构成的威胁将不亚于最可怕的恐怖主义威胁。没有一个被广泛接受的信念体系，城市的未来将很难想象。丹尼尔·贝尔（Daniel Bell）表示，即使在后工业化时代，城市的命运将依然围绕“公共道德概念”和“城邦的古典问题”而展开。

按照贝尔的理解，现代西方城市忠实地依靠古典和启蒙主义理想——程序合理、信仰自由、拥有基本的财产权——把各种文化融合了起来，从而迎接新的经济挑战。[①] 无论以市场、多元文化分离主义的名义，还是以宗教信条的名义，如果放弃这些基本的原则，当代西方城市就很难应对它们面临的巨大挑战。[②]

这并不意味着西方的做法是实现城市秩序唯一明智的方法。很明显，历史上很多典范城市是在异教徒如穆斯林教徒、儒家教徒、佛教徒和印度教徒的庇护下发展起来的。国际性

① 丹尼尔·贝尔：《后工业社会的来临：对社会前景的一项探索》（*The Coming of Post-Industrial Society: A Venture in Social Forecasting*），New York：Basic Books，1973，第 367、433 页；阿瑟·赫尔曼（Arthur Herman）：《西方历史中的衰退观》（*The Idea of Decline in Western History*），New York：Free Press，1997，第 312、348～357 页。

② 雷周（Lenn Chow）、德斯·沃马（Des Verma）、马丁·卡拉科特（Martin Callacott）、史蒂文·考夫曼（Steve Kaufmann）：《种族政治威胁加拿大民主》（“Ethno-Politics Threaten Canadian Democracy”），摘自《国家邮报》（*National Post*），2004 年 3 月 31 日；斯蒂芬·图尔明（Stephen Toulmin）：《国际都市：现代性的隐性议程》（*Cosmopolis: The Hidden Agenda of Modernity*），Chicago：University of Chicago Press，1992，第 26 页。

城市的出现远远早于欧洲的启蒙运动：第一个出现的国际性城市是希腊控制下的非基督教的亚历山大里亚，这类城市后来也在中国的沿海和印度以及伊斯兰世界的大部分地区繁荣起来。

当今，可能最引人注目的成功的城市建设，是在新儒教信仰体系与外来西方科学的理性主义结合之下进行的。今天，城市既要与没有约束的市场资本主义的不良影响抗争，而且还要与自私自利的腐败的统治权贵们周旋。①

在发现了西方价值观的缺陷之后，希望伊斯兰世界能够在他们的辉煌的过去中——那是富有国际性观念和对科学进步理念有坚定信念的时代——找到拯救自己麻烦不断的城市文明的途径。人口超过900万的古代大都市伊斯坦布尔，现在至少已经表现出了调和“宗教激进主义”的伊斯兰社会与被一位土耳其城市规划家称为“一张文化全球化的脸”二者关系的可能性。在新的世纪，如果全球公民模式在未来能够取得成功，它将会对世界范围内城市的发展做出很大贡献，虽然这种模式

① 理查德·蔡尔德·希尔、金朱伍：《全球化城市与发展状况》；杜维明：《超越启蒙心态：对伦理、移民和全球性工作的儒家解读》，选自《国际移民评论》，1996年春季号；戴维·博纳维亚（David Bonavia）：《中国人的肖像》（*The Chinese: A Portrait*），London: Penguin，1980，第18~19页；《上海试图保持原有风味》（“Shanghai Tries to Stay Original”），摘自2002年8月6日《中国日报》；孔莉莉、杨淑爱（Lily Kong and Brenda S. A. Yeoh）：《新加坡的城市保护：关于国家政策、大众看法的调查》（“Urban Conservation in Singapore: A Survey of State Policies and Popular Attitudes”），摘自《城市研究》，1994年3月。

受到了来自伊斯兰教难以容忍的侮辱。①

事实上，在一个全球化深入发展的时代，城市必须争取将道德秩序与调和不同人群的能力相结合。在一个成功的城市，即使那些信奉其他信仰的人，如同在伊斯兰黄金时代的“受保护者”那样，也一定期望从社会权威那里得到基本的公正。如果没有这种愿景，商业将不可避免地衰退，文化和技术发展的速度就会放慢，城市将会从人们和谐共处的充满活力的地方，变为一个停滞不前、最终走向毁灭的废墟。

只有占据神圣之地，社会秩序有条不紊，来自五湖四海的城市居民的多样化天性能够得到激发，城市才能兴旺发达。在长达5000多年的时间里，人们所眷恋的城市是政治和物质进步的主要场所。只有在城市这个古老的神圣、安全和繁忙的合流之地，才能够塑造人类的未来。

① 斯蒂法诺·比安卡：《阿拉伯世界的城市结构：过去与现在》，New York：Thames and Hudson，2000，第324～341页；威尔弗雷德·卡伯威尔·史密斯（Wilfred Cabtwell Smith）：《现代史中的伊斯兰》（*Islam in Modern History*），New York：Mentor，1959，第204～207页；内伊肯－雷冯特：《伊斯坦布尔的全球化与发展战略》（*Globalization and Development Strategies for Istanbul*）；布鲁斯·斯坦利（Bruce Stanley）：《走向全球化与世界城市的梦想：重新定义中东的地方主义概念》（*Going Global and Wannabe World Cities*：*Reconceptualizing Regionalism in the Middle East*），全球化与世界城市研究机构，2003；戴维·兰波（David Lamb）：《在埃及，学习的堡垒正从历史遗迹中兴起》（“In Egypt，a Bastion of Learning Rises from the Ashes of History”），摘自《洛杉矶时报》2002年12月5日。

城市发展大事年表

公元前	约 2.5 万年	现代人完全进化
	8000 年	近代畜牧业和农业出现
	7500～6800 年	耶利哥遗址出现定居生活
	7000 年	最后一次冰期结束
	6000 年	耶利哥遗址建筑城墙，出现社会管理的标志
	4000 年	底格里斯—幼发拉底河谷剩余食物增加
	3500 年	美索不达米亚出现最早的文字资料
	3000 年	克里特岛米诺斯文明开始
	2600 年	齐奥普斯金字塔建造
	2500～2400 年	波斯湾的苏美尔和第勒蒙之间形成固定贸易
	约 2300 年	萨尔贡在巴比伦附近建立阿卡德王国国都 Agade

2150 年	印度出现哈拉帕文化的城市
2004 年	最后的苏美尔王朝衰落
2000 年	克里特岛米诺斯时代开始
1960 年	闪米特人的入侵毁灭了美索不达米亚旧帝国
1900 年	族长亚伯拉罕在美索不达米亚出生（近似时间）
1894 年	萨姆·阿布统治时的巴比伦第一王朝
1792～1750 年	汉穆拉比统治巴比伦
1750 年	中国商朝城市文明出现
1730 年	希克索斯人入侵并征服埃及
1766 年	中国商朝开始（近似时间）
1600 年	希腊迈锡尼城市兴起
1400 年	克诺索斯王宫毁灭
1400～1200 年	乌伽里特的黄金时代
1200 年	以色列人从埃及出走（近似时间）
1111 年	中国周朝开始（近似时间）
961～922 年	所罗门统治耶路撒冷
814 年	迦太基建城
753 年	传说中罗马建城
600 年	希腊移民建立马塞利亚（后来的马赛）
592 年	雅典梭伦被指派调节内乱
587 年	尼布甲尼撒再次攻占耶路撒冷

	559～529 年	波斯居鲁士大帝统治期
	515 年	耶路撒冷圣殿重建
	480～479 年	波斯入侵希腊
	475～221 年	“战国时代”
	450 年	罗马颁布十二铜表法
	431～404 年	伯罗奔尼撒战争削弱了希腊的城邦国家
	338 年	腓利在希腊城邦中建立霸权
	332 年	亚历山大大帝攻占推罗
	332 年	亚历山大里亚建立
	331 年	亚历山大在高加美拉击败波斯军队
	323 年	亚历山大卒
	321 年	印度孔雀王朝旃陀罗笈多建立帝国
	221 年	秦始皇建立秦朝
	168 年	犹太人反抗塞琉古希腊人起义
	146 年	迦太基灭亡
	100 年	广州建城
	63 年	庞培征服耶路撒冷，破败圣殿
	44 年	裘利斯·恺撒遇刺
	31 年	阿克兴之战
公元	27 年	罗马帝国的奥古斯都统治时代开始
	54 年	尼禄当政时罗马大火
	70 年	耶路撒冷圣殿被毁
	98 年	图拉真成为第一个非意大利人皇帝
	161 年	马可·奥里略称帝

220 年	汉朝灭亡
306 年	君士坦丁称帝，定基督教为国教
324 年	圣彼得教堂在罗马建成
326 年	君士坦丁堡建成，作为帝国东部首都
395 年	罗马帝国分裂，拜占庭成为前罗马世界的中心
410 年	西哥特阿拉里克一世攻陷罗马
413 年	圣·奥古斯丁开始写《上帝之城》
421 年	神话中威尼斯建立时间
476 年	西罗马帝国灭亡
500 年	日本首都区初现规模
537 年	君士坦丁堡圣索菲亚大教堂完工
570 年	穆罕默德在麦加出生
581 年	隋朝建立
618 年	唐朝建立
622 年	穆罕默德从麦加到麦地那“徒志”
632 年	穆罕默德卒
635 年	阿拉伯占领大马士革
637 年	阿拉伯人夺取耶路撒冷
639 ~ 647 年	阿拉伯人征服埃及；开罗的前身福斯塔建立
661 年	哈里发从麦地那迁至大马士革
7 世纪 90 年代	阿拉伯语取代希腊语成为主要官方语言

708 年	奈良建立
732 年	查理·马特在波瓦第尔击败阿拉伯人
749 年	哈里发迁移巴格达
751 年	阿拉伯人在中亚击败中国军队
794 年	日本在平安建立新皇都
800 年	查里曼在罗马加冕为帝
885～887 年	巴黎成功击退斯堪的纳维亚人入侵
960 年	宋朝兴起
968 年	开罗建立
971 年	广州设立第一个海关
987 年	休·卡佩在巴黎被推选为法兰西国王
1037 年	基辅建立圣索非亚教堂
1095 年	第一次十字军东征
1163 年	巴黎圣母院开始建造
1176 年	撒拉丁统治时期，开罗的撒丁堡和城墙开始建设
1179 年	腓力·奥古斯都任法兰西国王，开始建造巴黎新的城墙和铺整街道
1192 年	国王穆罕默德统治时期，穆斯林灭亡德里王国
1204 年	十字军征服君士坦丁堡
1231 年	成吉思汗攻取北京
1250 年	马穆鲁克控制埃及政权

1258 年	蒙古人攻取巴格达
1267～1293 年	建设大都，位于现北京
1279 年	蒙古完全征服中国
1291 年	十字军东征结束
1299 年	蒙古人毁灭大马士革
1300 年	但丁开始《神曲》的写作
1303 年	蒙古在马瑞·舒夫拉尔被击败（在大马士革附近，蒙古军队被埃及马穆鲁克的军队击败。——译者注）
1325 年	特诺奇蒂特兰建城
1325 年	伊本·白图泰开始其旅行
1337 年	英法百年战争爆发
1347 年	大瘟疫夺取了威尼斯半数人口的生命
1348 年	大瘟疫的流行使开罗损失惨重
1368 年	蒙古灭亡，明朝建立
1377 年	伊本·赫勒敦完成了《历史导论》
1394 年	李朝建都汉城
1402～1424 年	明永乐时期，明朝对外扩张的高峰
1421 年	乔万尼·迪·美第奇当选佛罗伦萨行政长官，其家族首次掌权
1433～1434 年	明朝限制海外贸易
1453 年	君士坦丁堡落入奥斯曼土耳其之手
1453 年	英法百年战争结束

1486 年	但丁的《神曲》出版
1492 年	哥伦布到达美洲
1492 年	西班牙征服格林纳达，开始驱逐犹太人
1498 年	达·伽马到达印度的卡利卡特
1499 年	法国人夺取米兰；意大利城市国家时代终结
1506 年	罗马的圣彼得大教堂开始重建
1509 年	阿尔梅达率领的葡萄牙舰队在第乌击败穆斯林舰队
1510 年	葡萄牙占领果阿
1517 年	马穆鲁克王朝灭亡，奥斯曼帝国占领开罗
1519 ~ 1521 年	征服特诺奇蒂特兰
1520 ~ 1566 年	苏莱曼统治时期
1522 年	麦哲伦的船员完成了第一次环球旅行
1533 年	恐怖伊凡即位
1534 年	葡萄牙人占领孟买岛
1536 年	英国与罗马教廷决裂
1561 年	腓力二世将都城由里斯本迁至马德里
1563 年	埃斯科里亚尔建筑群（西班牙首都马德

	里附近的一处大理石建筑群，包括宫殿、教堂、修道院、陵墓等。——译者注）奠基
1571 年	土耳其舰队在勒潘多战败
1572 年	尼德兰反抗西班牙的大起义开始
1576 年	安特卫普被西班牙人洗劫
1584 年	丰臣秀吉进入大阪要塞
1588 年	西班牙无敌舰队战败
1594 年	法王亨利四世皈依天主教
1600 年	德川家康在关原之战获胜
1609 年	西班牙与联省共和国签订和约
1615 年	丰臣家族的最后据点大阪要塞陷落
1624 年	新阿姆斯特丹建城
1633 年	德川幕府在日本实行闭关锁国政策
1644 年	明朝灭亡
1664 年	英国人占领新阿姆斯特丹，建立纽约市
1665 年	英国人控制孟买
1682 年	路易十四将王宫迁往凡尔赛
1689 年	彼得大帝开始了在俄罗斯的统治
1690 年	英国东印度公司代办乔布·查诺克创建了加尔各答市
1703 年	圣彼得堡建城
1764 年	圣路易斯建城
1769 年	詹姆斯·瓦特取得蒸汽机的专利

1772 年	加尔各答成为英属印度的首都
1776 年	亚当·斯密发表《国富论》
1781 年	洛杉矶建城
1785 年	德黑兰成为波斯的首都
1788 年	辛辛那提建城
1789 年	法国大革命爆发
1797 年	拿破仑征服威尼斯共和国
1800 年	伦敦人口达到 100 万人
1815 年	拿破仑战败
1819 年	新加坡由斯坦福·拉弗尔斯爵士创建
1833 年	芝加哥建城
1835 年	英国通过《市政公司法》
1841 年	香港被割让给英国
1842 年	《南京条约》开放了中国港口，并将香港割让给英国；英国在上海建立了第一个租界
1844 年	弗里德里希·恩格斯的《英国工人阶级状况》出版
1848 年	英国议会通过《公共健康法》
1850 年	太平天国运动开始
1851 年	英国占领拉各斯
1851 年	伦敦举办第一届世界博览会
1853 年	佩里进入东京湾

1853 年	路易·拿破仑任命奥斯曼为巴黎长官
1854 年	开罗到亚历山大里亚开通火车
1857 年	弗雷德里克·奥姆斯特德和卡尔弗特·沃克斯完成对纽约中央公园的规划设计
1860 年	巴黎近郊并入市区
1861 年	英国控制拉各斯政权以反对奴隶贸易
1861 年	沙皇亚历山大二世解放农奴
1863 年	英国人在上海取得中国海关的管理权
1867 年	普尔曼车厢制造公司在芝加哥成立
1867 年	新加坡成为英国殖民地
1868 年	日本开始明治维新
1869 年	苏伊士运河通航
1871 年	芝加哥发生大火
1871 年	柏林成为德国首都
1872～1893 年	芝加哥公共图书馆和芝加哥大学成立，菲尔德哥伦比亚博物馆和芝加哥艺术学院动工
1876 年	圣路易斯的森林公园开放
1881 年	《韦伯斯特词典》首次收入“闹市区”（downtown）一词
1883 年	莫斯科的救世主大教堂完工

1888 年	艾德华·贝拉米的《向后看》出版
1895 年	卡尔·卢埃格尔当选为维也纳市长
1898 年	纽约的五个区合并
1902 年	H. G. 韦尔斯《对于人类生活与思想上的机械和科学进步的反应的期望》出版
1902 年	纽约市的熨斗楼完工
1903 年	第一座“花园城市”在英格兰的莱奇沃思动工
1904 年	纽约地铁的第一部分开通
1905 年	俄国革命爆发
1907 年	达纳·巴特利特的《更好的城市：现代城市的社会学研究》出版
1908 年	洛杉矶通过美国第一个综合规划条例
1910 年	汉城被日本占领
1913 年	洛杉矶输水管道完工
1917 年	沙皇政权在圣彼得堡被推翻
1918 年	俄罗斯迁都莫斯科
1923 年	日本关东大地震
1930 年	弗洛伊德的《文明及其缺憾》出版
1930 年	洛杉矶的奥姆斯特德规划出台
1932 年	莫斯科开始兴建地铁
1933 年	莫斯科拆除救世主大教堂
1935 年	柯布西耶的《光辉城市》出版

1936 年	柏林奥运会
1939 年	戈特弗里德·费德的《新城市》出版
1942 年	第一个大规模公共住房工程在纽约的布鲁克林动工
1943 年	宣布伦敦战后重建的阿伯克龙比计划
1945 年	柏林分为东、西柏林
1946 年	电影《东京的二十年时光》发行
1947 年	印巴分治引发了大规模城市移民
1947 年	纽约开始兴建莱维敦
1949 年	共产党政权控制中国大陆
1950～1953 年	朝鲜战争对汉城造成严重破坏
1951 年	墨西哥城外围建成勒玛给水工程
1953 年	柏林暴动
1960 年	巴西迁都巴西利亚
1960 年	尼日利亚独立
1961 年	法农的《大地的不幸者》出版
1965 年	新加坡独立
1965 年	洛杉矶瓦茨骚乱
1966 年	“文化大革命”开始，迫使城市居民迁往农村
1968 年	美国主要城市发生骚乱
1977 年	世界贸易中心双塔建成
1979 年	伊朗爆发伊斯兰革命

1979 年	“四个现代化”开始重振中国城市经济
1988 年	汉城举办奥运会
1990 年	柏林重新统一
1990 年	上海开始浦东开发
1991 年	列宁格勒被重新命名为圣彼得堡
1991 年	日本最高的建筑东京都厅在新宿落成
1992 年	洛杉矶发生骚乱
1993 年	墨西哥城外围圣菲开发开始
1995 年	孟买由 Bombay 更名为 Mumbai
2001 年	纽约世贸双塔被恐怖分子摧毁
2003 年	预计到 2007 年世界人口多数居住在城市

推荐阅读书目

尽管写作在很大程度上是孤军奋战的艺术，但是在完成本书的过程中，我发现可以与上百本好书为伴。读者若对探讨城市史有进一步的兴趣，阅读以下书目将很有裨益。

历史写作的过程中没有什么比读到第一人称的叙述更让人兴奋的了，那些叙述使读者尽可能地以同时代人的身份接近当时城市的日常生活。我就是以这样一本书开始了我的写作——Bernal Diaz del Castillo 的 *The Discovery and Conquest of Mexico, 1517 - 1521*，这是一本神奇的书，可以载着读者回到欧洲人与墨西哥中部的城市文明首次碰撞的时刻。

另外一些给我第一人称观感的书包括希腊历史学家 Herodotus 和罗马讽刺家 Petronius 的作品，Dante 的诗歌，阿拉伯旅行家 Ibn Battuta 的游记，Marco Polo 的自传，长期旅居日本的英国历史学家 G. C. Allen 的回忆录，William Blake 的诗歌，John Dos Passos 的小说，所有这些在文中都有引用。

恐怕最难找的是那些从更广的角度写城市史的书。毋庸置疑，这类书中的经典是 Lewis Mumford 的 *The City in History* (Harcourt Brace, 1961)。我将这本书作为城市史课学生的阅读书目，虽然此书厚重而艰涩，但是它确实启发、激励有时甚至激怒了他们。我还要推荐 Mumford 的论文集 *The Urban Prospect* (Harcour Brace, 1968) 中的一系列论文。

另外一些对了解城市演进有价值的书是：A. E. J. Morris 的 *History of Urban Form: Before the Industrial Revolution* (Longman, 1994), Peter Hall 的 *Cities in Civilization* (Pantheon Books, 1998) 以及 Mark Giouard 的 *Cities and People: A Social and Architectural History* (Yale University Press, 1985)。这些书中有很多有趣的观点。

在城市人口统计方面，我主要依赖的是 Tertius Chandler 和 Gerald Fox 的 *Three Thousand Years of Urban Growth* (Academic Press, 1974) 以及 *Urbanization in History: A Process of Dynamic Interactions* (Clarendon Press, 1990) 中的论文。由于对过去尤其是较远的过去进行人口统计方面的估计是猜测性的，因此对上述两书的依赖做了些调整。通常，我会尽量避免最保守的估计，或者给出可能的最大范围。

William H. McNeill 的作品在两个领域显得尤其有用。他的 *Plagues and People* (Anchor Press, 1976) 侧重研究瘟疫对城市发展的影响，给我提供了从生物学的视角来看待城市演进的示范。同样，他的 *The Pursuit of Power: Technology, Armed Force and Society since A. D. 1000* (University of Chicago Press, 1982) 一书侧重的是通常未被重视的军事技术。除了这两部作品，我也经常翻阅 Philip D. Curtin 的 *Cross-Cultural Trade in*

World History，查阅有关跨国贸易的问题，这一直是城市形成的主要推动力，很久以来这是我最喜欢的一本书。

本书中我还提到了宗教问题、道德秩序和神圣之地。这是因为除了像 Mumford 这样的非宗教学者之外，在现代历史学家的作品中常常被忽略。Mircea Eliade 所著，由 Willard R. Trask 翻译的 *The Myth of the Eternal Return*（Princeton University Press，1971），以及 Jacques Ellul 的 *The Meaning of the City*（Vintage，1967）在探讨城市进程中的宗教根源问题方面尤具启发性。

研究古代城市的学者都一致承认宗教和神圣之地的作用。这方面研究的入门阶段较适合阅读的书包括 Grahame Clark 的 *World Prehistory*：*An Outline*（Cambridge University Press，1961）；Mason Hammond 的 *The City in the Ancient World*（Harvard University Press，1972）；Gordon Childe 的 *What Happened in History*（Penguin，1957）；Numa Dcnis Fustel de Coulanges 的 *The Ancient City*（John Hopkins University Press，1980）；Herbert Muller 的 *The Uses of the Past*（Oxford University Press，1952）；以及我个人最喜欢的 Werner Keller 所著的 *The Bible as History*（Willam Morrow，1981）。如果读者还想对此问题做进一步的深入研究，我推荐 Andrew George 翻译的 *The Epic of Gilgamesh*（Penguin，1999)，这本书可使读者了解早期城市居民的精神生活。

除了西方文明之外，我强烈推荐 Paul Wheatley 所著的 *The Pivot of the Four Quarters*：*A Preliminary Enquiry into the Origins and Character of the Ancient Chinese City*（Aldine Publishing Company，1971）。Wheatley 的作品对宗教及不同文

化背景下城市的研究提供了宝贵的方法。G. C. Valliant 的 *Aztecs of Mexico*（Doubleday，1944）以及 Jeremy A. Sabloff 的 *The Cities of Ancient Mexico：Reconstructing a Lost World*（Thames and Hudson，1989）都向我提供了有关中美洲早期历史的信息。T. R. Fehrenbach 所著的 *Fire and Blood：A History of Mexico*（Macmillan，1979）启发性地讲述了墨西哥早期以及随后的历史。

美索不达米亚和古代的近东通常被认为是城市史上重要的熔炉。阅读 A. Bernard Knapp 所著的 *The History and Culture of Ancient Western Asia and Egypt*（Wadsworth Pres，1998），H. W. F. Saggs 的 *The Greatness That Was Babylon：A Sketch of the Ancient Civilization of the Tigris-Euphrates Valley*（Hawthorn Publishers，1962），以及 Michael Grant 的 *The Ancient Mediterranean*（Scribner's，1969），都是探索这一饶有兴趣的领域的很好的入门读物。

腓尼基人对我来讲有独特的诱惑力，主要原因是他们看起来是现代商业城市无可争议的先驱。如若想更多了解这个有趣的民族，我推荐阅读 Gerhard Herm 的 *The Phoenicians：The Purple Empire of the Ancient World*（William Morrow，1975）和 Sabatino Moscati 所著，由 Alastair Hamilton 翻译的 *The World of the Phoenicians*（Praeger，1968）。

古代希腊和罗马的文明产生了很多编年史家，其中最好的当属 Herodotus，我推荐他是因为他不仅是一位出色的古代历史学家，而且是历史哲学家和城市史学家。我将由 Aubrey de Selincourt 翻译的 *The Histories*（Penguin Books，1954）作为城市史课的必读书。另外我还全力推荐由 Michael Grant 和 Rachel Kitzinger 编的 *Civilization of the Ancient Mediterranean*（Scribner's, 1988）一书中的各篇论文。

我还想表达对英国古典历史学家 Michael Grant 的谢意。他有关希腊和罗马历史的作品可以使读者了解古典的思想。他的作品数量惊人，文笔简洁明朗，视野丰富。Grant 的 *From Alexander to Cleopatra*（Scribner's, 1982）以惊人的才华和深刻的分析讲述了马其顿帝国兴起的那段历史。

关于罗马时期的著作当首推 Edward Gibbon 的煌煌巨作 *The Decline and Fall of the Roman Empire*（Modern Library, 1995）。对罗马城市生活有详尽描述的两部作品是：Jéròme Carcopino 的 *Daily life in Ancient Rome*（Yale University Press, 1940）和 J. P. V. D. Balsdon 的 *Life and Leisure in Ancient Rome*（McCraw-Hill, 1969）。了解罗马帝国的衰落以及它的不朽遗产，Robert Lopez 的 *The Birth of Europe*（M. Evans and Company, 1967）以及 Cyril Mango 所著的 *Byzantium: The Empire of New Rome*（Scribner's, 1980）是必读的书目。

伊斯兰世界的城市和我们的时代如此密切相关，对此当代读者以及关注时事的读者可能都很有兴趣。在伊斯兰世界，如果有人能够与 Herodotus 相媲美的话，那就是 Ibn Khaldun，早年当我写作 *Tribe* 一书时，参阅过他的作品，现在我又很愿意回头再一次了解他。他的 *The Muqaddimah: An Introduction to History*（Princeton University Press, 1969），由 Franz Rosenthal 翻译，不仅是关于伊斯兰世界的一本有真知灼见的书，在分析大城市形成的推动力方面也见解深刻。

除了 Ibn Khaldun，还有很多优秀的现代史。我认为其中最优秀的有 Albert Hourani 的 *A History of the Arab Peoples*（Harvard University Press，1973）；Philip K. Hitti 的 *Capital Cities of Arab Islam*（University of Minnesota Press，2002）；Stefano Bianca 的 *Urban Form in the Arab World：Past and Present*（Thames and Hudson，2000）和著名的 Paul Wheatley 著的 *The Places Where Men Pray Together：Cities in Islamic Lands，Seventh through the Tenth Centuries*（University of Chicago Press，2001）。

Janet Abu-Lughod 的 *Cairo：1001 Years of the City Victorious*（Princeton University Press，1971）和 Andre RayMond 的 *Cairo*（Harvard University Press，2002）极大地增进了我对伊斯兰大城市的了解。印度城市的演进过程在 Tapan Raychaudhuri 和 Irfan Habib 所著的大部头作品 *Cambridge Economic History of India，Volume One，1200－1750*（Orient Longman，1982）以及 Romila Thapar 的 *History of India*（Penguin，1990）中都有非常出色的讲述。

虽然我曾多次去过中国，并且在中国和加利福尼亚两地对中国文化有所了解，但中国早期和中世纪历史对我来讲尤具挑战性。除了 Wheatley 的 *Four Pivots*，我还受益于 Kenneth Scott Latourette 的 *The Chinese：Their History and Culture*（Macmillan，1962），以及 Victor F. S. Sit 的 *Beijing：The Nature and Planning of a Chinese Capital City*（John Wiley，1995）和 Alfred Schinz 的 *Cities in China*（Gebruder Borntraeger，1989）。

文艺复兴以及现代早期西方城市的兴起促成了许多优秀作品的产生。Fernand Braudel 和 Henri Pirenne 作品形成了我对这一激动人心的时代的主要观点。Pirenne 的 *Medieval Cities: Their Origins and the Revival of Trade*（Princeton University Press，1925）和 *Mohammed and Charlemagne*（Meridian Books，1957）对于了解欧洲早期城市的复兴极为有益。Braudel 的 *The Perspective of the World: Civilization and Capitalism: 15th – 18th century*（Harper & Row，1972）和 *The Mediterranean and the Mediterranean World in the Age of Philip Ⅱ*（Harper &Row，1972）两书对于中世纪之后席卷全球巨变的论述例证丰富，见解深刻。

在近代的城市史中尤其侧重两个城市，即伦敦和阿姆斯特丹。除了 Braudel，我的书还在很大程度上得益于以下几本书：Simon Schama 的 *The Embarrassment of Riches: An Interpretation of Dutch Culture in the Golden Age*（Vintage，1987）；Jonathan Israel 的 *The Dutch Republic: Its Rise, Greatness and Fall*（Oxford University Press，1995）；F. R. H. Du Boulay 的 *An Age of Ambition: English Society in the Late Middle Ages*（Viking，1970）。

想了解向工业化时代的转变，以及英美两个大国日益增长的优势地位，必须阅读以下三部经典著作：Karl Marx 的 *Das Kapital*（Vintage，1976），由 Ben Fowkes 翻译；Frederich Engels 的 *The Conditions of the Working Class in England*（Stanford University Press，1968）；Arnold Toynbee 的 *The Industrial Revolution*（Beacon Press，1956）。

有几本非常出色的史书记载了工业化对世界不同地区的影响。如有关日本，我极大地利用了以下材料：Carl Mosk 的 *Japanese Industrial History*（M. E. Sharpe，2001）；Thomas O.

Wilkinson 的 *The Urbanization of Japanese Labor*：*1868 – 1955* (University of Massachusetts Press, 1965)；还有 Kuniko Fujita 和 Richard Child Hill 主编的 *Japanese Cities in the World Economy* (Temple University Press, 1993) 一书中收集的几篇论文。

Jon C. Teaford 的 *Cities of the Heartland*：*The Rise and Fall of the Industrial Midwest* (Indiana University Press, 1994) 和 Andrew Lees 的 *Cities Perceived*：*Urban Society in European and American Thought*：*1820 – 1940* (Columbia University Press, 1985)，还有 Charles and Mary Beard 所著 *The Rise of American Civilization* (Macmillan, 1950)，这三本著作是了解工业发展对美国城市影响的极佳来源。

Carl E. Schorske 的 *Fin de Siecle Vienna*：*Politics and Culture* (Knopf, 1979) 是研究德国历史的著作中的伟大经典。这本书吸收了 Alexandra Richie 的 *Faust's Metropolis*：*A History of Berlin* (Carroll and Graf, 1998) 和 Klaus P. Fischer 的 *Nazi Germany*：*A New History* (Continuum, 1995) 的研究成果。

为了了解俄罗斯的工业城市化，我阅读了以下著作：Bruce Lincoln 的 *Sunlight at Midnight*：*St. Petersburg and the Rise of Modern Russia* (Basic Books, 2002)；Reginald E. Zelnik 的 *Labor and Society in Tsarist Russia*：*The Factory Workers of St. Petersburg*, *1855 – 1970* (Stanford University Press, 1971)；还有较近期出版的 Dmitri Volkogonov 著 *Stalin*：*Triumph and Tragedy* (Grove Weidenfeld, 1991)，此书由 Harold Shukman 翻译，发人深省。

我没有视郊区发展为“反城市”，而是当做占主导地位的现代表现形式。我选择南加州作为分析的样本。Greg Hise 和 William Deverell 的 *Eden by Design*：*The 1930 Olmsted-Barthlomew Plan for the Los Angeles Region*（University of California Press，2000）和 William Fulton 的 *The Reluctant Metropolis*：*The Politics of Urban Growth in Los Angeles*（Solano Books Press，1997）这两本书是了解南加州的很好的入门读本。要想深入了解加利福尼亚，必须涉猎 Kevin Starr 撰写的关于加州历史的丛书，此丛书由 Oxford University Press 出版。

精彩的郊区通史著作包括 Kenneth Jackson 的 *Crabgrass Frontier*：*The Suburbanization of the United States*（Oxford University Press，1985）；Robert Fishman 的 *Bourgeois Utopias*：*The Rise and Fall of Suburbia*（Basic Books，1987）和 Joel Carreau 的 *Edge City*：*Life on the New Frontier*（Doubleday，1991）。同时发生的传统城市的衰落在下列著作中有很好的记述：Witold Rybczynski 的 *City Life*：*Urban Expectations in the New World*（Scribner's，1995）；Robert M. Fogelson 的 *Downtown*：*Its Rise and Fall*，*1880 - 1950*（Yale University Press，2001）；Fred Siegel 的 *The Future Once Happened Here*：*New York*，*D. C.*，*L. A.*，*and the Fate of America's Big Cities*（Free Press，1997）。

关于当代第三世界城市的权威著作可能还没有问世。David Drakakis-Smith 的 *The Third World City*（Methuen，1987）确实是一个良好的开端。这个领域的必读书目还包括 Josef Gugler 和 John D. Kasarda 主编的几本论文集，特别是 Kasarda 和 Allan M. Parrell 主编的 *Third World Cities*：*Problems*，*Policies and Prospects*（Sage Publications，1993）。我还要推荐的是 A. S.

Oberoi 的 *Population Growth, Employment and Poverty in Third-World Mega-Cities*（St. Martin's Press，1993）。

东亚的崛起是21世纪城市主义的焦点，这一进程也许正在被写入史册。对探讨此问题颇有价值的著作包括：D. J. Dwyer 主编的 *The City as a Center of Change in Asia*（Hong Kong University Press，1972）；Joochul Kim 和 Sang-Chuel Choe 主编的 *Seoul：The Making of a Metropolis*（John Wiley，1997）。

最后，有几本著作对探讨当代城市及其未来极有助益。我印象最深的是一部问世已达一个世纪之久的作品，即 H. G. Wells 所著的 *Anticipations of the Reaction of Mechanical and Scientific Progress upon Human Life and Thought*（Chapman and Hall，1902），此书对技术在城市中的作用进行了极为深入的探讨。此外，有一些写作年代更新近一些、同样具有很强的预言性的著作，包括：Manuel Castells 的 *The Information Age：Economy，Society and Culture，Volume III：End of Millennium*（Blackwell Publishers，1998）；Jacques Ellul 的 *The Technological Society*（Vintage，1967），此书由 John Wilkinson 翻译；Taichi Sakaiya 的 *The Knowledge-Value Revolution，or，A History of the Future*（Kodansha，1985）；Daniel Bell 的 *The Coming of Post-Industrial Society：A Venture in Social Forecasting*（Basic Books，1973）；Alvin Toffler 的 *The Third Wave*（William Morrow，1980）。

作者简介

乔尔·科特金（Joel Kotkin）　“新美国基金会”欧文高级研究员，全球公认的未来学和城市问题研究权威，曾在纽约城市大学纽曼研究所和南加州建筑学院任教，也是《华盛顿邮报》、《华尔街杂志》、《美国企业界》和《洛杉矶时报》等名牌媒体炙手可热的专栏作家。在未来学、民族学和城市问题等研究领域受到各国广泛关注，颇具权威性。其著作往往甫一面世，即成经典，在全球声名远播。